子育ての
エビデンス

非認知能力をはぐくむために
何ができるか

藤原武男 FUJIWARA TAKEO

大修館書店

目次●

序章　不確実な時代における不確実な子育て手法の氾濫……1

第1章　子育ての目的とは……9

何のために子育てをするのか／遺伝子目的論を越える／親と子どもは別人格／子どもはいつ誕生したのか／子どもの人権とは／子育てに関する価値判断の根拠とは／子どもが「自立」するとは／子育ての目的は子どもが自分自身で成長できるようになること／ポジティブ心理学が提唱する「持続的幸福」とは／子どもが「自分で成長する」ために必要なこと／子どもの成長に必要な3つの能力：「認知能力」「非認知能力」「健康・体力」

第2章　遺伝子か環境か……33

子どもの成長は生まれか育ちか／遺伝とは、遺伝子とは／遺伝子の違いとは／遺伝子と育て方を分けることは難しい／遺伝によって犯罪者になるか／環境要因による影響も厳然とある／遺伝子－環境要因交互作用／獲得形質の遺伝とエピジェネティクス／双生児研究とは／双子の差を見る／様々な子ども期の環境の検討／出生順位は成長に影響するか／生まれ月は成長に影響するか／遺伝子と環境、どちらが重要なのか

第3章 アタッチメント
——すべての土台となる子どもの心の「安全基地」……71
アタッチメントとは何か／アタッチメントはなぜ重要なのか／アタッチメントが形成されないとどうなるか／アタッチメントはどのように形成されるのか／アタッチメント対象は誰でもよいのか／アタッチメントと甘やかすことはどう違うか／「ほめる育児」の本質とは何か／過保護はなぜいけないか／4種類の子育てスタイル／ルソーの子育て論とバウムリンドの子育て論の共通性／アタッチメントのバイオロジー／オキシトシンの効能とは

第4章 セルフコントロール
——衝動を抑え、自らの能力を使いこなすスキル……115
なぜセルフコントロールが重要か／セルフコントロールの効能：マシュマロ・テスト／東日本大震災を未就学期に経験した子どものセルフコントロール／質問紙でセルフコントロールを測定したらどうなるか：ダニーデン研究／足立区の子どもたちのセルフコントロール：A-CHILD研究／セルフコントロールの中身とは／セルフコントロールを高めるには

第5章 モチベーション——「何のために生きるのか」に基づく自分の内側から湧き起こる駆動力……133
なぜモチベーションなのか／モチベーションとは何か／モチベーションの効能／モチベーションのバイオロジー／モチベーションを高める方法／利他的な動機づけ／ライバルの存在でモチベーションは高まるか／何に対してモチベーションを持つか：自分らしさとは、使命とは何か

第6章 共感力——多様な人々がいることを理解し、思いやる力……151
共感力とは何か／なぜ共感力か／思いやりのある子どもは幸せになるか／共感力の負の側面／共感力を高めるには

第7章 レジリエンス——困難や逆境を乗り越えるスキル……169
レジリエンスとは何か／レジリエンスと似た概念との比較／ストレスとは何か／レジリエンスを測定する／小学1年生時のレジリエンスで小学6年生時の幸福・不登校・学習意欲を予測できるか／レジリエンスの育み方

第8章 健康・体力――やりたいことをやりきるために必要不可欠な資本……199
身体的健康とは何か／子どもの健康を守る環境要因／子どもの健康は胎児期から／父親の育児参加と事故予防／体力とは何か／体力を高めるには

第9章 虐待のライフコースにわたる影響……215
子ども虐待とは／虐待の実態／子ども虐待を考えるフレームワーク／子ども虐待の長期的・次世代への影響／新型コロナと子ども虐待／なぜ子ども虐待は発生するのか、そしてなくならないのか／発達障害、問題行動と虐待／子ども虐待を乗り越える

第10章 地域社会にできること、思春期からできること……235
地域でできること：人々のつながりを強める／学校のソーシャルキャピタル／親子の関わりか、地域か、学校か／ロールモデル、サードプレイス

終章 確実な子育てとは……251
謝辞……262
参考文献……281

序章　不確実な時代における不確実な子育て手法の氾濫

なぜ子育ての研究をしようと思ったのか

私は病気の予防をしたいと思い、どのように人間集団の病気を予防するのかについての学問である公衆衛生学の研究を始めた。そして公衆衛生学の中でも虐待予防、子育てに関する研究をすることになったのだが、それは偶然で、たまたま虐待に関する臨床をされている先生のもとで研究をする機会に恵まれたことが縁となっている。私自身は医師ではあるが小児科医でもなく、産婦人科医でもなく、精神科医でもなく、発達心理学者でも脳科学者でもない。しかし、それゆえにどの専門性に偏ることもなく、虐待について、子育てについて、率直な疑問を解決すべく研究を行ってきたと思っている。例えば、救急外来にやって来る子どもの症状や問診から、虐待を予測することはできるか？　父親が育児を積極的に行った場合、子どもの事故を防ぐことはできるのか？　地域のつながりが強くなると、子どもの虐待を防ぐことはできるのか？　などである。

疫学研究を行う場合には、臨床のように個別の患者さんの生活を深く掘り下げるような研究手法ではなく、集団を相手にデータを取り、統計学的に解析する手法を用いる。つまり、疫学研究とは、集団として扱った時に見えてくる〝人間の真実〟に迫る学問である。集団として扱うことによって、個別に見ていたものが普遍的な真実なのかどうかが見えてくるのである。例えば、前述の例を用いれば、多くの父親が子育てを積極的に行うことによって、すべての子どもにおいて事故をゼロにできるわけではないが、子どもの集団全体としては事故に遭う子どもの数は少なくすることができる。つまり、公衆衛生学の手法で明らかになることは可能性、確率の話と考えるとわかりやすいかもしれない。個別の事例に当てはまるかどうかはわからないが、集団に当てはめると大きな利益をもたらす。それが公衆衛生学であり、病気の予防のためのエビデンスを提供する学問と言える。

虐待や子育ての研究を始めてみると、胎児期・幼少期の子育てを含む環境――それは食事や住環境、化学物質など物質的な環境から、貧困や人間関係など社会的な環境まで幅広い――がその後の人生、特に健康や寿命、社会での成功などに大きな影響を与えることがわかった。これをライフコース疫学という。そして、人々の健康を守る公衆衛生学の本質は「子育て」にあると直感し、これまで「子育て」をキーワードにライフコース疫学研究に取り組んできた。

何が子育ての正解なのか

子育てに関する文献を調べ、研究を進めていくうちに、世の中には様々な子育て情報が氾濫していることがわかった。例えば、次のような子育ての悩みに関するものである。

どうやって寝かしつけるか。
どうやって泣き止ませるか。
どうやってしつけをするのか、どうやって叩かない、怒鳴らないで子育てをするか。
どうやって勉強のできる子にするか。

こうした親の子育てに関する様々な悩みに対して、科学的な理論で解説をしたり、データに基づくエビデンスを示したり、あるいは個人の経験を語ったりすることで、「○○をしましょう」「△△はしてはいけません」という子育て手法を様々な立場の方々（例えば研究者、小児科医、子ども支援をしている人々など）が発信している。しかし、どれも何となく腑に落ちなかった。それはなぜだろう、とずっと考えていた。そしてふと、これまでの子育てに関する情報は、「何のための子育てか」という根本的な問いとの向き合い方が不完全だからではないかと気づいた。

例えば、頭のよい子どもにしたい人が読む子育て本がある。とても興味深いし、関心も高い。しかし、何のために頭のよい子にしたいと思うのか？　頭がよいとはどういうことを指すのだろうか？

また、思いやりのある子どもにしたい人が読む子育て本。これもぜひ読んでみたいと思う。では、思いやりとは何か？　何のために、思いやりを持てるようになること、そして思いやりを行動で示すことが必要なのだろうか？

さらに、子どものしつけをどうすればいいかに悩む人が読む本。これも気になる。しかし、何のためのしつけなのか？　しつけは子どものためなのか、それとも親のため、つまり子どもが他人の前でお行儀よく振る舞える（社会的に望まれる振る舞いができる）ことを示したいからなのか？　社会の中で生きるためのしつけと考えられるが、では今の社会について、そして子どもたちが大きくなって生きていく社会について、私たちはどれだけ知っているのか？

前向きな関わりとして、ほめる育児が大事、という。具体的にほめるとさらによい、とのことで、多くの親が具体的にほめていい子にしようと頑張っているのではないだろうか。私もその1人だ。しかし実際は、ほめることはそう簡単ではない。子どもは、無理にでもほめようとする親の心を見透かすように反発し、本当はそんなこと思っていないんでしょ、という態度をとることもあるからだ。ほめることの目的について親自身がきちんと認識しておかなければ、逆効果にもなりかねない。

このように様々な子育て手法が氾濫しているにもかかわらず、最も大事な、子育ての目的そのものを論じることから始めている書籍はほとんどなかった。もちろん、これまでの子育てに関するエビデンスや個人の経験を否定するわけではない。「何のための子育てか」という視点でエビデンスを捉え直さないと、単に得られた子育て手法を鵜呑みにして子どもと関わってしまう、ある意味でロボットがするような子育てになってしまうのではないかと危惧したのである。そうではなく、エビデンスやこれまでの子育て経験の情報を過剰に信じることも過小に評価することもなく、しっかりと〝自分の子ども〟の子育ての目的を見据えて、子どもと向き合って、自分の頭で考えて、子どもと関わっていく子育てが必要ではないか。そう考えて、本書を執筆しようと思うに至った。

不確実な時代にこれまでの子育て観は通用するのか

今、時代は激変している。新型コロナウイルスのパンデミック、ロシアによるウクライナへの軍事侵攻といった事態が起きることによって、先のことはまったく見通せない時代になった。そう実感している人がほとんどではないだろうか。この時代はＶＵＣＡ（Volatility：変動性、Uncertainty：不確実性、Complexity：複雑性、Ambiguity：曖昧性、の頭文字をとった造語）時代と呼ばれる。将来予測のつかない〝不確実な時代〟である。

この不確実な時代においては、例えば、将来の安定した仕事のために、今を犠牲にしても勉強を、という従来型のアドバイスは根拠がないように響く。実際に、大企業が倒産したり、買収されたり、あるいは、将来の生活が安泰と思われる弁護士や公認会計士などの国家資格を取得しても、経済的な困難がともなうと囁かれるのが今の日本である。このような状況での子育ての目的、ゴールとは一体何だろうか、と考えざるを得ない。

この不確実な時代において子どもに必要なスキルは何かを考えなければ、本当の意味で「子どものためになる」子育てにはならないだろう。勉強ができることや学校の成績がよいことは、不確実な社会においてはその重要性が低下していると考えられる。勉強して偏差値の高い学校に入って、大企業に就職したり高い給料が得られる資格を取得したりして安定した生活を送る。これまでのような先の見通せる〝確実な社会〟であれば、このモデルは有効だったかもしれないが、今私たちが置かれているのは、このモデルが通用しない、不確実な社会だ。そうした社会に向かっていく子どもたちに、私たちはどのように関わり、どのようなスキルを身につけさせ、どのような覚悟を持たせ、どのように生きる意味、生きる意義を伝えればよいのだろうか。

そのように考えた時、不確実な時代にも通じる子育てのエビデンスをまとめ直す意義はある。不確実な時代をも生き抜ける子どもを育てる関わり方が明らかになれば、それは人間の真実、子育ての真実に迫る、〝確実な子育て〟と言えるだろう。これまでの子育てに関するエビデンスは、子どもの学力を指標として論じられてきたが、不確実な時代においては、必ずしも学力のみを指標としたエビデンスだけでは捉えきれない。学力は重要だが、それだけでは足りない。より根本的な人間力をつけなければならない。では、それは一体何だろうか。これからの不確実な時代をも生き抜く子どもに必要なスキルとは何で、どうすればそのスキルを育むことができるのだろうか。

子育てを考える時に重要な視点とは

本書では、子育てに関するエビデンスとして、これまでの疫学研究、特に私が専門とするライフコース疫学研究から明らかなことを整理していく。まずいわゆる〝生まれか育ちか〟、つまり遺伝子と環境の影響についてわかっていることをまとめる。これまでの双子研究、きょうだい研究などから、様々な疾患の遺伝率がわかっている。同時に、性格などについてどの程度は環境によるのかもわかっている。そして、ゲノムワイド関連解析（GWAS）による研究から、どの遺伝子多型が重要なのか、また遺伝子と環境要因の組み合わせ（遺伝子–環境要因交互作用）として何がわかっているのか、さらに環境要因がいかに遺伝子のスイッチをオンにしたりオフにしたりするのか、といったことについて得られている多くの知見を見ていく。

続いて、アタッチメントなど、古典的で重要な子育てのエビデンスを概説し、その土台の上に、子どもが不確実な時代を生きていく上で育むべき重要な要素であるセルフコントロール、モチベーション、共感力、レジリエンス、健康・体力について、それぞれまとめる。

そして、ライフコース疫学の最も重要なエビデンスの1つである、虐待の長期的な健康影響について別立てで取り上げる。さらに、予防的な介入の可能性を考えるために、親以外の大人が子育てに関わることの意義として、地域ができること、また思春期からでもできることをまとめる。たとえ未就学期や小学校時代にうまくない子育てを経験してしまった場合でも、家族以外で、または思春期から自分自身で、どうすればリカバーできるか、について探っていきたい。

第1章

子育ての目的とは

何のために子育てをするのか

不確実な時代にも通用する〝確実な子育て〟を考えるにあたって、子育ての目的を明確にしておく必要がある。そもそも、何のために子育てをするのだろうか。

一般的には、子育ての目的は子どもを「自立」させることだと考えられているが、では、自立とは何だろうか。自立とは、1人で生きていけるようになることである。そして、自立するためにはまず、自分の存在を全面的に受け入れてくれる「安全基地」、アタッチメントの形成が必須である（第3章参照）。なぜならば、安全基地の確立によって「自分が生きていてもいいんだ」という自己肯定感が譲成されるからだ。アタッチメントが形成されないと他者を信頼することができず、孤立し、大事な情報から切り離され、頼ることができないために困難な状況を切り抜けることが難しくなる。次に必要なのは、セルフコントロールである。セルフコントロールができなければ、自分を律することを意味する「自律」ができない。自律ができないと、他者からの信頼を得ることができない。他者との協力関係で成り立っている人間社会の中でこれは致命的である。不確実な時代であればなおさらだ。結果として、「自律」できなければ「自立」できない、ということになる（第4章参照）。

では、自立の「目的」は何か。様々に考えられるが、ここでは「自分のやりたいことができるようになること」としておく。自分のやりたいことを自分で決め、実行できるということが、子ども自身の最終的な幸福・ウェルビーイングと考えられるからだ。この場合、やりたいことを見つけること、内発的動機づけともいわれるモチベーションをいかに引き出すかということが、子育てにおいて重要であると考えられる（第5章参照）。

あるいは、子どもに「多くの人の役に立つ人間になってほしい」と考える場合もあるだろう。これは、自分のみならず他者をも幸福にするということが本当の幸福だ、という考え方に基づいている。このように、他者の幸福を実現できる子どもに育ってもらうには、他者が何を望んでいるのかを想像し理解する、共感力の育成が欠かせない（第6章参照）。不確実な時代において共感力は特に重要性を増してくると思われる。

さらに、自分のやりたいことをやるにしても、思い通りにいくことは滅多になく、困難に直面した時にどう対応するか、いわんや先行きが予測できない不確実な時代においては、思いもよらない事態に直面した時にどうやって切り抜けるか、というスキルであるレジリエンスが必要である（第7章参照）。そして、やりたいことをやりきるために必要なのは健康であり体力である（第8章参照）。このように、子育ての目的を明確にしていくと、子育てにおいて特に育てるべきスキルが見えてくる。

ここまで述べてきたのはいわゆる「するべきこと：Do's（ドゥーズ）」である。一方で、子育てにおいて明らかに「してはいけないこと：Don'ts（ドンツ）」も存在する。虐待とネグレクトだ。この影響についても詳しく検討する（第9章参照）。

その上で、子育ては家庭だけでやるものでもなく、地域社会にできること、そして子どもがもう一度、自分自身をつくり替える思春期においてできることも俯瞰する（第10章参照）。

遺伝子目的論を越える

ここで、子育ての目的についてまったく違った視点で考えてみたい。リチャード・ドーキンスの「利己的な遺伝子」[1]の理論に代表されるように、自分の遺伝子を残すことが子育ての目的であるという唯物的な見方である。例えば、不妊治療は、自分の遺伝子を持つ子どもが欲しいと思うために実施されるとも言える。子どもに恵まれない場合の選択肢として、養子縁組が完全には不妊治療にとって代わらない現状であることからも、「自分の遺伝子を有する子どもが欲しい」という感覚は、意識するにせよ無意識にせよ、一定の力として存在すると考えられる。また、自分のきょうだい側の甥っ子、姪っ子への感情・態度と、配偶者のきょうだい側の甥っ子、姪っ子への感情・態度は異なる場合が多い。そして、子どもがより長生きすること、自分の子どもがさらに子どもを授かること（つまり孫が生まれること）を多くの人が望んでいる。このように、子育ての目的は、あたかも自分の遺伝子を子々孫々まで残すことのように捉えることもできる。

さらに、虐待事例において、養父による連れ子への虐待死亡事例が明らかに多いことも、子育ての遺伝子目的論を支持するように見える。日本の死亡事例検証において、主たる加害者に継父、実母の交際相手が関与していた割合は、第1次調査から第17次調査の合計で少なく見積もっても8・9％であり[2]、突出して高い。つまり、遺伝的につながっていないがゆえに、連れ子の虐待に至る場合があると考えられる。カナダで行われた1980年代の研究で、未就学期の子どもにおいて、親の2人とも生物学的につながっている場合に比べて、片方でも血のつながっていない養親であった場合、虐待のリスクは40倍であったと報告されている。(3) この研究では、ひとり親の場合でも虐待のリスクは10倍であることを報告しているが、ひとり親よりも血のつながっていない養親と同居している場合に虐待のリスクが高いことを報告している。この背景に貧困などの問題も隠れていると考えられるが、経済的要因の影響を除外しても、リスクの高さは確認されている。

ここで、子どもの側の視点に立って考えてみよう。子どもにとっては、親の遺伝子の半分しか共有しておらず、親に関わってもらうためには、他のきょうだいとの競争に勝たなければならない。もし、ある子どもが親からの関わりを期待される以上に獲得したとすると、親は他の子どもへの関わりが行き届かなくなる。親にとっては、どの子どもも自分の遺伝子と50%は同じであるため、平均以上に関わりを求めてきた子どもに対して過剰に自分の資源である時間や体力を投資してしまうことにより、親自身の遺伝子が生き残る可能性を全体としては低めてしまう。これをアメリカの進化生物学者であるトリバースは、「親子間コンフリクト（Parent-offspring conflict：POC）」と名付けた。(4) 生物学的には、親がたくさんの子孫を残すことと、子ども自身の生存確率が下がることの対立は、避けて通れないようだ。

この理論のもととなっているのは、イギリスの進化生物学者、ハミルトンによる利他的行動である。(5・6) ハミルトンは、利他的行動を与えることによる相手の利益と自分との血縁係数、つまり遺伝率を掛け合わせたものが、利他的行動を実施することにともなう自分の犠牲（つまりコスト）を上回る時に初めて利他的行動が進化する、と考えた。[6] これは、以下の式で表される。

C（コスト）＜R（血縁係数）×B（相手の利益）

このハミルトンの法則に従うと、祖父母の孫育ては血縁係数（遺伝率）が25％であるため、かなり利益がないとコストに見合わない。しかし、祖父母は長生きをし、孫育てにかける時間もお金もあり、孫に関わるコストは親よりも低い。著名な学術雑誌であるサイエンス誌に報告されている研究によると、祖母が生きている場合に母親はより妊娠し、出産し、しかも同じ村に住んでいる場合により孫の数は多く、孫の生存率も高い、という。[7] また、多くの祖父母は、「孫は自分の子どもより可愛い」と感じることが多いようだ。祖父母にとって孫が可愛く思えるように、利益が大きくなるようにできている、あるいはそのように思う遺伝子が選択され残っているのかもしれない。自分の子どもではない子どもを世話することを「アロペアレント」というが、自分の子どもでなくても、孫育てのように、子どもと関わることで十分な利益、喜びが得られる場合には子育てが成り立つのだ。

とはいえ、実際問題として、遺伝子を残すために子育てをしようと思っている人はほとんどいないだろう。また、この遺伝子目的論の限界として、同じ遺伝子を有するにもかかわらず自分の子どもを虐待し、その後の人生において圧倒的に毒性の高いストレスをかけ、生涯にわたる健康被害をもたらす場合もある。一方で、養子縁組をして、自分の子どもであった場合と変わらぬ愛情を注いで、養子に迎えた子どもを育てる事例もある。このような例から考えると、遺伝子目的論は不確実な時代における子育ての目的とはなり得ないだろう。進化論的な視点から、遺伝子を残すことが子育ての目的と部分的には捉えることはできるが、それが子育ての本質的な駆動力をもたらすものではないだろう。遺伝子は、あくまでも体の構成要素であるタンパク質を作る設計図であり、子ども自身の幸福・ウェルビーイングを達成するための手段の一部に過ぎない。

そう考えると、生物学的につながりのある自分の子どもを持ちたいという気持ちは、遺伝子を残したいというよりも、自分と似ているもの、よく知っているものを残しておきたいという価値観の表れなのかもしれない。つまり、自分と似ている集団を広げたい、持続させたいという、親の自己実現の表れとも言える。これは、マズローの欲求階層理論(8)の最上位に位置する自己実現欲求として解釈することができる。つまり、自分の遺伝子を持った子どもを持ちたいという目的感は、遺伝子そのものを残したいというより親の自己実現であり、本当の意味での子どものための幸福論とは〝ずれ〟が生じてくると考えられる。実際に、親の自己実現が満たされない場合に虐待のリスクが高まる傾向にあることが、日本人を対象にした研究で確認されている。したがって、遺伝子目的論にしても、自己実現論にしても、そこには子ども自身の幸福・ウェルビーイングという視点がなく、子育ての方法を考えていく上で限界が生じてくる。

親と子どもは別人格

では、子育てが親の自己実現、親の幸福の「手段」となってしまうことについて、さらに考えてみたい。自分の遺伝子を残したいから子育てをするというのは極論としても、自分が成し遂げられなかったことを子どもにやってほしい、といった自分の願望を子どもに託しつつ子育てするということはありうるだろう。親の願望が本当に子どもの望むことであればよいのだが（親の影響で小さい頃からスポーツを始め、自分の希望としてプロになった例など）、そうでない場合、子どもは苦しんでいるかもしれない。子育ての目的として子どもの自立、子どもの幸福と言いながら、親の願望を叶えるため、また親の幸福のための子どもの自立、子どもの幸福にすり替わってしまうことには、注意しなければいけない。

子どもを親の自己実現の道具としない子育てをするために大切な視点は、親と子どもは別人格であるということを明確に認識することである。親には子どもを育てる義務があるが、それは子どもを親の望む通りの作品にするということではない。ある程度の「枠組み」を与える必要はあるが、その枠組みの中では子どもの自由にさせる必要がある。子育てをする中では、根本的に子どもは親とは別の人格として、その子どもの好きなもの、特性、性格などを尊重して接していく必要がある。もちろん、親の考えを主張することはかまわない。親自身の人格も尊重されるべきだからだ。とはいえ、その親の主張を採用するかどうかは子ども次第だ、ということである。

子どもはいつ誕生したのか

子どもの人格を考える上で、子どもという概念がいつ誕生したのかを押さえておく必要がある。フランスの歴史家フィリップ・アリエスによれば、実は子どもが誕生したのはヨーロッパの近世、16世紀以降のことである。アリエスは「中世において、（中略）子供たちは、母親ないしは乳母の介助が要らないと見なされるとただちに、すなわち遅い離乳の後何年もしないうちに、7歳位になるとすぐ大人たちと一緒にされていた」と述べている(9)。つまり、中世において小学生になる頃には、「小さな大人」として共同体の中で遊び、働いていたのだ。また、中世においては教育という概念がなかった。しかし、教育的配慮に関する関心が一部の教会、法曹界、学問の世界の人々を動かし、さらに宗教改革の支持者たちと合流することで、中世社会に見られる無秩序状態を是正しようと社会の道徳化が進んだ。これにより、職業訓練を目的とした徒弟修行が学校に置き換わり、「子ども」が誕生した、としている。そして、健全な精神は健全な身体に宿るという視点から、家庭における衛生管理、身体的健康への配慮が求められるようになったのである。

日本ではどうだろうか。少なくとも江戸時代には、「子どもの楽園」と称されるぐらい子どもが自由に街中で遊び回り、暴力を振るわれることもなく尊重され暮らしていた、と江戸時代に日本を訪れた外国人の記録で報告されている(10)。「それはあたかも、ルソーのいう自由教育のようであった」と描写されていることから、よほど感動したのだろうと推察される。

外国人による部分的かつ表面的な記述のため鵜呑みにできない可能性もあるが、外部の観察者にとっても目に見える子どもへの暴力はなかったということだろう。そして、寺子屋といった教育システムも存在していた。これは、寺を通じて子どもを管理するシステムという側面もあったと思われるが、江戸時代において、子どもを大事にする文化が日本にもあったと推測することはできる。

ところが、戦争によって暴力が家庭内にもたらされ、子どもへの体罰がしつけの手段として使われ始めた(11)。そして、戦後の欧米の思想に日本が影響を受け、核家族化が進む中で、子どもを家庭で管理しなければならないという考えも相まって、「子どもは親の所有物である」という思想が一般的になったと考えられる。このような思想的影響を受けている日本の子育ては、子どもの幸福と親自身の幸福とを切り離すことはかなり難しいと考えられることも認識しておく必要がある。

子どもの人権とは

また、欧米とは異なる日本の状況として、子どもの人権に関する意識が根付いていないことも踏まえておかなければならない。子どもは親とは別人格であり、侵してはならない人権を有するという意識は、欧米に比べると低い。例えばフランスは、革命によって権利を勝ち取ってきたという歴史的経緯、そしてキリスト教の影響もあり、自分と他者の間には明確な境界線がある。異なる人格として存在すること、また自分のことは自分で決めることができるという人権意識が高い。一方、日本においては、江戸幕府から明治政府への体制変化は外圧によるものであり、権利に関しても欧米から輸入したものであり、勝ち取ったものではない。さらに、農耕民族として常にお互いに配慮して、相互依存して文化をつくってきたため、自分の考えを主張するよりも周りの「空気を読む」ことの方が重要視されている。つまり、自他の明確な境界線がない、または曖昧である。親子はさらに曖昧である。このような状況で子どもの権利を主張することは容易ではない。

それでも、子どもは親とは別人格であり、子どもにも人権があると考えていく必要がある。子どもの人権として、ユニセフは以下の4つの原則を定めている[12]。

・生命、生存及び発達に対する権利（命を守られ成長できること）
・子どもの最善の利益（子どもにとって最もよいこと）
・子どもの意見の尊重（意見を表明し参加できること）
・差別の禁止（差別のないこと）

これら4つの原則は、子どもは1人では生きていくことができないこと、そして成長過程であること、声を上げることが難しいこと、その結果差別されやすいことを踏まえていると考えられる。親が子どもを育てようという場合に特に重要なのは、子どもの意見を尊重することである。そして、成長する権利という視点も忘れてはならないだろう。この成長する権利とは、子どもの伸びようとする芽をそのままに成長させるのであって、無理に引っ張ったり、気に入らない芽を踏みつけたり無視したりすることではない。また、性別や疾病の有無でチャンスを与えないことは、差別とも言えるだろう。

子どもの権利について深く考えてみると、子育てとは、子どもといかにして真正面から向き合うかということだとわかる。その先に、子どもの真の「自立」、そして「幸福」がある。

子育てに関する価値判断の根拠とは

さて、子どもの人権について踏まえた上で、子育てにおける価値――どんな子育ては正しい子育てで、どんな子育ては間違っているのか――は何に置けばよいのだろうか。正義に関する哲学で様々議論されてきたように、ベンサム流の功利主義で考えるべきなのか？ 理性を説くカント主義でいくべきなのか？ それともまったく別の、例えば様々な価値観を容認する価値多元主義で捉えるべきなのだろうか。

以下の架空の状況で考えてみよう。保育園に通う5歳の子どもが熱を出したので、すぐにお迎えに行かなければならない状況があったとする。病院に連れて行って薬をもらった方がよい状態としよう。子どもの医療費は無料の地域に住んでいるため、医療費はかからない。深夜に受診することのできる病院も知っている。そして、父親は年収８００万円、母親は年収500万円の仕事をしている。どちらも、仕事を調整すれば保育園にお迎えに行くことはできるが、早退する場合にはその時間分減給される。

この場合に、功利主義の金銭的価値だけを考慮すれば、両親ともに早退はせず、仕事が終わるまで働き、仕事が終わった定時に迎えに行き、時間外の診療を無料で受けるという行動が最も金銭的なマイナスがないために「正しい」ということになる。しかし、理性主義からすると、発熱した子どもを長時間そのままにしておくことは容認できない。また、父親が自分の仕事を調整して駆けつけるとした場合、金銭的な側面から見た功利主義からは非効率であるが、価値多元主義から考えると、子どもの健康、安心感、それによる親子の信頼関係、妻の仕事の継続を優先することによる夫婦関係の安定性など、金銭には換算できない価値を生み出しており、「正しい」と考えることもできる。

このように、子育てにおいては、一般的に判断する時に用いられる功利主義が有効に働かないことが多い。なぜなら、子育ての影響が長期的で価値の換算が難しいからだ。子育てにおける価値判断の哲学的根拠、つまり何が「正しい」かは容易にはわかりにくいという点は、子育てについて考える時に踏まえておく必要がある。

子どもが「自立」するとは

子どもを「自立」させると聞くと、社会において自分でお金を稼いで「食べていける」ようになること、と考える人が多いだろう。「自立」はindependence（インデペンデス）のことであり、自分で生計を立てること、自分のことは自分でできること、である。一方、「自律」はself-control（セルフコントロール）、autonomy（オートノミー）であり、自分のことを自分でコントロールできること、自分で自分のことを決めることができること、である。子育ての目標として、「他人に迷惑をかけない」人間に育てたい、と考える人も多いだろう。それは、自分のことをコントロールできる、つまり自律できるようになって、他人に迷惑をかけるような問題行動をしなくなる、ということでもあるだろう。その結果として、自分で自分のことができるようになる、つまり自立する、と整理できる。

ここでさらに思考実験をしてみたい。以下のような2つの社会を想像してみていただきたい。1つは、すべての子どもが、18歳になると自分で自分の生活費を稼ぐことができ、1人暮らしをしているが、稼いだお金をどのように使っていいかわからないか、無駄遣いしてしまうという、自立はしているが自律できてない生活をしている社会。もう1つは、すべての子どもが、18歳になっても親など誰かに援助してもらいながら生活しているが、自分の目標を自分で決め、援助してもらっているお金を無駄遣いすることなく有効に活用しているという、自立はしてないが自律した生活を送っている社会。これら2つの社会のどちらがよいかと問われると、多くの読者は後者を選ぶのではないだろうか。もちろん、自立かつ自律が最もよいと考えられるわけだが、こうして自立と自律を相対化してみると、子育ての目的が少し見えてくる。

自分1人の力で生きていけるようになるようにするというのは、動物の子育てでも同じである。ライオンも、子どもが自分で狩りをして自分で捕食できるように、粘り強くやらせている。とはいえ、人間は他の動物よりも他者との協力関係が必要な、社会性が重要な生き物だ。ただ「食べていける」だけでは、社会の中で認めてもらい、社会の中で生きていけるようにはなれない。そのためには、単に「自立」するだけでは不十分なのである。そのために「自律」が必要であり、先の思考実験でも、後者の方に親近感が湧く理由だろう。より具体的に人間社会の実例に即して言えば、生きる目標もなく、毎日誰とも会話することのないアルバイトをすることで、暮らし続けることはできる。確かに自立している。しかし、そこに人間性、あるいは「自分でなければならない」という感覚、生まれてきた使命を果たしているという感覚を覚えることはない。一方、例えば、親から援助してもらいながら1日15時間も弾き続けているピアニストは、自立はしていないが自律しているように見えるし、応援したくなる。むしろ、「自立」できない場合には誰かに助けてもらうスキルも重要だろう。ただ、ずっと誰かからの援助を必要とするのも忍びないので、「自立」できるようになってほしいとも思う。

このように考えてみると、「自立」も「自律」も、子育ての目的と言えそうである。本当の「自立」には「自律」、つまりセルフコントロールのスキルも含まれるし、誰かに助けてもらう、援助希求スキルも含まれるだろう。そして、誰かに助けを求めるという行動は、他者を信頼することができなければ実行することはできない。これはアタッチメントが形成されていなければできないと考えられる。

さらに、「自立」には、生計を立てるために必要な「学力」を獲得しておかなければならないことも含まれる。ここでいう学力とは認知能力のことである。例えば、自立するためには、収入がいくらで、支出としては家賃がいくらで、食費がいくらで、貯金をいくらして、といった情報処理能力、見通しを立てるスキルが不可欠である。また高校卒業の資格、専門性のある資格などを獲得するにも認知能力が必要であり、資格を得ることは一般的には収入が高くなることにつながるので自立に大いに役立つ。

そして、「自律」には、自分で自分のことがわかっており、自分ができる範囲を知っているからこそ自分にはできないこともわかっており、それがゆえに他者に協力を求めることができる、いわゆる非認知能力、社会情動的スキルも含まれる。これをさらに具体的に述べると、状況の変化に〝しなやか〟に適応する力である。特に感染症のパンデミックや不景気、戦争、職場の困難な状況などが突然目の前に現れた時に対処できる力である。これは、レジリエンスと表現されることが多い。自立し、自律できても、不測の事態に対応できなければ、本当の意味で自分のやりたいこと、やるべきこと、いわば使命を果たすことはできない。ダーウィンが言うように、「最後に生き残るのは優秀な個体ではなく適応した個体」だからだ。ゆえに、レジリエンスは重要である。

子育ての目的は子どもが自分自身で成長できるようになること

様々述べてきた上で、私は子育ての目的を「子どもが自分自身で成長できるようになること」と考えている。子どもが自立することだけでは足りない。子どもが自分で自分を奮い立たせ、成長し続けられること、どんな困難、逆境にあってもそれを乗り越えて、周囲の環境すら変えていける自分になること。そのような人間に育てることが、子育ての1つの目的であり、子ども自身の幸福・ウェルビーイングにつながるのだと思っている。子どもが何を幸福と感じるかは子どもにしかわからない。つまり、親が子どもに幸福を与えることはできないのだ。しかし、幸福を得るためのスキルを育てることはできる。そうしたスキルを身につけていく過程を「成長」として捉えることができるはずだ。

子どもの幸福とは、子どもにすべてが与えられることでも、すべてが自分の思い通りになることでもない。自らがやりたいと思うことを自覚し、それに取り組むことができる環境があり、起こるであろう困難を乗り越えながら、実際に試行錯誤を繰り返す中で人間的に成長することではないだろうか。

子どもの幸福を考えるのに、ドイツのノーベル賞作家、ヘルマン・ヘッセが『メルヒェン』(13)で書いた童話が示唆的である。夫を亡くした女性が、1人の男の子を産んだ。そこに、あるおじいさんが、子どもにとって一番よいと思うことを1つだけ叶えてあげましょう、と言ってきた。女性は「子どもは誰からも愛されるようになってほしい」と願った。そして、男の子は誰からも愛されるようになった。ところが、愛されることが当然となり、わがままな、傲慢な人間となってしまった。何もかも虚しく、何の喜びもない。母親も死んでしまった。彼は、「誰からも愛される魔力はいりません、誰をも愛する人間になるようにしてほしいのです」と叫んだ。すると魔力は消え、現実のあらゆる試練が降りかかってきた。しかし、人々を愛し、尽くすことができるようになった彼は、本当の生きがいを感じることができるようになった、という話である。

子どもといっても親である自分とは異なる人間主体であり、自分の望むこと、自分が幸福と思うことが、子どもにとっても幸福とは限らない。それは子ども自身が決めるのだ。そして、「愛される」よりも「愛する」ことによる成長が子どもにとっての幸福、生きがいとなったことからも、自ら成長できるスキルを与えることこそが子どもの幸福につながると言えるだろう。その成長過程において親のサポートが必要であり、重要であることは言うまでもない。

ポジティブ心理学が提唱する「持続的幸福」とは

ここで幸福について、あるいはより広い意味の幸福を含むウェルビーイングという言葉に置き換えて、もう少し丁寧に見てみよう。ポジティブ心理学では、持続的幸福、フラーリッシング（flourishing）という状態を、ウェルビーイングの具体的な表現型として定義している。[14] ウェルビーイングを構成する要素として、アメリカの心理学者、マーティン・セリグマンは、以下の5つを挙げている（PERMA理論）。

P：ポジティブ感情（幸せ、満足、喜び）（Positive Emotion）
E：エンゲージメント（没頭すること）（Engagement）
R：よい人間関係（Relationship）
M：意味・意義（Meaning）
A：達成（Accomplishment）

これら5つの要素は似ているように見えるが、それぞれが独自にウェルビーイングに寄与することがわかっている。つまり、ポジティブ感情を感じていなくても、何かに没頭しているということはある。また、よい人間関係があれば、特に人生の意味を感じなくても幸せだ。それから、何かを達成すること、それによって必ずしも喜びが得られるわけではないが、ただ達成したというその事実だけが欲しい場合もある。逆に言えば、持続的な幸福は多次元で捉えられるべきであり、単に「幸福だ」「満足だ」というポジティブ感情だけで捉えるべきではない、ということである。

これは、ウェルビーイングに関する古典的な分類である、ユーダイモニック(heudimonic)なウェルビーイングとヘドニック（hedonic）なウェルビーイングに分けて考えると理解しやすいかもしれない。ユーダイモニックなウェルビーイングとは人間の潜在能力が十分に機能している状態のことであり、一方、ヘドニックなウェルビーイングとは喜びの感情がある状態のことである。PERMAをこれに当てはめると、意味・意義（M）はユーダイモニックなウェルビーイング、ポジティブ感情（P）はヘドニックなウェルビーイング、エンゲージメント（E）、よい人間関係（R）、達成（A）はユーダイモニックとヘドニックのどちらにもなりうるウェルビーイングと考えられる。仏教では、相対的幸福、絶対的幸福と整理することからも、西洋・東洋問わず通じるウェルビーイングの捉え方と言える。

さて、このPERMA理論を子どものウェルビーイングに応用してみよう。子どものウェルビーイングを考える際に重要なのは、成長過程であり変化が激しいということだ。例えば、子どもがオンラインゲームをしているとしよう。いかにも楽しそうであり（P：ポジティブ感情）、没頭している（E：エンゲージメント）。オンラインゲームなので遠くにいる友達とも一緒に楽しめる（R：よい人間関係）。さらに、敵を倒したり、難しい局面を攻略したりして達成感を味わうことができる（A：達成）。しかも、そこに意味・意義を感じることができる可能性もある。例えば、将来的にeスポーツの選手になったり、ゲーム会社でゲームの開発をしたり、などといった場合である（M：意味・意義）。しかし、そのゲームも、成長の過程でしばらくすると飽きてしまうことが多い。獲得したスキルも、楽しさも、没頭も、一時的だ。オンライン上の友達も、いつでも連絡がとれるわけではない。

もう1つの例として、塾に通っている子どもがいるとする。好きな科目であればそこそこ没頭できる時もあるが、塾には仕方なく通っていて、その上、好きな遊びをする時間が減るので幸福感は低いかもしれない。学校とは異なる友達、先生との出会いもあるが、馬が合わない可能性もある。難しい問題が解けたなどの達成感を得ることはできるが、相対的に誰かと比較すればより成績が上位の人はいるだろうし、より高い目標はいくらでも設定できるので、その達成感は刹那的だ。一方、塾に行って勉強することの意味・意義を見出している場合は別だろう。何のために勉強するのかを明確に自覚している場合には、一時的・相対的・刹那的な幸福感、没頭、人間関係、達成があってもなくても継続して遂行することができ、ユーダイモニックなウェルビーイングを獲得できるだろう。つまり、成長過程にある変化の激しい子どもにおいて、その場のPERMAが当てはまっているかどうかという視点よりも、将来のPERMAにどうつながっているのか、成長につながっているのかを考えなければ子どもにとって本当のウェルビーイングかどうかわからない、という点を考慮する必要がある。したがって、子どもの望む方向に向かって「成長する」ということが、PERMAで表せるウェルビーイングを最も端的に獲得できると思われる。

子どもが「自分で成長する」ために必要なこと

では、子どもが自分で成長する、自発的に成長することができるためには何が必要なのだろうか。そのためには、縁があって触れたもので自ら興味を持ち、やりたいと思うこと、つまり自分の使命とは何かを自分で見つけることがまず必要である。

自分の使命を自分から見つけることについては単純なようで難しい。自分で自分の生きる意味、人生の意味を見つけることができれば内発的動機づけに支えられ、その後の人生で成功を収めやすいことが、これまでの研究で知られている。しかしながら、自分自身がやりたいと思うことがあっても、自分が何をするか自分で決めることができる環境になければ、遂行することはできない。エンゲージメント（没頭）することもできなければ、達成することもできない。したがって、子どもがやりたいことを実行できる環境を整えることは、子育てにおいて必要なことと思われる。

一方で、まだ自分のやりたいことがわからない段階もある。そのような場合に、親の意思で決めたことを子どもにやらせることもあるだろう。そのようなきっかけでも、子ども自身が楽しさを感じたり、自分にとっての意味づけができたり達成感を味わうことができれば、内発的に継続する動機づけは生まれてくるだろう。

子どもの成長に必要な3つの能力：「認知能力」「非認知能力」「健康・体力」

では、子どもが成長し、ウェルビーイングを達成するために必要な能力とは、具体的にどういったものなのだろうか。これは、子ども自身が自分でやりたいと思うことをやるために必要な能力と捉え直すと、腑に落ちると思われる。それは「認知能力」と「非認知能力（社会情動的スキル)」、そして「健康・体力」と言うことができる。

「認知能力」とは知能、知性であり、一定以上の読み書き算術ができなければ社会で生活する際、不利になる可能性が高い。一方で、不確実な時代においては、認知能力が高いからといって将来が保証されているわけではない。「非認知能力」は社会情動的スキルともいわれ、具体的には、セルフコントロールできる能力であったり、他者を理解できる共感力であったり、レジリエンスと呼ばれる逆境でのしなやかな強さであったりする。その意義については後述するが、認知能力を高めるために必要なスキルとしても注目されている。端的に言えば、不確実な時代においても逞しく生き抜く人間力、生きる力である。「健康・体力」はこれまであまり子育て論で語られてこなかったが、重要な能力である。不確実な時代においてはなおさらである。健康でなければやりたいことはできないし、体力がなければやりたいことをやりきることはできない。

そして、これらは相互に関連している。認知能力は何で決まるかと言えば、遺伝子と本人の頑張る力、つまり非認知能力と体力であろう。健康・体力についても遺伝子が関係していることは明らかであるし、認知能力が高ければ効率的に体力を使うことができ、健康にも配慮できる。また、体力には精神的にどれだけ頑張れるかという要素もあるため、非認知能力も体力に関与しているだろう。

そのように考えると、子育ての目的とは、遺伝子の影響を考慮した上での認知能力、非認知能力、健康・体力をいかに育むかということになると考えられる。非認知能力はさらに、セルフコントロール、モチベーション、共感力、レジリエンスが重要であることはすでに述べた。

そして、これらのスキルは子どもの時に大きく成長させることができるということを忘れてはならない。もちろん、成人期以降でもこれらを成長させることは可能である。しかし、子どもの時期は「感受期」といって、環境の影響をより敏感に受け成長する時期であることは、多くのライフコース疫学研究が証明している。[15] 例えば、言語の習得において、子ども期の早い時期に触れることが重要だとされていることを考えるとわかりやすい。

さて、子育ての目的を達成するためには、子どもの成長における遺伝子の影響について押さえておかなければならないことから、次章では、子どもの成長は遺伝子によるものなのか、環境によるものなのかについて詳しく見ていきたい。

第2章

遺伝子か環境か

子どもの成長は生まれか育ちか

子どもの成長は遺伝子によるものなのか、環境によるものなのか。この問いは英語ではNature or Nurture（ネイチャー・オア・ナーチャー）と呼ばれ、古くて新しいテーマである。日本語ではNatureを「生まれ」あるいは「氏」（家柄や身分の意味）とし、Nurtureを「育ち」とし、「生まれか育ちか」あるいは「氏か育ちか」として語られてきた。Natureについては遺伝子の研究から子どもの学力、健康状態、問題行動などが遺伝子によって説明できる部分が明らかにされてきた。一方、Nurtureについては様々な疫学研究によって環境要因、特に子育て環境による要因によって子どもの状態を説明できることが明らかにされてきた。そして、遺伝子と環境のどちらが重要なのか、という議論が巻き起こった。遺伝子であれば生まれ持ったものであるので変えられないが、原因がわかることで納得できる部分もある。環境要因であれば育て方、そして教育や地域など社会環境の影響と考えられ、これらは変えることができるため子どもに関する政策に大きな影響を与える。一体どちらなのだろうか。

遺伝とは、遺伝子とは

この問題を考える前に、まず遺伝と遺伝子について整理しておこう。遺伝とは「形質が親から受け継がれること」である。お酒が飲める体質が受け継がれたり、血液型が両親の組み

図2-1　母親と父親から子が遺伝子を受け継ぐ遺伝の模式図

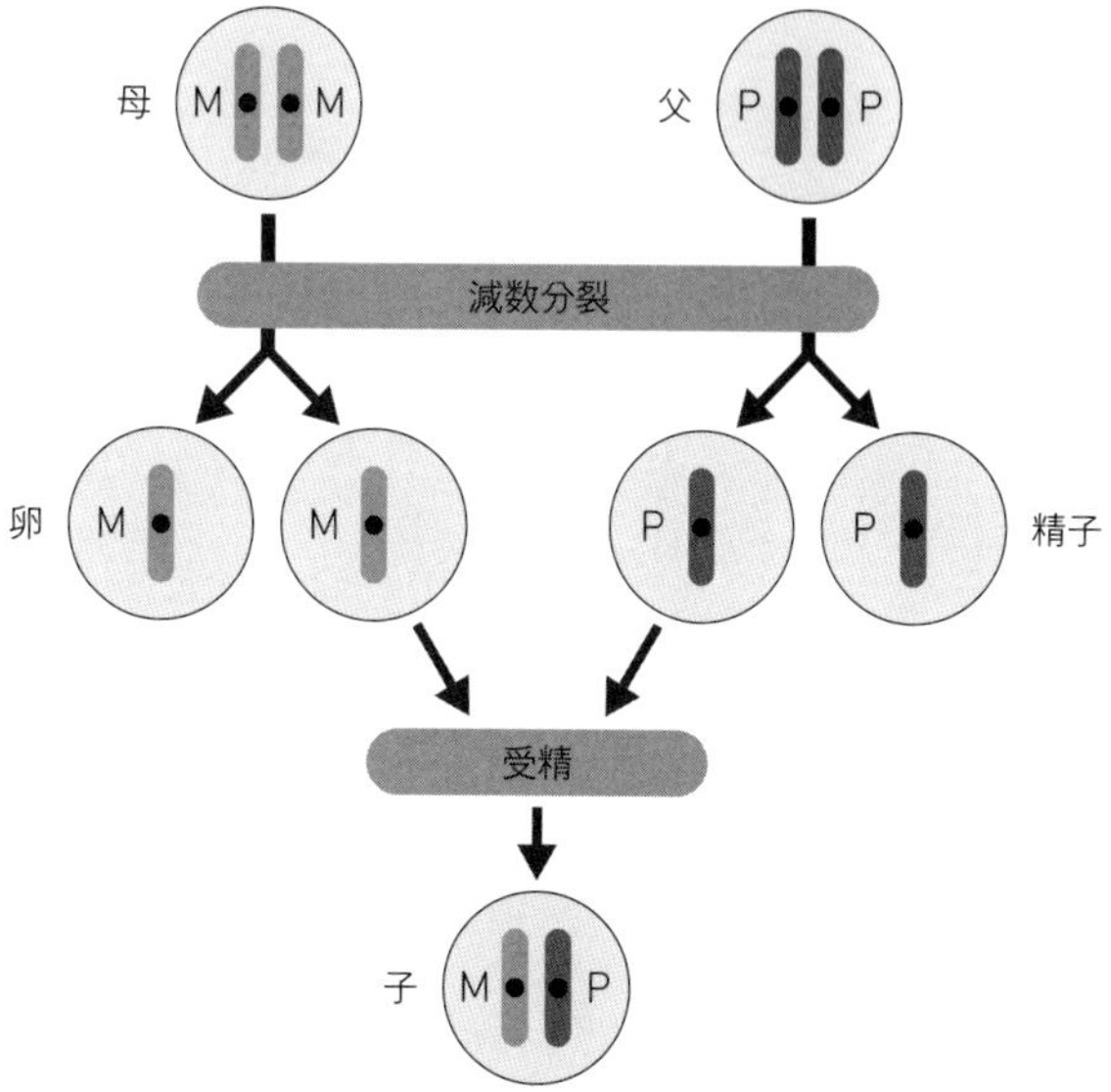

合わせにより決まることなどがその例である。この形質を伝えるものが遺伝子である。遺伝子は、人体の構成成分であるタンパク質を作り出す、いわば設計図である。そして、人間はこの遺伝子を2つのペアで持っており、子どもにはそのどちらか一方が伝わる（**図2-1**）。例えば、父親と母親の血液型が両方ともA型であっても、遺伝子が両親ともにAO型であれば、O型の子どもが生まれる可能性がある。なぜなら、父親からAO型のうちの半分のO型の遺伝子、母親からもO型の遺伝子を受け継いだ場合には、子どもはO型となるからだ。前述のように、親から子に伝わるのは親の遺伝子の

半分であり、父親からと母親からの組み合わせで決まるため、遺伝といっても、遺伝子として父親からもらう分が半分、母親からもらう分が半分なのである。

血液型以外にも、例えば、お酒を飲んでもまったく赤くならない父親とまったく飲めない母親から生まれた子どもは少し飲むと赤くなるように、親のどちらとも異なる形質、体質を持って生まれてくることもある。遺伝というと親とまったく同じ遺伝子をもらい、まったく同じ体質になると考えがちであるが、両親からの遺伝子が半分ずつ混ざり合った個体が子どもであり、その組み合わせによって体質は異なることから、そう単純ではない。

遺伝子についてもう少し見てみよう。遺伝子について理解するためには、遺伝子と似た言葉であるDNAとの違いを理解するとよい。遺伝子はタンパク質を作る設計図の情報であり、DNAはその情報を運ぶ物質ということになる。遺伝子は、細胞の核の中の染色体に30億の塩基対（糖とリン酸と4種類の塩基［A：アデニン、G：グアニン、T：チミン、C：シトシン］）からなるDNAに存在する。ここで注意しなければならないのは、DNAのすべてがタンパク質を作る設計図の情報を持った遺伝子というわけではない、という点である。タンパク質を作る意味のあるかたまりとしての遺伝子は2万2千個程度で、全体の1・5％に過ぎない。遺伝子ではない部分も含めたDNAで人間とチンパンジーがどのぐらい同じかを見てみると、実に人間のDNAの98・8％はチンパンジーと同じであることが知られている。ちなみに、共通するDNAの割合で言えば、ハエも人間のDNAと61％が同じであり、ハエのDNAの研究でわかったことが人間にも応用されている。生命としての基本的な構造に関する情報はかなり共通していると考えていいだろう。しかし、サルと人間は違うし、同じ人間でも人によって全然違うことを私たちは知っている。

人間の個人差は0・1％のDNAの違いである。とはいえ、その数は30億塩基対、つまり60億塩基の0・1％、約600万塩基のDNAの違いであり、その塩基の違いによる組み合わせのバリエーションは天文学的数字である。DNAが99・9％同じであっても、体質や表現型が同じ人間は2人といないことが理解できる。

このようにDNAには個人差があるが、この個人差はどの程度遺伝するのだろうか。例えば、母親が子どもに自分の50％の遺伝子を伝えるということは、親自身の個人差の0・1％である600万塩基のうちの半分である300万塩基のDNAが伝えられる。さらに、父親からも300万塩基の個人差をもたらす可能性のあるDNAを受け継ぐ。よって、母親とは300万塩基の異なるDNAが入ってくることによって、子どもは母親とは異なる体質や表現型を持つことになる。同様に、父親の個人差の300万塩基のDNAが伝えられるところに、母親からの300万塩基の個人差をもたらす可能性のあるDNAが入ることによって、子どもは父親とも異なってくる。もちろん、母親からもらった300万塩基のDNAと、父親からもらった300万塩基のDNAのうち、同じ個人差をもたらすDNAが重なることもある。例えば、お酒を飲んでもまったく赤くならない父親と母親からは、お酒を飲める体質の子どもが生まれる。

さらに、DNAの数が個人によって異なることもわかっている。これがコピー数多型（copy

number variant）であり、がんや生活習慣病、自己免疫疾患などの病気と関連することが報告されている。[1] このコピー数多型も親から子どもに遺伝することがわかっている。

遺伝子の違いとは

ここで、遺伝子が違うとはどういうことかについて簡単にまとめておきたい。前述のように、個人間で異なるＤＮＡのうち、その違いが例えば99％の人はＡＧＴＣの塩基うちＡ（アデニン）で、１％の人がＴ（チミン）である場合、その場所におけるＤＮＡの違いを遺伝子多型という。特に、１つの塩基が異なる多型なので一塩基多型（Single Nucleotide Polymorphism：ＳＮＰ）という。１％以上の頻度で見られる違いの場合にＳＮＰといい、ＤＮＡの違いの頻度が１％以下の場合、例えば99・９％の人がＡで、０・１％の人がＴの場合には、ＤＮＡの突然変異や稀な変異と考えられ、ＳＮＰとはいわない。つまり、ＳＮＰはある程度（１％以上）の人が持っている遺伝子の違いのことである。

このような遺伝子多型、ＳＮＰについては、遺伝子を調べればわかるが、どのタンパク質の生成に関係しているのかがわからなければ単なる違いに過ぎず、あまり意味がないことに注意すべきである。逆に言えば、疾患に関連するタンパク質を作る遺伝子におけるＳＮＰによって疾患のかかりやすさなどと関連することを見出せれば、その疾患のメカニズムの解明につながり、さらに創薬にもつながる、というわけである。

実はこのSNPで、血液型の違いを説明できる。[2] そもそも血液型は、赤血球の表面の糖鎖に何をくっつけるかで決まる。それを決める遺伝子は9番染色体の上にあり、2万個もの塩基対からなる。それによってできた酵素は赤血球の表面の糖鎖に、ある物質（N-アセチルガラクトサミン）をくっつける。それがA型の血液だ。しかし、そのうち、たった7つの塩基が変わるSNPによって4つのアミノ酸が変わり、作られるタンパク質（ABO糖転移酵素）の構造が変わり、ガラクトースという物質を赤血球の糖鎖につける酵素に変わり、B型の血液型となる。また、たった1つの塩基の欠損によってタンパク質を作るもととなるアミノ酸を作る設計図がずれてしまい、完全な酵素が作られないためにできるのがO型である。数個のSNP、塩基の違いでも血液型を変えるのであるから、やはりSNPは重要である。

遺伝子と育て方を分けることは難しい

子育てにおいて遺伝、つまり父親と母親のどちらかに見た目や行動が似ていることについて考える際に、遺伝子と育て方のどちらによるものなのかを分けて考えることは非常に難しい。例えば子どもが問題行動を起こしたとして、それは子どもの遺伝子によるものなのか、親の育て方によるものなのかの区別は難しい。**図2-2**（次頁）に示すように、親の養育行動と子どもの問題行動の関連については、遺伝子と子育ての仕方によって3つのパターンで説明できることが知られている。1つ目は、母親のネグレクトによって、ストレスに弱い子

図2-2　親の養育行動と子どもの問題行動と遺伝子との関連を説明する3つのパターン

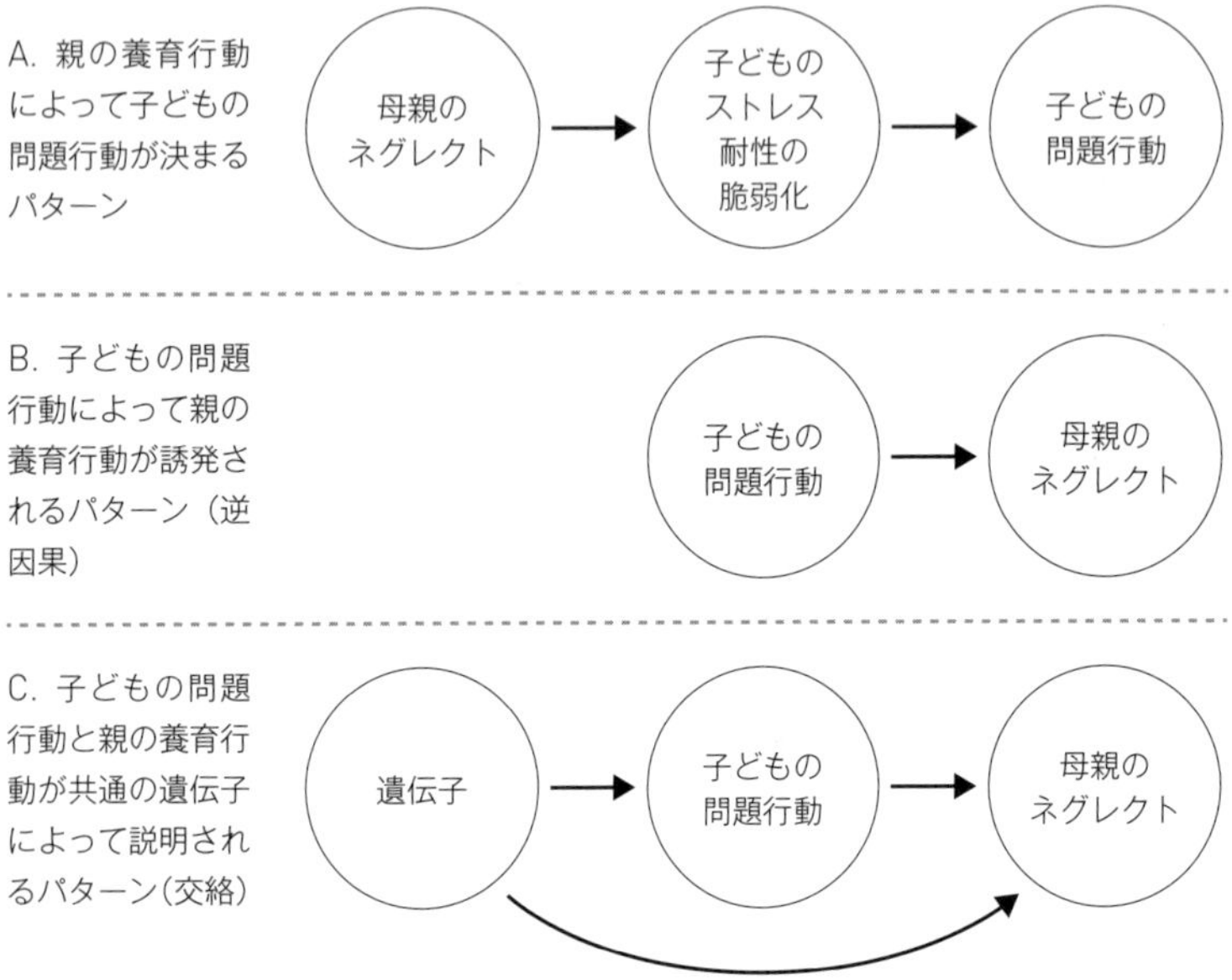

どもに育つ可能性があることが知られている（母親のネグレクト→子どものストレス耐性の脆弱化：A）。2つ目は、その母親のネグレクトは、子どもがもともとストレスに弱い遺伝子を持っていることによる行動によって誘発されたものかもしれないのだ（子どものストレス耐性の脆弱化→母親のネグレクト：B）。ここでは因果が逆転しており、どちらが先かわからない。

　3つ目として、ストレスに弱い子どもの遺伝子は、もともとは母親から来ているものかもしれない（C）。この場合には、その遺伝子が交絡因子となっており、母親のネグレクトと子どものストレス耐性の脆弱化の関係は見せかけの関連である。このように、遺伝子と育て方について選り分けることは非常に困難である。

さらに、子どもの遺伝子の方が親の子育ての仕方を誘発するという仮説もある。(3) これはきょうだいの性格が異なり、親が異なる関わり方をすることからも納得できるだろう。素直な性格の遺伝子を持っている場合と、相手の注意を引くために挑発的な言動をする遺伝子を持っている場合では、親の関わり方は異なる。そして、発現していない親の遺伝子が、両親の組み合わせ次第ではたまたま子どもの行動をきっかけに発現することがありえる。

また、母親の子育ての仕方は、母親自身の遺伝子によって部分的には決まる。子育てについて世界中の56の研究（オーストラリアから日本、アメリカまで、2万家族以上を対象）を分析した結果、「親の愛情」「コントロール」「子どもに対する否定的な態度」で表される子育て行動の23％から40％が、親の遺伝子で説明されることがわかっている。(3) 具体的な遺伝子として、愛情や信頼のホルモンといわれるオキシトシンに関する遺伝子を見てみよう。このオキシトシンを受け取る受容体に関係する遺伝子について、オキシトシンをよくキャッチするのかしないのかを決める遺伝子多型がわかっている。母親のオキシトシン関連遺伝子の遺伝子多型がリスク型、つまり、あまりオキシトシンをキャッチしないタイプだったとしよう。その場合、オキシトシンシステムが作動しないので、あまり子どもに愛情を持って接しないことが予想される。しかし、子どもにもオキシトシン受容体に関する遺伝子多型のリスク型が遺伝しており、そのオキシトシン受容体の遺伝子多型が問題行動と関係しているかもしれない。その場合、子どもの問題行動は〝子どもの〟遺伝子によって引き起こされた問題行動なのか、〝親の〟遺伝子による悪い養育行動によって引き起こされたものなのか、これらを分けて考えることはできないのだ。

この問題の解決に迫るために、私の研究室では三世代の親子（祖母、母親、6か月の赤ちゃん）の研究を実施した。(4) その結果は、**図2-3**のように単純ではなく、オキシトシン関連の遺伝子多型の世代間連鎖とオキシトシン濃度、そして赤ちゃんへの養育態度の複雑な関連が明らかとなった。例えば、祖母から過保護、過干渉な養育を受けていた母親は、自分のオキシトシン関連遺伝子がリスク型の遺伝子多型の場合にのみ、赤ちゃんを拒否する態度をとっていた。つまり、祖母から自分がどう育てられたか、そして自分がどのようなオキシトシン受容体の遺伝子のタイプか、その2つの要件が揃って初めて、赤ちゃんを拒否するというネグレクトが発生するかどうかを説明できたのである。

また、祖母のオキシトシン関連遺伝子は、母親の子どもの頃の養育態度（アラバマ養育態度質問紙：APQで測定）と関連することがわかっており、さらに母親のオキシトシン関連遺伝子も、どのように自分の母親（祖母）に育てられたか（Parental Bonding Instrument：PBIで測定）と関連していた。やはり、どのように育てるかというのは、親の遺伝子も影響するし、子どもの遺伝子も影響するということだろう。

図2-3 三世代（祖母、母、子）のオキシトシン受容体の遺伝子多型、唾液中オキシトシン濃度、被養育体験、子どもへの関わり方の連鎖

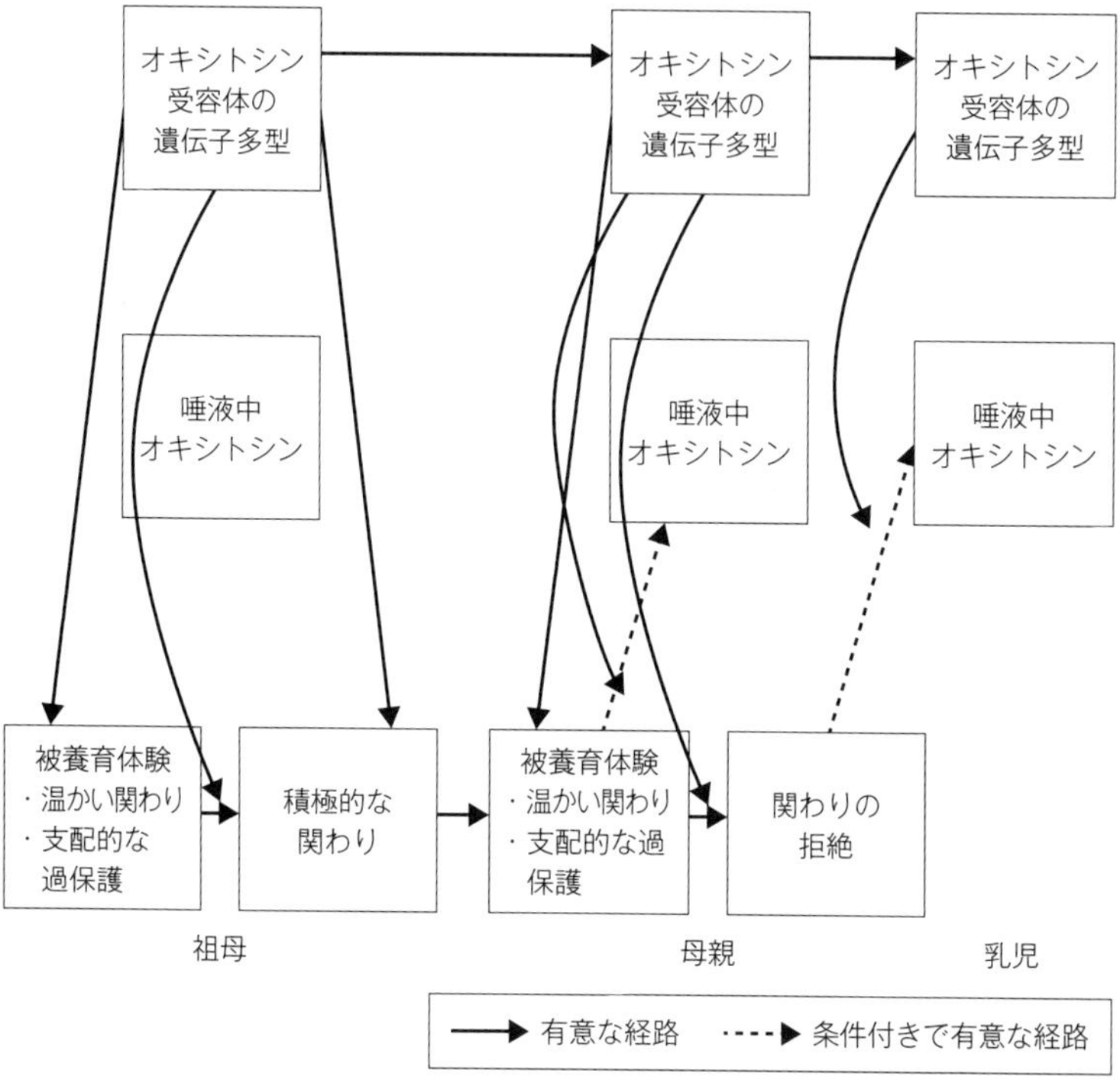

遺伝によって犯罪者になるか

体質だけではなく、人格や行動も遺伝するのだろうか。実は、犯罪者の研究から、遺伝子が暴力などの犯罪行動に大きく関わっていることがわかっている。神経犯罪学者のエイドリアン・レインは、その著書『暴力の解剖学』の中で、健全な家庭に養子に出されたジェフリー・ランドリガンの実例を用いて、犯罪行動が遺伝する事例を紹介している[5]。彼は11歳の時に強盗で逮捕され、その後も麻薬中毒、車の窃盗などを繰り返して少年院での日々を過ごし、20歳で名付け親となることを頼んできた友人を刺殺して20年の懲役刑、しかし7年後に刑務所を脱走するとさらに殺人を重ね、逮捕された後、死刑を言い渡される。アリゾナ州で死刑囚として過ごしている時に、別の囚人からアーカンソー州にランドリガンと非常によく似た詐欺師に会ったことを聞く。それが何と、生き別れた実の父親、ダレル・ヒルであった。さらに驚くべきことに、ヒルの父親も犯罪者で、強盗に入った後、警官に射殺されたという。

ランドリガンの事例をたまたま二代重なっただけだろうと思う人もいるかもしれない。そこで、サーノフ・メドニックは、デンマークにおいて1927年から1947年に登録された1万4427人の養子について、その実親、養父・養母の15歳以上での有罪判決となった前科の数を比較し、犯罪行動の原因の中に遺伝的要因が含まれている可能性を検証した。その結果、実親の前科の数が多いほど、その子どもの犯罪率は高かった（**図2-4**）。養父・養

図2-4 生物学的な親の犯罪数と子どもが犯罪者である割合との関連（文献6より）

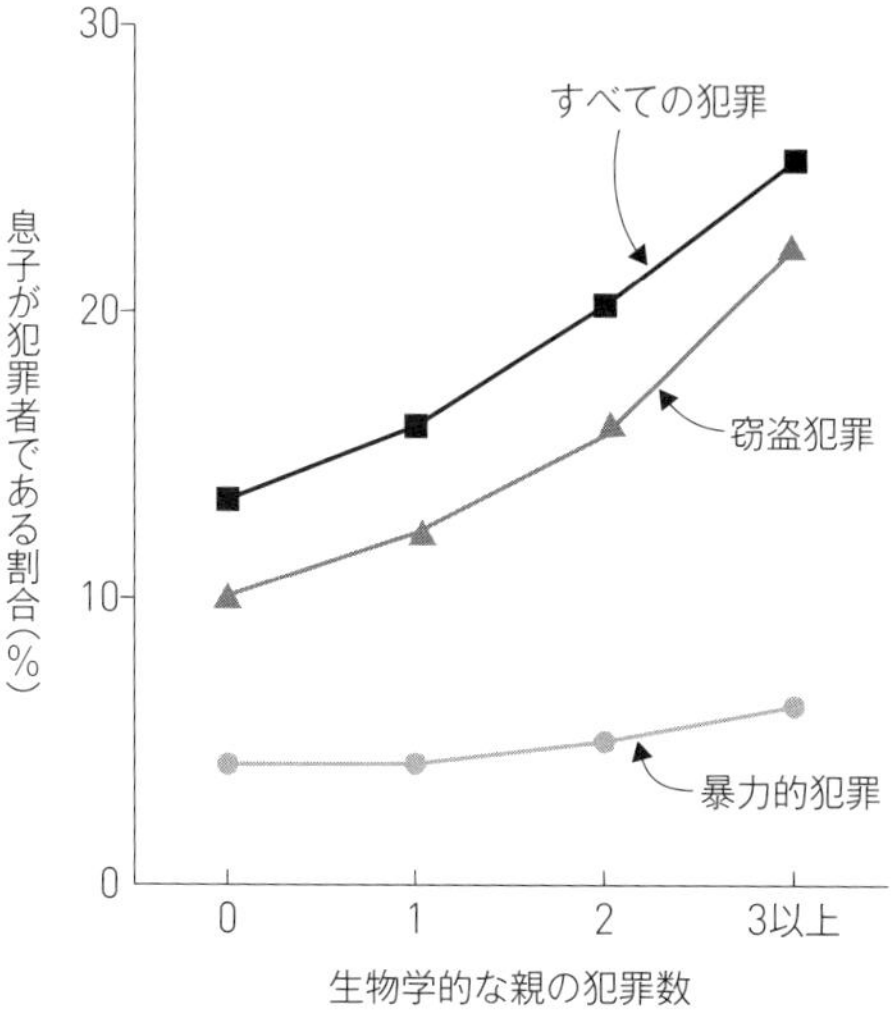

母の前科の数との関連は見られなかった[6]。

とはいえ、この研究は犯罪行動の遺伝子決定論を主張しているわけではない。犯罪率の高い男子で検討した場合、例えば実親が2つ以上の犯罪歴があっても、その息子の75％は罪を犯すことなく過ごしている。また、養子の社会経済的地位が低い場合にのみ犯罪歴と関連しており、遺伝子が関連していたとしても、社会環境の改善によって犯罪者となることを防ぐことができるのではないか、と述べている。

別の研究も見てみよう。ある家系の男性に放火やレイプ、露出癖など犯罪行動が多いと相談をされたオランダの遺伝学者、ハン・ブルナーは、その家系における遺伝子を調べ、X染色体上にあるモノアミン酸化酵素A遺伝子（MAOA）の突然変異があることを突き止めた。[7]この遺伝子は、セロトニンやドーパミンなどの神経伝達物質を酸化させる役割を持っているが、MAOA遺伝子の突然変異によってセロトニンやドーパミンの機能が失われ、攻撃性が高まり犯罪に至っていることが示唆された。X染色体は、女性は2つあるが男性は1つしかないため、MAOA遺伝子の突然変異の影響が表れたのは男性だけだったというわけである。

この研究から言えるのは、異常行動に関係する遺伝子がある、ということだけであり、犯罪行動そのものはより多様な遺伝子が関係し、また後述する環境要因の影響も受けながら起きると考えるべきである。これらの研究者も遺伝子決定論の立場に立っているわけではないことは、きちんと知っておくべきだろう。

環境要因による影響も厳然とある

一方で、環境要因による影響もある。例えば事故や自然災害、学校の担任の先生やたまたま隣の席になった友達、住んでいる地域の文化など、偶然に遭遇したと考えられる子どもの環境要因が存在する。もちろん、これらの環境要因も、元をたどればある程度遺伝子によってその環境に出会う可能性が高まっていることは知っておいてよいだろう。例えば、ドーパミンという脳内の神経伝達物質の受容体の遺伝子多型において、新しいものが好きで好奇心が強いタイプがあることが報告されている。[8]子どもがリスクを好む遺伝子を持っていると事故に遭う可能性は高い。100万人以上の人の遺伝子を網羅的に解析することにより、現在では一般的なリスクの許容度に関連する様々な遺伝子多型がわかっている。[9]

また、居住地の選択に関係する遺伝子も知られている。[10] 親が好む地域に住んでいる場合に、地域の環境が子どもの成長を促しているのか、親から受け継いだ遺伝子によってその地域を気に入っていることでストレスなく成長できているのか、厳密に区別することは難しい。いい先生や信頼できる友達に出会ってほしいと思うのは親の常だが、いい先生や友達がいそうな学校を選ぶにあたって親の好みが影響している可能性もあり、遺伝子が関与するため完全な偶然とは言えないのかもしれない。

それでもなお、遺伝子だけですべてが決まるわけではないのだ。環境からの直接的な影響は存在する。例えば、戦争や災害は完全に外的な要因で発生し、それによって被った心的外傷（トラウマ）や移住を余儀なくされることにともなうストレスによって、子どもの成長に多大な影響を与えていることは間違いない。ある遺伝子を持っている場合に戦争や災害により曝露しやすいということは考えにくいため、これは明らかに遺伝子では説明できない。また、新型コロナウイルスのパンデミックという環境要因が子どもの肥満を増加させたこともわかっている。遺伝子が数年という短期間で急に変化するとは考えられないため、環境要因による表現型の変化の例と考えていいだろう。

環境要因による影響があることをより明確に示したのが、双子の宇宙飛行士で、宇宙に行った飛行士と地上に残った飛行士の比較を詳細に行った研究だろう。[11] 宇宙に行く前、宇宙に滞在している間、帰還から1年にわたる追跡により、DNAに飾りがつけられて遺伝子の発現に影響を与えるメチル化（詳細は後述）や寿命に関わるテロメアの長さなどを調査している。このNASA（アメリカ航空宇宙局）の研究から、宇宙に行くことによる全体的な遺伝子発現の変化は帰還後6か月で飛行前の水準にほぼ戻ったものの、テロメアが短くなっていたり、一部の遺伝子の発現がおかしくなっていることなどが観察されている。これは宇宙という極限状態の曝露による影響に関する研究だが、過度なストレスは戦争や災害、虐待でも引き起こされていると考えられることから、遺伝子に誘発されることによらない環境変化による影響の強さを推測することができる。

また、環境要因として社会的規範の影響も避けて通ることができない。社会的規範とは、ある特定の集団において単に多くの人が同じ行動をとっているということではなく、それに従うべきだと考えられている暗黙のルールのことである。[12] 例えば、マスクの着用である。衛生観念に関わる遺伝子があったとしても、コロナ禍において形成された「マスクを着けなければいけない」という社会的規範によって、日本をはじめ多くの国でほとんどの人がマスクをするようになったことから、社会的規範という環境要因によって人の行動が変わることは明白である。ただし、日本人の場合、農耕民族であったため、いわゆる「空気を読む」ことに価値が置かれ社会的規範が形成されやすいことは指摘されており、社会的規範の影響を受けやすいことが日本人の遺伝子として残っている影響もあるかもしれない。それでも、社会的規範の内容についてまでは遺伝子によって規定されているとは考えられず、コロナ禍によって急速に形成されたマスク着用という社会的規範によって行動が変わったことは、遺伝子とは独立した環境要因があることを示しているだろう。

このように社会的規範の影響として、友人や地域社会の影響を強く受けることになる。子どもの発達においても、家庭ではなく、学校や地域コミュニティにおける友人からの影響をより大きく受けるかもしれない。例えば、Moving to Opportunity（MTO）と呼ばれる、アメリカで行われた社会実験がある。[13] これは、1994年から1998年にかけて、ボルチモア、ボストン、シカゴ、ロサンゼルス、ニューヨークの5つの都市の4604の低所得世帯を対象に、よい住環境に引っ越すことができる群とそのまま貧困層の多い地区に住み続ける群に無作為に分けて、その効果を比較するという実験だ。それによって、貧困による子どものメンタルヘルスの問題、犯罪行為を防ぐことができるかを検証しようというものである。結果は、引っ越した群において、男の子のメンタルヘルスは悪化し、犯罪行為は増加した。なぜなら、友達と離れてしまったからである。ちなみに、女の子では問題行動が改善していた。

また、知能も健康状態も問題のない22人の小学生（11歳）を研究者によって2つのチームに分け、オクラホマの自然環境の中でそれぞれのチームに分かれて過ごさせ、1週間後に対峙させた時の反応を見た有名なロバーズ・ケイブ実験の結果も参考になる。2チームを対峙させると、皆、相手のチームと敵対し、自分の所属するチームの意図の影響を受けた行動をとったと報告されている。[14] やはり、人間は遺伝子だけではなく仲間の影響も受けて行動すると考えられる。しかしながら、この実験については、研究者が意図的に2つのチームが攻撃し合うように仕向けていた可能性が高く、外集団に敵対するということを示したものではない可能性も指摘されている[15]。方向性は操作されたにしても、個人の行動が集団意識の影響を受けるということは間違いないだろう。

遺伝子―環境要因交互作用

さて、遺伝子と環境それぞれの要因について見てきたが、実はこれらが相互に関係し合うこともわかっている。これは、ある遺伝子Aを持っていて、かつある環境要因Bが存在する時に初めて形質に影響を与える、という考え方である。この現象を初めて実証したといわれているのが、発達心理学者のテリー・モフィットとアブシャロム・カスピである[16]。彼らは、ニュージーランドのダニーデンという地域における出生コホート研究、つまりある期間に生まれた子どもたちを生まれた時から追跡し、定期的に身体検査や心理テストなどを行い、子どもの頃のどのような環境が発達に影響するのかを詳細に調べる研究を実施した。その中で、MAOA遺伝子についても調べ、また子どもの頃に虐待を受けたかどうかを児童相談所の記録なども含めて正確に確認した。そして、このMAOA遺伝子について、活性が低い場合でかつ虐待を受けた場合に特に反社会的行動を示し、MAOA遺伝子の活性が高い場合には虐待を受けても反社会的行動はあまり示さないことを発見した（**図2-5**）。すなわち、

図2-5　子ども期（3～11歳）の不適切な養育と青年期(26歳)の反社会行動の関連(文献16より)

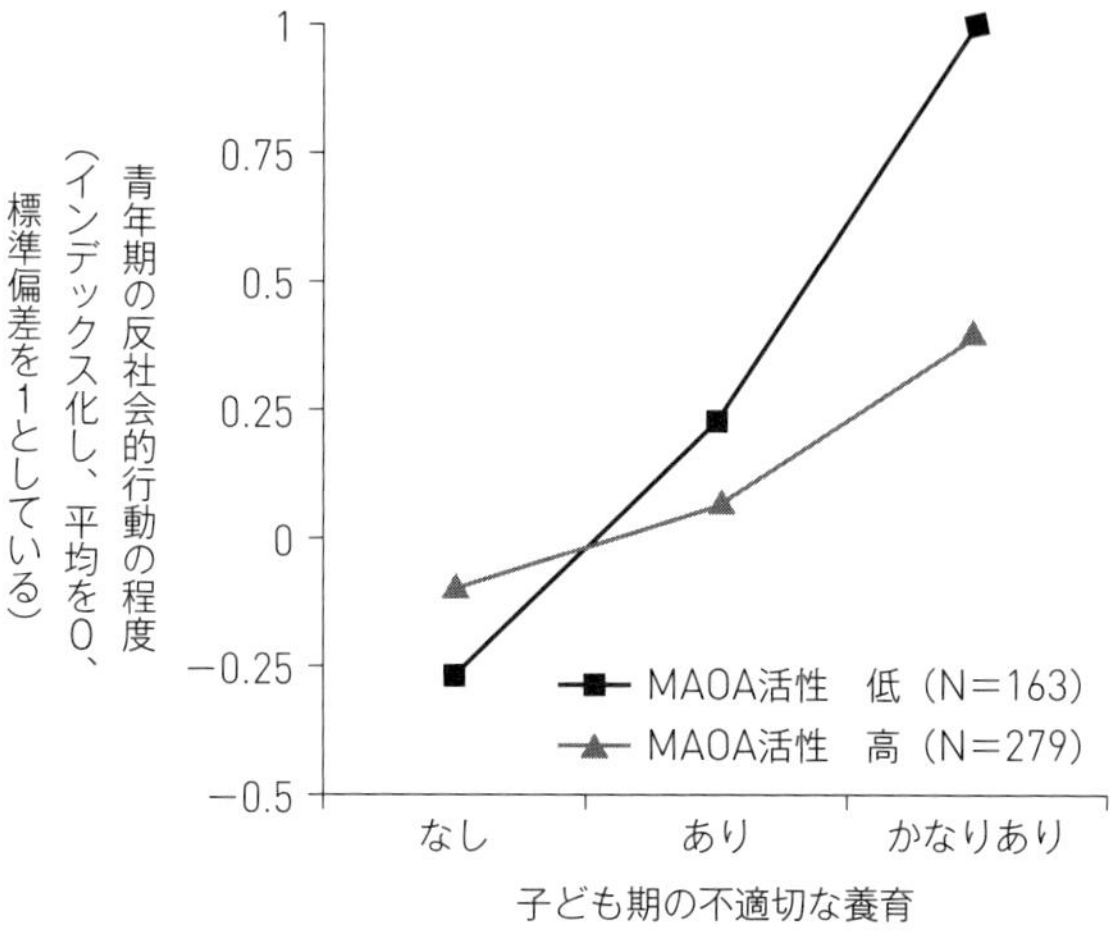

MAOA遺伝子の活性化レベルが低い場合に関連し、高い場合にはあまり関連しない。

ＭＡＯＡ遺伝子が高活性型であれば、虐待を受けたとしてもその後に反社会的行動を起こす可能性は低いことを示している。さらに、この結果は再現性があることも確認されている。ＭＡＯＡ遺伝子の欠損が暴力性の犯罪に結びついていた先述の内容とも一致し、さらに環境要因が加わることでその形質が初めて表れることを示した点で、画期的な研究である。

この研究結果から、遺伝子と環境要因の交互作用が重要であるという知見が一気に広まり、「生まれか育ちか」論争について、どちらも大事であり、どの遺伝子を持ち、どの環境要因に曝露されているのかの組み合わせが重要という結論に落ち着いていると考えていいだろう。

図2-6　ストレス脆弱性モデルと差次感受性モデル

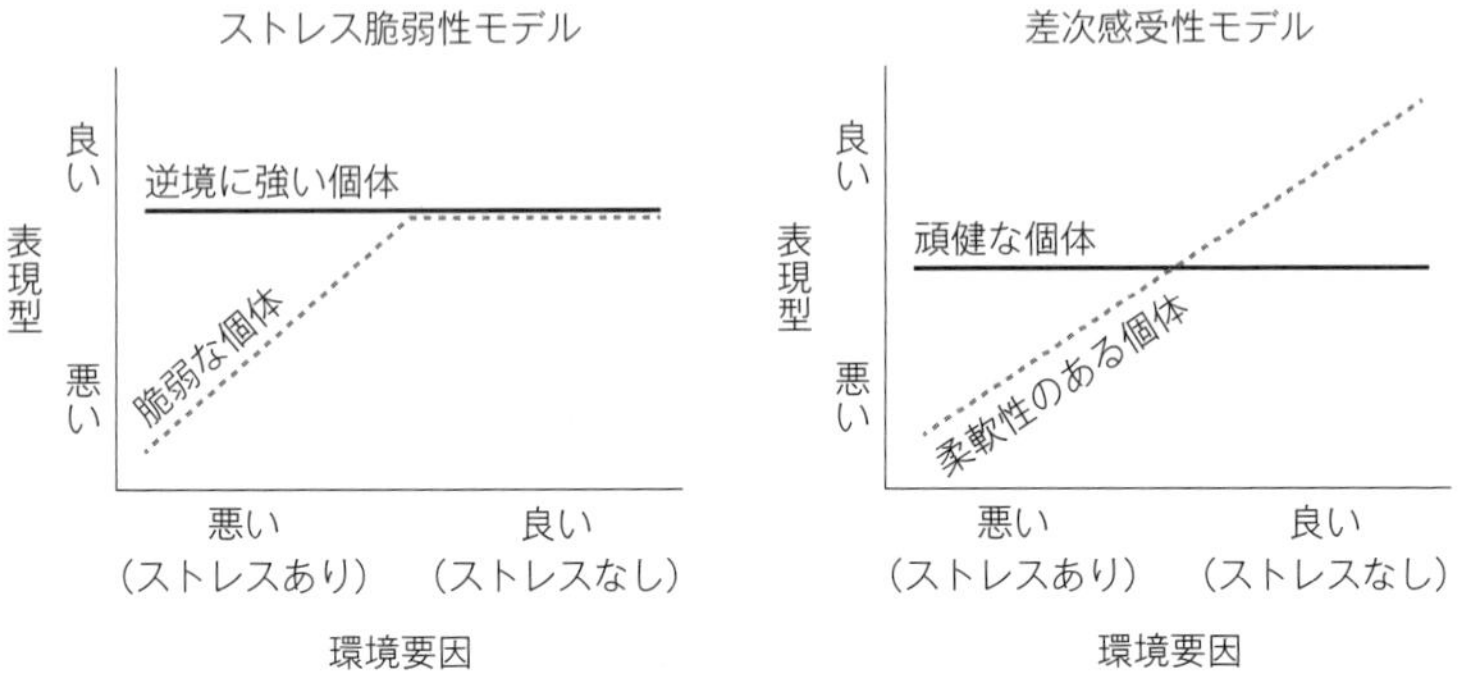

加えて、この遺伝子–環境要因交互作用については、ストレス脆弱性モデル（diathesis-stress model）と差次感受性モデル（differential susceptibility model）の概念を知っておくとよいだろう（**図2-6**）。ストレス脆弱性モデルとは、ある遺伝子Aを持っている場合にストレスがかかると病気になってしまうが、その遺伝子の別のタイプA′を持っている場合にはどんなストレスがあっても病気にはならない、という遺伝子–環境要因交互作用である。これは先のMAOA遺伝子と虐待の関係で考えるとわかりやすい。MAOA遺伝子の低活性型でかつ虐待というストレス環境によって初めてストレス脆弱性が発揮され、反社会的行動に至る、ということである。

一方、発達心理学者のジェイ・ベルスキーは、ストレスに弱いと考えられる遺伝子のタイプというのは環境要因に対して敏感ということであって、よりよい環境であれば表れる形質もよりよいものになるのではないかと考え、その仮説を差次感受性仮説として示した(17)。

例えば、敏感なユリは質の悪い土に植えられた場合にはすぐに枯れてしまうが、最適な土を提供した場合にはとてもきれいな花を咲かせる。一方、タンポポはどんな土でも花を咲かせるが、ユリのような華やかな花を咲かせるわけではない。このように、非常に敏感な遺伝子は、よりよい環境ではよい形質を発揮する方向に働き、より悪い環境では悪い形質となってしまうということがあるのではないか、という仮説である。人間における具体例としては、発達障害があっても、本人に適した環境が与えられた場合に、音楽や絵画など特別な才能を発揮する事例があることを考えるとイメージしやすいかもしれない。しかし、どの遺伝子のタイプが、どの環境に、どんなタイミングで曝露した場合に、どんな形質、表現型となるかについては、まだ研究途上である。

獲得形質の遺伝とエピジェネティクス

ここでさらに生物学的に遺伝と環境の関係を深く考えるために、ダーウィンの進化論を考えてみよう。ダーウィンは、進化とは環境に適応する遺伝子が生き残り、その後の子孫繁栄につながることだと考えた。一方で、環境に適応するために、遺伝子それ自体が変化し、その世代の中で適応するように形質が変化するのではないか、と考える研究者もいた。これを獲得形質の遺伝という。例えば、キリンは木の上の方の葉っぱを食べようとして世代を重ねるうちに首が伸びたのだ、という考え方である。この考えはフランスの博物学者ラマルクによって提唱され、[18] 近年まで長く否定されてきた。しかし、近年の研究で環境要因によって遺伝子を構成するＤＮＡに飾りがつけられ（メチル化という）、それによってＤＮＡが絡まったり緩んだりすることで遺伝子の発現が変わることがわかってきた。そして環境要因によって遺伝子そのものは変わるわけではないが、遺伝子のスイッチがオンになったりオフになったり、その量を変化させたりすることがわかってきた。これをエピジェネティクスという。つまり、遺伝子という設計図は大事だが、それを活用できるかできないかは環境要因によ る、ということがわかってきたのだ。しかも、そのメチル化は流動的で、環境要因によって変化する。つまり、環境を変えれば遺伝子の発現を変えることができるメカニズムがわかってきたことを意味しており、注目されている。

子育てに関するエピジェネティクスの研究で特に有名なのが、マギル大学の心理学者、マイケル・ミニーの研究である。ミニーは、子どもをよく舐める親ラット、つまり子育てに熱心な親ラットに育てられた子どもラットは、ストレスが起きた時に放出されるホルモンであるコルチゾールをキャッチする受容体がより多く発現されており、それによってストレスに対して強い子どもに育っていることを発見した。しかもその変化は、コルチゾールをキャッチする受容体の遺伝子の発現に関わるメチル化によって説明できることまで示したのである。[19]

さらに、遺伝子による影響を排除するために、あまり子どもを舐めない親ラットから生まれた子どもラットを、よく子どもを舐める親ラット、いわばよく子どもの〝世話をする〟養母に育てさせる研究に発展させた。すると、よく世話をする親ラットに育てられた子どもラットは、あまり世話をしない親から生まれた場合でもストレスに強く、さらにその子どもラットが大きくなってから妊娠させると、自分が産んだ子どもラットをきちんと〝世話をする〟ようになっていたのである[20]。

そして、ラットでわかったことを人間で確認するために、亡くなった方の脳を集めた脳バンクを活用した研究を行った[21]。脳バンクのデータは、死後の脳の細胞における物質の発現を調べることができるだけではなく、自殺によって亡くなった場合に、生育歴の記録から虐待の経歴がわかる。このデータを用いて、虐待があって自殺した方、虐待の記録はなく自殺した方、自殺ではない方、の3つの群で脳のコルチゾールをキャッチする受容体に関する遺伝子の発現量を調べたのである。その結果、虐待があって自殺した場合にコルチゾールをキャッチする受容体は少なく、その違いは関連する遺伝子のメチル化で説明できることを明らかにした。人間による虐待は、ラットにおける〝世話をしない〟子育てとは異なるものの、養育態度という点で重なる点があり、また同じストレスの制御に関わるタンパク質であるコルチゾールの受容体との関連が示されている点でインパクトの大きい研究である。

双生児研究とは

遺伝子と環境要因を分けて考えるには、まったく同じ遺伝子を持つ一卵性双生児を研究する方法が一般的である。つまり、同じ遺伝子を有する一卵性の双子を生まれた時から違う家庭で育ててその後の成長がどのように異なるか、あるいは同じかを検証しなければならない。そのためには、一卵性双生児の片方を養子縁組に出し、その後の育ちにどのような違いがあるかを追跡して研究する必要がある。あるいは、膨大なデータから一卵性および二卵性の双子、きょうだい、いとこなどの血縁関係を明確にし、健康状態や性格などがどの程度、遺伝子で説明できるのかを検討することもできる。これらの研究デザインでは、遺伝子と環境要因の影響力がどの程度かを推測することはできるが、どんな遺伝子が影響を与えているのか、どんな環境要因が影響を与えているのかはわからない。そこで、個別の遺伝子がどの程度、例えば学歴や年収などに影響しているのか、その影響の大きさはどの程度なのかを検討する研究デザインもある。ここでは一つひとつ見ていこう。

まず、100%遺伝子が同じ一卵性双生児と、50%遺伝子が同じ二卵性双生児で、性格がどの程度似ているかを考えてみよう。ここで「似ている」ということを考える場合に使われる指標である相関係数の意味について確認しておきたい（**図2-7**）。相関係数とは、1つの事象を横から見た場合と縦から見た場合でどのぐらい似ているかを数学的に表現する方法で、基本的には平均値からどのぐらい離れているかの掛け算を行って、その値を合算した時の大きさで見ている。双子のペアで完全に性格が一致している場合を考えてみよう。AもBも同じ性格のスコアを出していれば、Aが高い値ならBも高い値、Aが低い値ならBも低い値となり、ほぼ一直線上に並ぶ。この時、平均値からの差についてAとBの掛け算を行い、すべての双子について足し合わせ、それをAとBそれぞれの標準偏差と呼ばれる散らばり具

図2-7　相関係数のイメージ（文献6より）

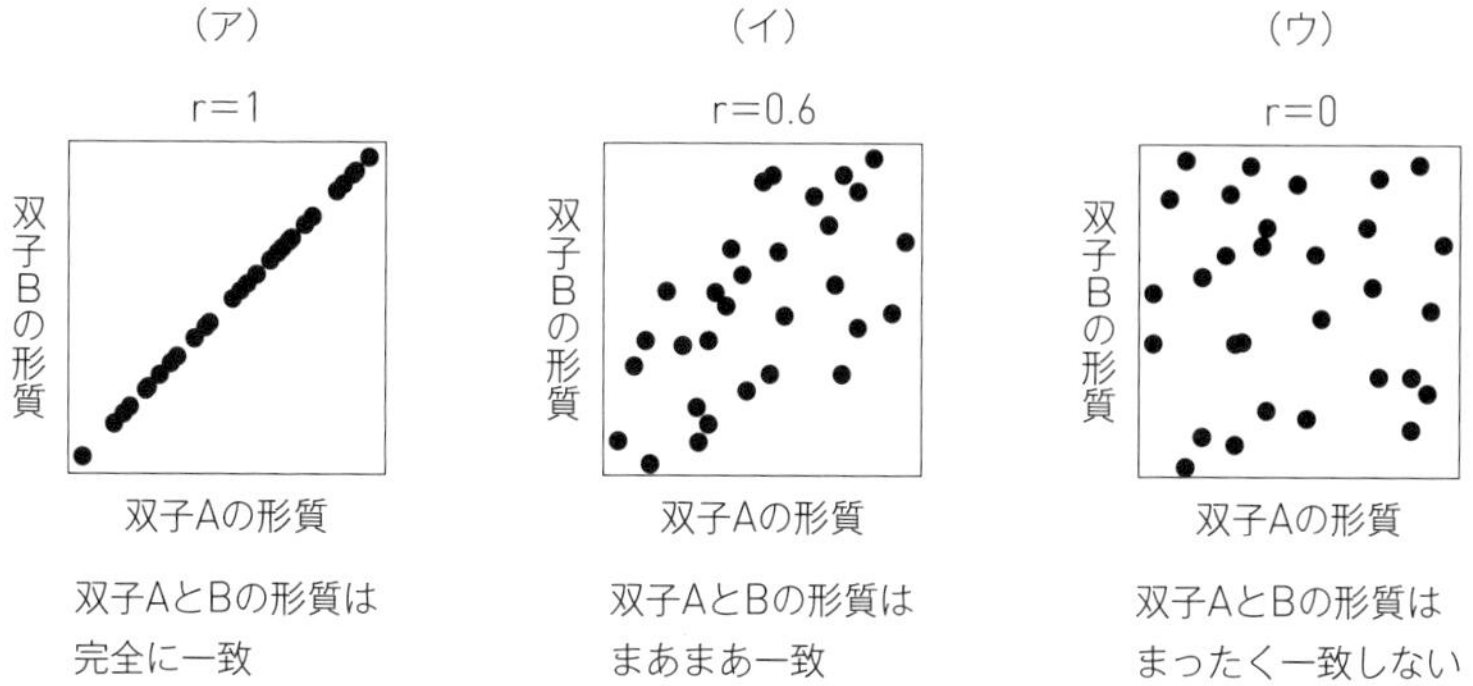

合で割ると1になる。これを相関係数といい、例えば完全に一致していれば、**図2-7**の（ア）で相関係数は1、まあまあ同じであれば（イ）で相関係数は0・6、まったく違っていれば（ウ）で相関係数は0となる。

ここで、性格の1つの指標である「開放的性格」について、一卵性双生児のスコアの相関係数が0・48であったとする。この時点で、開放的性格のすべてが遺伝子だけで決まるわけではないことがわかる。なぜなら1から0・48を引いた、残りの0・52は遺伝子および共有した環境（家庭、保育園・幼稚園、小学校、地域社会など）以外の要因（非共有環境）によって、双子であるAとBの性格の違いが形成されたと考えられるからだ。

さらに、二卵性双生児の相関係数と比べると、どの程度が遺伝子の影響で、どの程度が環境要因の影響かがわかる。二卵性双生児の開放的性格の相関係数は0・26であったとしよう。二卵性双生児においても、妊娠期から幼少期まで共有する同じ環境で過ごしている。そこで、相関係数を遺伝子による部分（x）と、共有する環境による部分（y）で説明しようとすると、一卵性双生児は遺伝子が100％同じであり、二卵性双生児は遺伝子が50％同じであることから、遺伝子による部分に0・5を掛ければいいことがわかる。これを式にすると、

0・48＝x＋y　……………………（1）
0・26＝0・5x＋y　………………（2）

と表すことができ、この式から（1）－（2）の計算を行うと、

0・48－0・26＝0・5x
0・22＝0・5x
x＝0・44

となる。つまり、開放的性格について、遺伝子の影響は44％ということになる。一方、共有環境である（y）は、

0・48－0・44＝0・04

であることから、共有環境の影響は4%となる。そして残りの部分である非共有環境、つまり一卵性双生児でも、異なる友人に触れたり、異なる本を読むなどの影響によって性格に影響する部分が、すでに述べたように52%ということになる。実際の解析はこれほど単純ではなく、構造化方程式モデルという、やや複雑なモデルで算出する。遺伝子、共有環境、非共有環境のデータを同時に統合して相互の関係性を見ながらモデルの当てはまりのよさを検証しつつ、どの要因がどのぐらい性格などを説明するのかを検証する。

双子の大規模なサンプルを用いて詳細な研究を行ったのが、ミネソタ大学のトーマス・J・ボーチャードである。[22] 特筆すべきは、一方が養子に出されて異なる幼少期を過ごした双子のペアに関するデータ（約100組）を持ち合わせている点だ。そのデータを用いても、大規模な双生児研究（約2000組と1000組）も用いても、遺伝子によって説明できる割合と共有環境によって説明できる割合はほぼ同じ値であった。その結果は衝撃的に思えるかもしれない。性格について遺伝子によって説明される割合は43%、家庭といった共有環境によって説明される割合は高く見積もっても7%程度であった。それ以外の50%のうちの半分である25%は非共有環境によるもの、残りの25%は測定誤差としている。この結果だけを見ると、家庭環境の影響はほとんどないように見える。

双生児研究の結果の解釈で注意しなければならないことは、あくまでも性格のスコアに関するデータの散らばり具合（これを分散という）について遺伝子の分散が説明する割合を示しているのであって、どの遺伝子がどの性格を決めているのかはわからない点だ。とはいえ、遺伝子の影響の大きさについてはわかるだろう。一方で、共有していない環境要因による影響も50%程度あり、環境によって変えられる部分も大きいという点は強調してもよいだろう。

共有環境の影響が7%とかなり小さい割合にとどまっていることはむしろ、家の広さや住所などの生活環境という構造的な固定化された環境からはあまり影響を受けていないと考えるべきではないだろうか。なぜなら、双子の研究において幼少期の環境、すなわち育てられ方は同じであると見なすが、実際には同じではない。双子それぞれ性格も異なり、好みも異なることから、違うように育てられている。つまり、双生児研究において、「育てられ方」は共有環境ではなく非共有環境に入ると思われる。また、双子での結果が他の双子でない人にも通じるわけではない（双子の養育環境はそもそも特殊である）こと、遺伝子の影響を足し算で考えることができるという立場に立っているが実際はそうではないかもしれないことも、双生児研究の結果を解釈する上で重要である。

ちなみに、前述した1つの遺伝子の違いによって教育歴をどこまで説明できるかについては、数十万人規模の遺伝子データを用いて多くの研究が行われており、特定の遺伝子の違いで説明される部分はわずか（3つの関連する遺伝子変異で1か月の教育歴の違いを説明する程度）[23]であることが明らかになっている。その後の研究で、さらに70個程度の関連ある遺伝子変異が発見され、それらが胎児期の中枢神経系の発達に関与しているところまでわかっている。[24] そして、GWAS研究がさらに進み、300万人のデータを用いて4000個近くの関連遺伝子が見つかり、それらの遺伝子の違いによる影響を全部足し算してみると、12〜16％もの教育歴の違いを説明できることがわかっている。[25] これは遺伝子の個々の違いを足し算しただけであり、実際には遺伝子Aと遺伝子Bの相乗効果、つまり掛け算の効果がある可能性もある（これをエピスタシスという）。ところが、掛け算も考慮する解析はあまりに複雑で、まだ行われていない。今後データサイエンスが進歩すれば、双生児研究による遺伝子の影響力の試算である50％を、具体的な遺伝子のリストについて足し算と掛け算で説明できるのかもしれない。それでもなお、残り50％は環境要因によるものであることは忘れてはならない。

双子の差を見る

環境の影響を双子で見るもう1つの方法は、双子の差を検討することである。例えば双子AとBがいて、この2人の寿命の違いは遺伝子によるものなのか、学歴など環境によるものなのかを検討するとしよう。寿命をY、遺伝子をG、学歴をE、子どもの頃の家庭環境をC、その他の要因をU、測定誤差をｅとすると、学歴は**図2-8**（次頁）に示す式で表すことができる。つまり、遺伝子と子どもの頃の環境要因の影響を除外した上で、教育歴の差で双子AとBの寿命の違いが説明できるかを検証できる。統計学的には、**図2-8**の式にある

図2-8　一卵性双生児、二卵性双生児における固定効果の手法

双子Aの場合：

$$Y_A = \beta_{1MZ}G_A + \beta_{2MZ}E_A + \beta_{3MZ}C_A + \beta_{4MZ}U_A + e_A$$

双子Bの場合：

$$Y_B = \beta_{1MZ}G_B + \beta_{2MZ}E_B + \beta_{3MZ}C_B + \beta_{4MZ}U_B + e_B$$

この差を考える。

1）一卵性双生児の場合、AとBの遺伝子は同じであり、子どもの頃の家庭環境も同じなので、

$$Y_A - Y_B = \beta_{2MZ}(E_A - E_B) + \beta_{4MZ}(U_A - U_B) + (e_A - e_B)$$

2）二卵性双生児の場合、AとBの遺伝子は50%が異なるが、子どもの頃の家庭環境は同じなので、

$$Y_A - Y_B = \beta_{1DZ}(G_A - G_B) + \beta_{2DZ}(E_A - E_B) + \beta_{4DZ}(U_A - U_B) + (e_A - e_B)$$

＊βとは関係性の強さを示す変数、MZとは一卵性双生児、monozygoticの略、DZは二卵性双生児、Dyzigoticの略。Yは健康状態などのアウトカム、Gは遺伝子、Eは学歴、Cは子どもの頃の環境要因、Uはその他の要因、eは測定誤差を表す。

これらの差をとって比較をすることで、遺伝子および子ども期の環境要因を除いた環境影響を見ることができる。

β_2という係数が0より大きいかどうかを検証し、大きい場合にはその学歴の違いによる影響があった、と判断する。この値が大きければその他の環境の学歴に与える影響は大きいということになる。

　これを二卵性双生児に応用すると、AとBの遺伝子は半分が同じであり、半分は異なるためGの項を除外できないが、子どもの頃の家庭環境は同じなので除外できる。実際には遺伝子を定量化できないので、二卵性双生児におけるβ_1は測定できない。しかし、一卵性双生児における教育歴の差の影響を示すβ_{2MZ}と、二卵性双生児における教育

歴の差の影響を示すβ_{2DZ}の値を比較することで、遺伝子の影響を推測することができる。

アメリカの成人調査（MIDUS）を用いて、寿命の代わりに主観的健康観を用いてこの検討を行ったところ、一卵性双生児では、双子間の教育歴の差が1年長いことで主観的健康観が5段階のうち0・1よくなることが明らかになった[26]。二卵性双生児では教育歴による影響は強くなかったが、男子同士の二卵性双生児においては、双子間の教育歴の差が1年長いと喫煙するリスクを32％下げており、教育歴の影響は依然残ることもわかっている。

様々な子ども期の環境の検討

このように、遺伝子か環境か、という議論において様々な手法で検討がなされてきた。学力や性格など、何に対する影響を見るかによってそのメカニズムも異なってくるが、大雑把に言って、遺伝子の影響は約50％、個別の測定できていない環境要因が約50％を占めていると考えていいだろう。そして、環境要因が遺伝子の発現を調整するエピジェネティックな変化を引き起こすこともわかっており、遺伝子と環境要因の両方が揃って初めて説明される子どもの成長も存在するため、単純に遺伝子か環境かという二分論にはできないだろう。

ここで、具体的な子ども期の環境要因についてよく話題になる疑問、出生順位と生まれ月についてのエビデンスを紹介したい。これらは子ども自身が選ぶことはできない、遺伝子で決まるとは考えにくい例である。

出生順位は成長に影響するか

出生順位は家庭内環境であり、成長や性格形成に影響するのかについては昔から議論されている。第1子は子育て経験のない両親に育てられ、大変な期待を受けて育てられ大事にされるだろう。第2子はすでに1人経験した両親によって育てられる時点で、まず親の子育てスキルが違うことによる恩恵を受けるかもしれない。第3子以降に至っては期待通りにならないことも親は学習しているので、元気であればよいと思っていい意味で多くを期待することなく子育てされ、のびのびと育つかもしれない。

進化心理学では、出生順位が低い方が挑戦的な学説を受け入れやすく、環境への適応力があるとして、出生順位の影響で性格が異なると考えている。理論的にも、きょうだい間で資源を分け合わねばならないため出生順位が低いほどニッチを開拓して生き延びようとする、と提唱されている[27]。進化論を提唱したチャールズ・ダーウィン自身も6人きょうだいの5番目で、その好奇心を存分に発揮させて進化論を確立させているのだから説得力がある[28]。ちなみに、私も3人兄弟の3番目で、研究者になっている。この事実はこの仮説を支持することのバイアスになっている点は、正直に報告しておきたい。ところが、行動遺伝学者は、出生順位による影響は知能[29]においても性格おいても[30]弱いかほとんどない、と断言している[31]。同じ家庭内でのきょうだいの違いを出生順位で説明できるのか、違う家庭でも同じ結果になるのかについて統計学的に丁寧に見ていくと、出生順位ではほとんど説明されないという研究結果を報告している[32]。

とはいえ、これらの研究はきょうだいがいる場合の出生順位の違いである。一人っ子ときょうだいがいる場合では、やはり違うのではないだろうか。一人っ子の場合には、きょうだいがいる場合と比べて親がかける時間も投資額も異なるだろう。中国の一人っ子政策は、その考察に役立つヒントをくれるかもしれない。オーストラリアにあるモナシュ大学のキャメロンらは、一人っ子政策が始まる1979年の直前（1976年および1978年生まれ、平均年齢33歳）と直後（1980年および1983年生まれ、平均年齢28歳）に北京で生まれた421人について、経済ゲームや性格に関する質問紙を用いて詳細に検討した。その結果、一人っ子政策世代の場合、人を信用せず、信頼されることもなく、リスクをとらず、競争心が強くないことがわかった[33]。利他性については、統計的には有意差はなかったが、低くなっていた。さらに、性格においては、オプティミズム（楽観性）と誠実性が低く、神経質な傾向は強くなっていた。

また、出生順位によってIQ（知能指数）が異なる可能性のある理由として、1人目の出産の時に作られた抗体が、2人目（つまり弟か妹）の妊娠中に胎児期から影響を与えているのではないかという仮説がある。それを検証するために、ノルウェーの研究で、25万人の母親から1967年から1998年（第1子は1967年から1976年）に生まれた24万人の男性の出生順位とIQ（18～19歳で軍に所属する時に全員調べる）について詳細に調べたところ、第1子（つまり一人っ子かきょうだいがいる場合の長子）に比べて、第2子のIQ

図2-9　出生順位とIQの関係（文献34より）

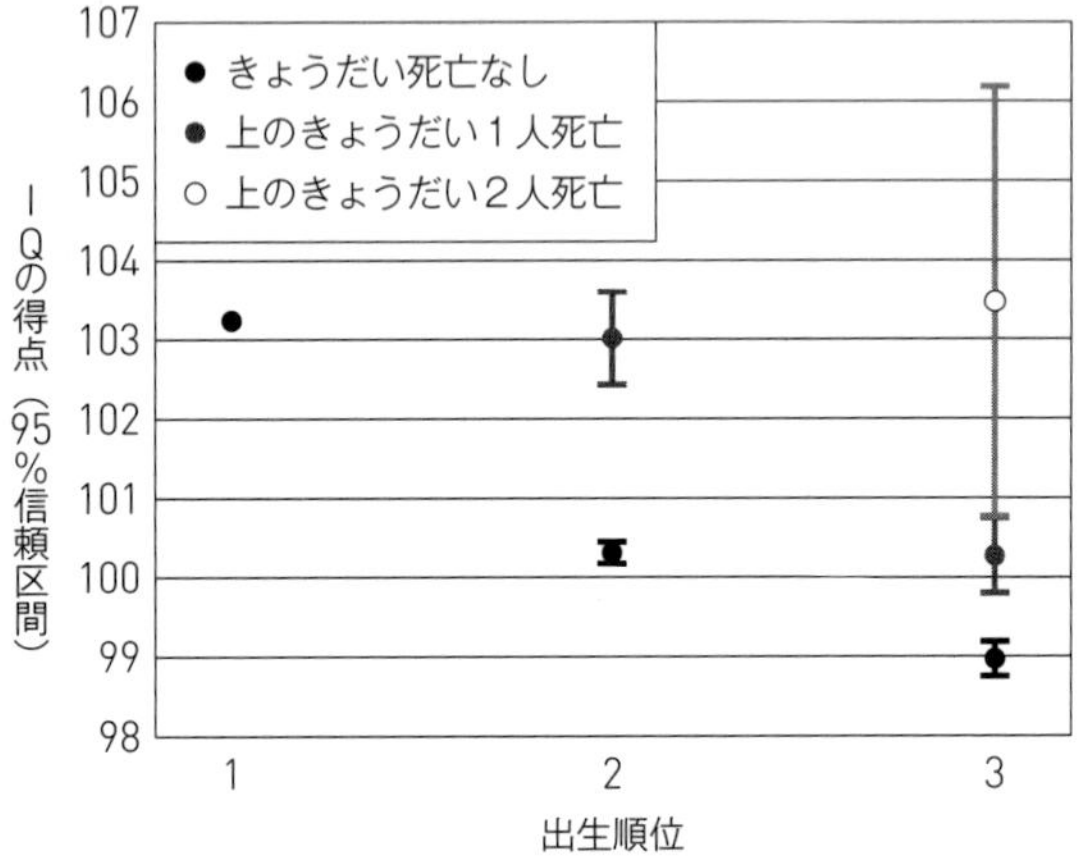

出生順位が後であるほどIQは低いが、第２子、第３子でも先に生まれたきょうだいが亡くなっている場合には第１子と同程度のIQを示している。

は低く、第3子のＩＱはさらに低かった（**図2-9**）。しかし、第2子について、自分の上のきょうだいが1歳以内に亡くなっている場合には、その差はなかった。第3子についても、上2人が1歳以内に亡くなっている場合には、第1子とＩＱの違いはなかった[34]。つまり、1人目の妊娠中に作られた抗体が2人目の妊娠中に攻撃することでＩＱが低くなるということはほとんどないと言えそうだ。

　このように、出生順位、子どもの数による影響については結論が出ていない。その理由として、同じ家庭で出生順位を入れ替えて実験することができないこと、家庭外の影響が大きく、その有様を定量化して統計的に処理し、純粋な出生順位の違いによる成長への影響を見ることが難しいからであろう。

生まれ月は成長に影響するか

では次に、生まれ月の影響を考えてみたい。4月生まれは幼稚園や保育園、小学校において他の子どもより成長が進んだ状態でスタートするために様々な活動において有利であり、それによって自己肯定感が高まり、将来の進学や就職などにおいても有利に働くという考え方である。それは本当だろうか。

その影響を見るためには、入学する月が国や地域によって異なることを用いて、国際的に検討する必要がある。パリにOECD（経済協力開発機構）という経済に関する国際機関があり、そこでは世界中の子どもの学力を詳細に調査している。その1つが学習到達度に関する調査のPISAである。このPISAのデータを用いて、先進国のみならず開発途上国も含む45か国（日本は含まない）のデータから、出生月と学力との関連を検討したところ、入学時の年齢が低い（いわゆる早生まれ）場合、小学校を繰り返す、つまり留年する可能性が高く、高校の卒業率が低いこと、自己肯定感も低いことを報告している[35]。しかし、年齢とともにその影響は小さくなることも確認されている[36]。

日本のデータにおいては、一橋大学（当時）の川口大司、森啓明両氏が詳細な分析を行い、生まれてから最も遅く小学校に入学した（つまり入学までに十分な準備期間があった）

4月2日生まれは、生まれてから最も早く入学した（つまり入学までに十分な準備期間がなかった）4月1日生まれに比べて、中学2年時における数学・理科の偏差値で2～3の違いがあると報告している[37]。また、最終学歴への影響を見ても、4月2日生まれは、4月1日生まれに比べて、男性で0・17年、女性で0・07年長かった。この違いにどれだけ意味があるかは議論の分かれるところだが、まったく違いがないということはなさそうである。

もう1つ、アメリカの研究を紹介したい。アメリカは州によって微妙に入学時期が異なる。その違いを利用して、9月入学の州とそうでない州において、8月生まれと9月生まれでADHD（注意欠如・多動症）の診断率が異なるかを検討した[38]。その結果、9月入学の州においては8月生まれの方が9月生まれよりADHDと診断された子どもが多く、9月入学でない州においてはその違いはなかった。つまり、入学時点での月齢によって、月齢が若い場合にはADHDと診断されやすいということである。生まれ月そのものによって実際の行動が変わるというより、入学の時期によって社会的な影響から子どもの成長、自己評価、学校の先生の評価が変わっていると考えるのが妥当であろう。

遺伝子と環境、どちらが重要なのか

ここまでの議論をまとめると、大雑把に遺伝子の要因は50％、環境の要因は50％で、どちらも重要ということである。遺伝子決定論ではなく、環境要因で変えられることは十分にある。とはいえ、環境ですべてが決まるというわけでもない。やはり、どのような遺伝子を持っているのかという点は無視できない。この事実をどう捉えるのかが重要だろう。例えば、遺伝子ですべてが決まると思い込んで努力を怠ったり、環境を変えていこうとしないことはよくない。遺伝子の影響力と同程度の影響力を環境が持っているというのは、かなり大きなインパクトと考えるべきだろう。そして、遺伝子は変えられないし、選ぶこともできない。できることは環境要因をよくしていくことであり、子育てにおいて必要な環境要因を整えることが重要だ。それが、第3章以降の内容である。

第3章

アタッチメント
——すべての土台となる子どもの心の「安全基地」

アタッチメントとは何か

子どもが生まれてきたところを想像してみよう。最も近くにいるのは産んだ母親である。1人では生きていくことができない子どもは、生き延びるため誰かに栄養をもらわなければならない。そこで、お腹が空いていることを示すために泣く。また、温もりを得るために抱っこしてもらわなければならない。そのためには、意味がわからなくても笑顔を向ける。すると母親は母乳やミルクをあげ、抱っこし、優しく語りかけるというわけだ。この一連のサイクルによって子どもは、「自分はこの人にサインを送れば生き延びられるのだ、安全なのだ」という感覚を持つ。このように、子ども自身が安全を感じられる、自分にとっての「安全基地」を持っている感覚こそが、アタッチメントである。そして、このアタッチメントがあることによって探索行動、つまり「遊び」が始まり、子どもは自分でやりたいことに向かって動き出すことができる。前章で遺伝と環境について詳しく述べたが、アタッチメントを与える人物（アタッチメント対象という）こそが、子どもにとって最大の環境要因である。

アタッチメントは「愛着」と訳されることが多く、住んでいる地域への愛着や母校への愛校心といった「好きでいること、大切にすること」という気持ちのように誤解され、アタッチメントという言葉が「親が子どもを愛すること」のように解釈されてきた。しかし、アタッチメントは、親が子どもを愛することではない。それはボンディングである。そもそも、アタッチメントは親の心の状態をいっているのではなく、子どもの心の状態である。主体は子どもなのだ。さらに、「好きである」という感情のことをいっているのではない。「安全である」と子どもが感じることである。あたかもそれは、危機に直面した時に帰るべき「母港」があると説明されることが多い。そして、子ども自身が拠って立つ「大地」があるということでもある。自分の全存在を肯定してくれる人がいるということは、安定した基盤を持つということだ。この大地があるからこそ、興味を持ったこと、好きなところに駆け出していくことができる。グラグラした氷の上では駆け出すことはおろか、立ち続けることも難しいだろう。安全基地の確立を可能にするには、誰かが近くにいて、子どもが必要な時に必要なものを与えてくれる存在がいなければならない。さらに、安全基地と子ども自身との距離感が重要で、赤ちゃんの時などは声が聞こえる、すぐに駆けつけることができる程度の距離である必要があるが、大きくなるにつれてその距離は離れていくであろう。

実は、赤ちゃんは生まれた時から親の匂いを区別できることがわかっている[1]。アタッチメントを最も形成してくれる可能性が高い、自分を産んでくれた母親をすぐ認識し、生き延びるために求めているのである。匂いは嗅覚で把握されるが、嗅覚を司る嗅球は脳の中でも原始的な部分にあることからも、アタッチメントの形成が進化論的にも必要で、生命進化のかなり早い段階で不可欠なものとして存在していたと考えられる。実際に、サルでもマウスでも鳥類でも、アタッチメントが形成されることがわかっている。有名なオーストリアの動物行動学者であるローレンツが発見した、鳥が最初に見たものを親だと認識する「刻印付け

図3-1　大きな石の法則（文献4より）

小さな石を先に入れると大きな石は全部入らない。

大きな石を入れた後に残った石はあまり大事なことではない。

（インプリンティング）[2]」も、アタッチメントの形成のために進化の過程で残った機能だと考えられている[3]。

つまり、アタッチメントの形成は、人間が生き残っていくために最も必要な機能を発揮するためのシステムと言ってよい。根本的なシステムは、最初に導入しないと後から大変苦労することになる。これは例えば、ベストセラーとなった『7つの習慣』[4]などでも紹介された「大きな石の法則」でも説明できる（**図3-1**）。グラスにいろいろな大きさの石を入れなければならない状況を想像してほしい。どのような順番で入れるのがよいのだろうか。そう、大きな石から入れないとすべての石は入らない。小さな石は隙間にいくらでも入るが、最初に小さな石を入れてしまっては、そこにもう大きな石は入らないのだ。アタッチメントという安全基地のシステムを最初に入れておかないと、この後に

図3-2 大まかな脳の機能

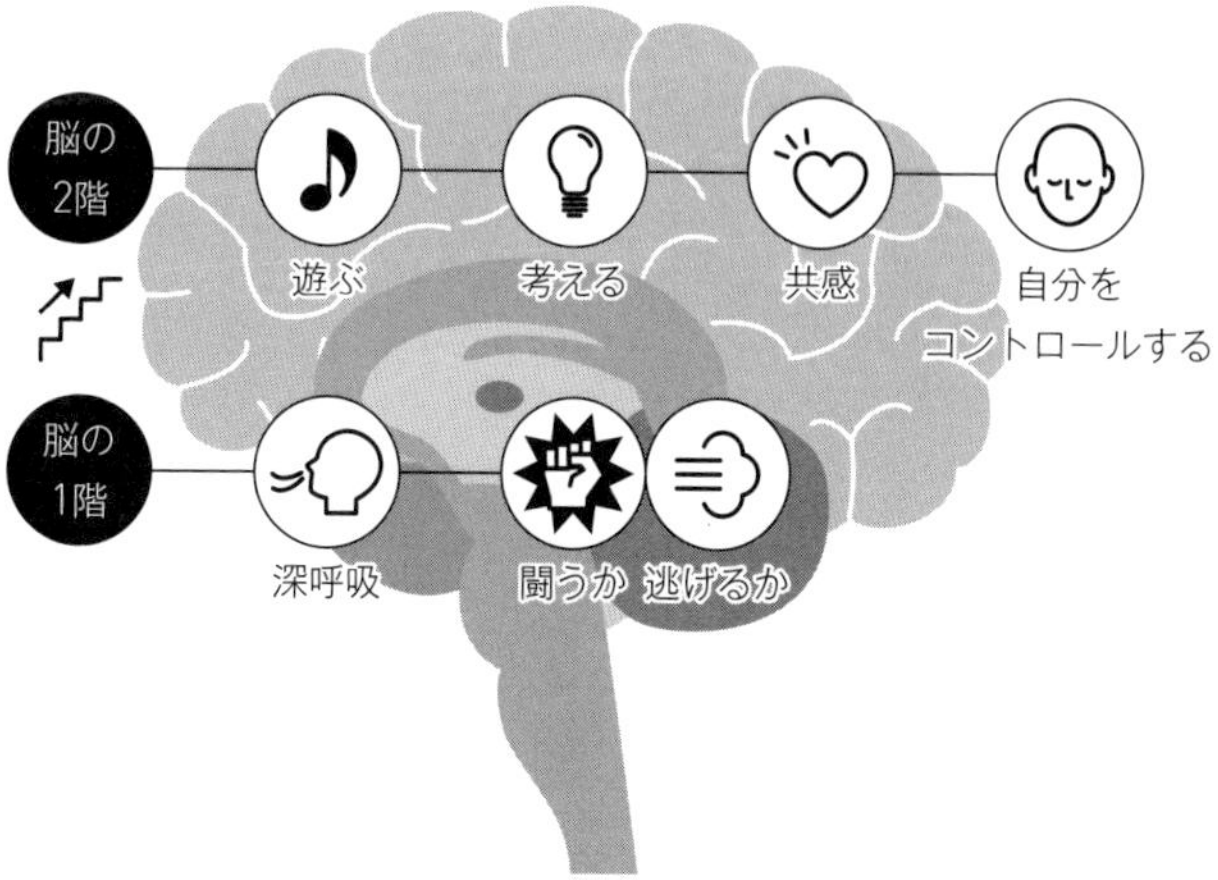

1階（直感的に反応する原始的な機能）と2階（よく考えて判断する理性的な機能）に分けるとわかりやすい。

述べるセルフコントロールやレジリエンス、認知機能を発揮することができなくなる可能性が高いのだ。

　子育てについて様々な書籍を上梓している、カリフォルニア大学ロサンゼルス校（UCLA）精神科教授のダニエル・J・シーゲルらの『子どもの脳を伸ばすしつけ[5]』によれば、脳の発達において、脳の古い部分で情動や生理的欲求を司る脳幹部分と、認知機能やセルフコントロールに関わる、進化的には新しい大脳新皮質を分けた場合に、古い部分を家の1階、新しい部分を2階と見なすことを提唱している（**図3-2**）。アタッチメントは生理的欲求、また情動に関するシステムであり1階部分に相当するので、まずこの1階部分を作らないと2階の大脳新皮質の部分をうまく作ることはできない、と考えてもいいかもしれない。

アタッチメントはなぜ重要なのか

では、アタッチメントの重要性について、アタッチメント研究を振り返ることで理解を深めていきたい。そもそもアタッチメントという概念を提唱したのは、第二次世界大戦で戦争孤児となった44人のその後を児童相談所において診察してきたイギリスの精神科医、ジョン・ボウルビィである。彼はその多くが窃盗犯になっていること、そして幼少期に母親と離別していることから「母性剥奪症候群（マターナル・デプライベーション）」と名付け、幼少期の母親の喪失がその後の問題行動につながるという理論を提唱した。[6] 幼少期のケアを「しない」という状況は、戦争のような異常事態でなければ明らかにならないことであり、また児童養護施設のような、集団で子どもたちを養育するというシステムは近代において発展してきたために、ボウルビィは幼少期のアタッチメント形成の重要性に気づいたのだろう。[7] 後にボウルビィは、アタッチメントの形成をもたらす人、子どもが頼る相手は必ずしも母親でなくてもよいことを認め、修正している。[8]

この理論をサルで実証したのが、アメリカの心理学者、ハリー・F・ハーロウによるアカゲザルを用いた代理母の実験である。[9] ハーロウは、生後間もない赤ちゃんのサルを母親から分離し、布でできた代理母と針金でできた代理母を用意して、どちらの代理母のもとで長く

図3-3　ハーローウのアカゲザルを用いた実験（文献9より）

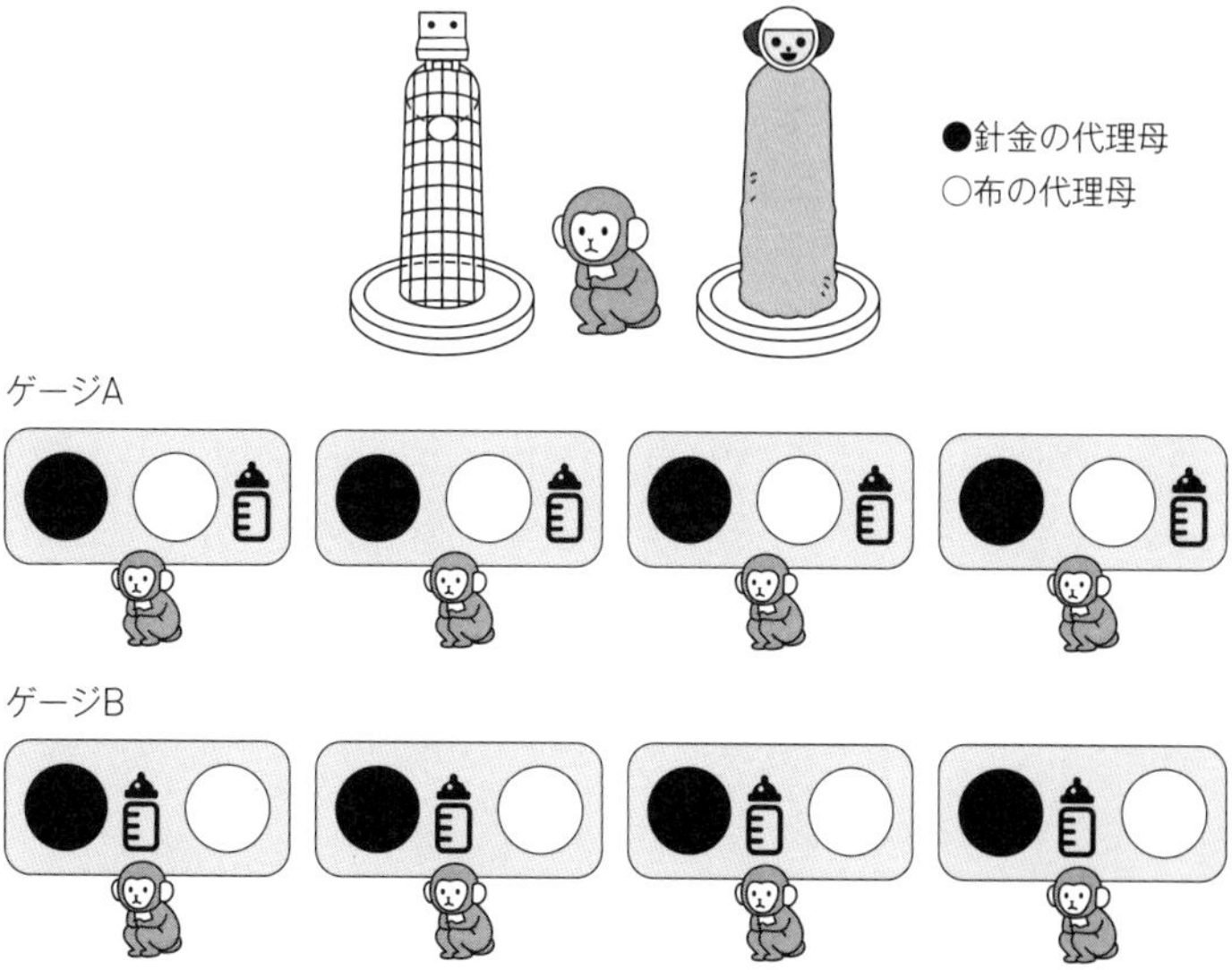

ゲージAは布の代理母にミルクの入った哺乳瓶を設置した場合（図3-4の●）、ゲージBは針金の代理母に哺乳瓶を設置した場合（図3-4の○）の比較である。

過ごすかを観察した（**図3-3**）。赤ちゃんザルが母親の温もりを求めるのであれば、布の代理母を選ぶはずだと考えたのである。しかし、当時、赤ちゃんは授乳のために母親を求めると考えられていた。その点を検討するため、ゲージAには布の代理母にミルクの入った哺乳瓶を設置し、ゲージBには針金の代理母に哺乳瓶を設置した。ミルクを求めるのであれば、ゲージBでは針金の代理母を求めるはずだ。そして8匹の赤ちゃんザルのうち4匹を4つのゲージA、4匹を4つのゲージBにそれぞれ入れて詳細に観察した。

その結果、驚くべきことに、ミルクを飲むことができてもできなくても、布の代理母のもとで過ごす時間が長いことがわかった。それは生後6か月経っても同様であった。針金の代理母に哺乳瓶を取り付けたゲージBの赤ちゃんザルは、ミルクのために針金の代理母のところには行くのだが、1日の合計でも数時間で、それ以外はほとんど布の代理母のもとで過ごしていることがわかった（図3-4）。この結果から、サルは生き延びるために、栄養として生存に必要なミルクよりも心地よい肌触り、スキンシップを重要としていることが初めてわかったのだ。さらにその後の研究により、スキンシップによってストレスに強い性質となることがわかった。これらの結果から、ストレスに強い性質になるということは未知の世界に挑戦でき、探索行動ができるようになることを意味するため、スキンシップがアタッチメント形成に重要であることが示されたと言える。

さらに、布の代理母でミルクがあってもなくても、恐怖刺激（衝撃音を出す大きなクマのぬいぐるみを見せるなど）に対して、しがみつく時間が長いことも確認している（図3-5、80頁）。つまり、布の代理母が、ミルクによらずに安全基地として機能しているということだ。これらのハーロウの研究については、ハーロウの伝記としても読むことができる『愛を科学で測った男』に詳しい[10]。

このように、アタッチメントはその後のストレス耐性、そしてリスクをとるということにおいて極めて重要な役割を果たしている。不確実な時代において、これほど必要な能力はな

図3-4　ハーロウのアカゲザルを用いた実験の結果（文献9より）

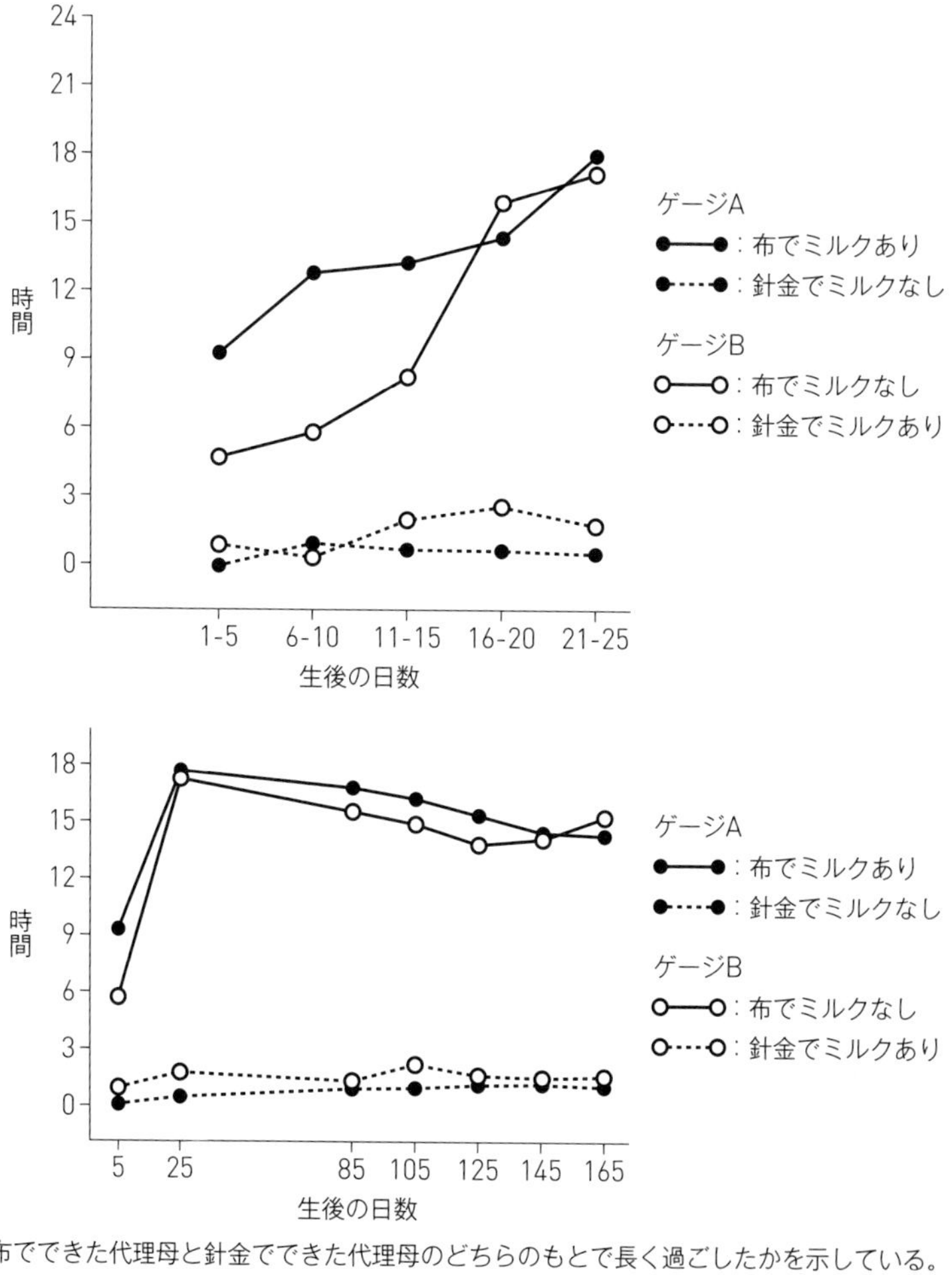

布でできた代理母と針金でできた代理母のどちらのもとで長く過ごしたかを示している。

図3-5　ハーロウの代理母で育ったアカゲザルに恐怖体験をさせた実験（文献9より）

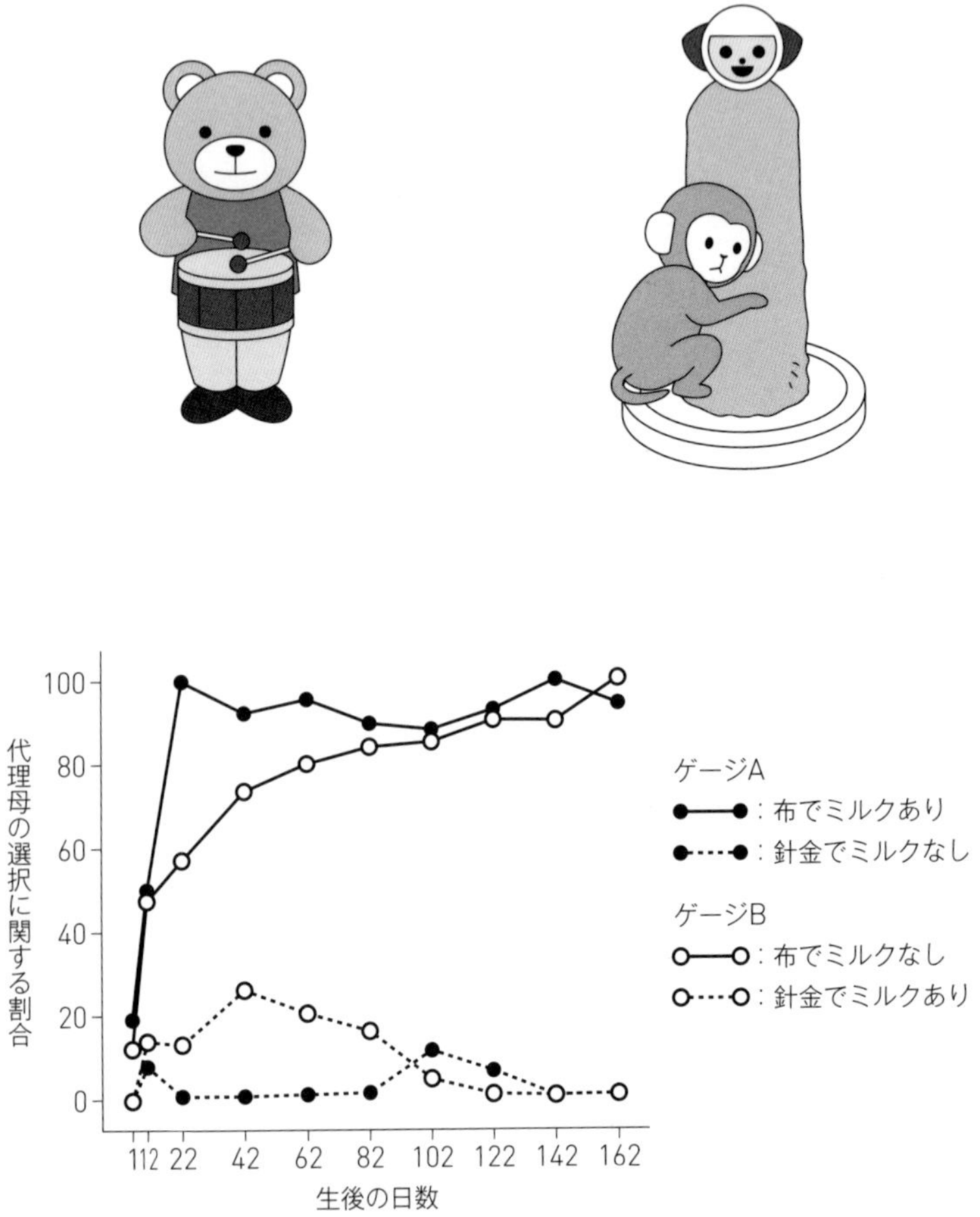

音を出すクマのぬいぐるみ（左上）に遭遇した場合、布の代理母と針金の代理母のどちらにしがみつくかを観察した。

いだろう。新型コロナウイルスのパンデミックやウクライナ危機、大地震など予測不能な、新たな事態が日常的に起こる今、新しい状況に適応でき、またリスクをとりながらその状況を打破していくスキルが求められている。その基盤となるのがアタッチメントなのである。

さらに、アタッチメントが形成されることによって、人を信頼することができるようになる。これをボウルビィは、内的ワーキング・モデル（inner working model：ＩＷＭ）ができる、とした[11]。端的に言えば、他者の行動予測システムである。アタッチメント対象という初めての他者は、自分が求めれば受け入れてくれると「予測」されるので、そのように「行動」する。そして、予測通りに受け入れられることで、実際にとった行動は正しかったと強化される。もし予測を裏切り、受け入れられなかった場合には、行動を修正しなければならない。このようにして他者の反応を予測し、それに基づく行動ができるようになってくる。アタッチメント対象が常に一貫性のない応答をする場合、行動予測が立てられない。このようなシステムでは、他者を信頼することができなくなる。なぜなら、信頼とは相手を信じてリスクをとることであり、相手の応答が予測できなければ信じてリスクをとることはできないからだ。そうすると、他者を頼ることができなくなる。こうして考えると、他者を頼ることができるというのは、なかなか素晴らしいスキルである。他者を頼ることができなければ、いざという時にＳＯＳを出すことができない。その結果として、１人で抱え込むことになり、孤独感を抱くことになる。近年の自殺対策において、ＳＯＳを出せるようになること、援助希求ができるようになることが重視されているが、その基盤となるのは子どものアタッチメント形成だろう。

さらに、アタッチメントが形成されると、自分を信じることができるようになる。自己肯定感が醸成されるということだ。もし、アタッチメント対象から拒絶されたり、一貫性のない応答をされたりした場合には、安全基地の不安定さを感じるだけでなく、アタッチメント対象から望まれていないと感じ、さらには世界からも望まれていないと思い込むようになってしまう、とボウルビィは述べている(8)。そして、自分が望まれていない世界とどう対峙するかといえば、後退するか闘うかだ、という。それは例えば、引きこもりとして表出する(つまり、後退)かもしれない。あるいは、暴力行為や窃盗などの問題行動として表出する(つまり、闘う)かもしれない。

ここで、自己肯定感とプライドの問題についても考えておきたい。自己肯定感は高ければ高いほどいいのかというと、そうではない。自己肯定感が低い場合には、自殺のリスクにもなり問題であるが、一方で自己肯定感が高ければ高いほど心の健康度が高いというわけでもない。根拠のない高い自己肯定感は、むしろ努力を怠る要因ともなる。つまり、自分が何をやってもうまくいかないような状況においても、自分の価値を自分で保つために虚勢を張ることでその場をしのごうとするコーピングスキルと考えられる。これは不適切なストレスコーピングと考えられ、修正した方がよい。とはいえ、アタッチメント理論から考えると、少なくとも自分の存在価値を感じているということから、一定の内的ワーキング・モデルはできていると推察される。そこで、より適切な対処をするために、まずは自らの困難な状況を受け入れ、安全基地であるアタッチメント対象の誰かにくっつき、状況を話して共有し、具体的な行動を起こしていく、などの対処が望ましいだろう。

アタッチメントにより自己肯定感が醸成され、高まることは重要であるが、それは目的ではない。子育ての目的の章でも述べたように、いかにして自己肯定感を子どもの成長につなげるか、ということこそが重要なのである。

アタッチメントが形成されないとどうなるか

さらにアタッチメントの重要性を知らしめたのが、ブカレスト早期介入プロジェクトである。ルーマニアがチャウシェスク政権によって支配されていた時代、国力を上げるために人口を増やそうと膨大な数の子どもを産ませる政策がとられた結果、多くの孤児が生まれ、児童養護施設に預けられた。1人の職員がおよそ20人もの子ども、それも幼児を育てていたという。ミルクや食事は与えられたが、決まった時間に強制的に与えられ、子どもが欲しい時に与えられるわけではなかった。トイレも強制的であった。決まった時間に長い便器に何人もが同時に座らされて排泄しなければならなかった。ノミがつかないように髪の毛は短く切られた。ケアはまったく行き届かず、話しかけられたり抱っこされたりすることもないため、子どもたちは笑顔を失い、ただ宙を見るようにぼーっとしていたという[12]。そのような中でチャウシェスク政権が崩壊し、この孤児たちをどう育てるかという時に、ルーマニアの新政権から「この孤児たちで研究できないか」という話を受け、アメリカ・チューレイン大学の精神科医、チャールズ・H・ジーナらが国際養子研究として実施したのがブカレスト早期介入プロジェクトである。

このプロジェクトは、養子に送る子どもとそうでない子どもに無作為に分け、幼少期のアタッチメントの剥奪の影響を見た研究である。施設にいた136人を半分に分け、68人は国際的に養子に出し、別の68人はそのまま施設で育て、さらに施設に入らなかった通常の家庭での養育を受けた非施設群72人にも参加してもらい、4年半後まで追跡しIQを比較した[13]。この時、施設の子どもの月齢は6～31か月と幅があることを利用し、どの年齢から里親で養育すれば、通常の家庭で育った子どもと同様の発達に戻せるのかについて検討できるところがポイントである。

まず、42か月後でも54か月後でも、里親養育群は施設養育群よりIQが高かった。しかし、非施設群よりは低かった（**図3-6**）。注目すべきは、里親開始年齢である。里親に出される年齢が低ければ低いほど、IQは高かった（**図3-7**）。

そして、8歳の時点での社会的スキルを見てみると、24か月、つまり2歳の誕生日を迎える前までに里親に養育されていれば非施設群と同等の社会的スキルを獲得できていたが、2歳以降に里親に出された場合は、施設養育群と同程度のスキルしか獲得できていないことがわかった[14]（**図3-8**、86頁）。

さらに、8歳時の脳波の活動を見ると、2歳になるまでに里親に出された場合、非施設群

図3-6　養育環境別のＩＱの比較（文献13より）

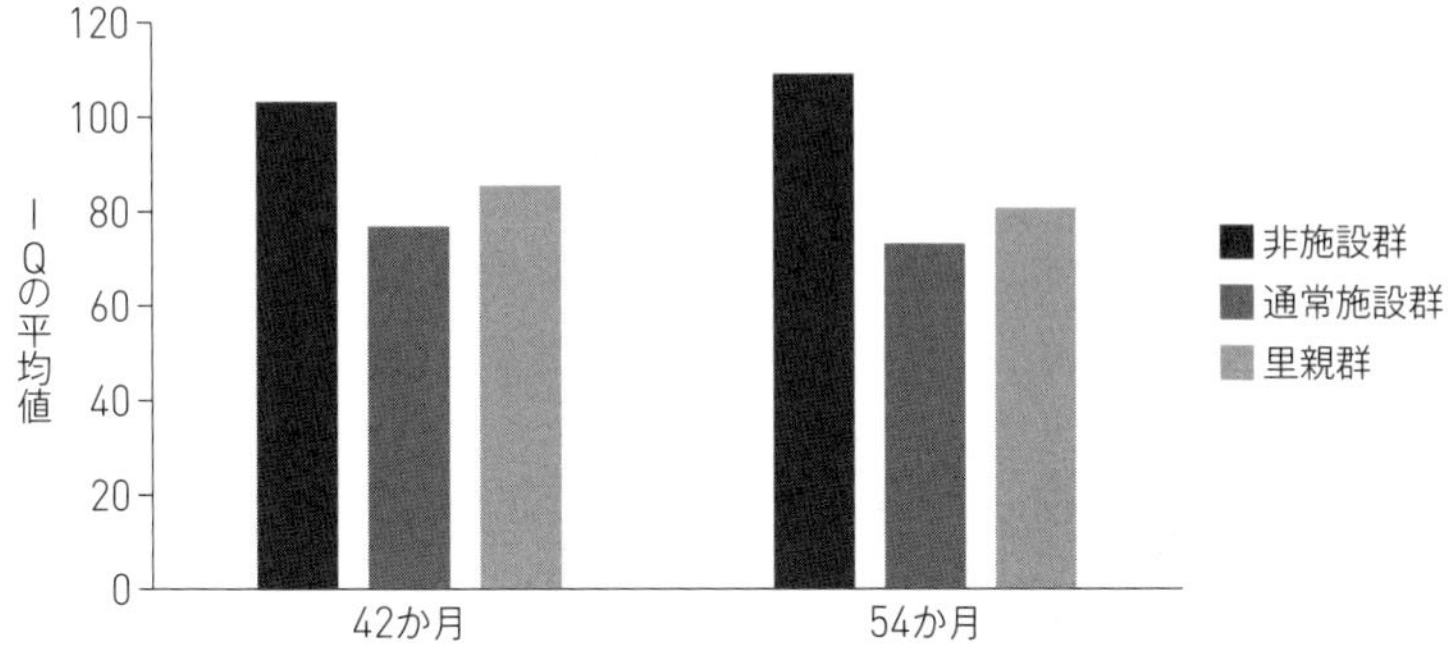

ブカレスト早期介入プロジェクトにおける、非施設群（生物学的な親による家庭での養育）、通常施設群（施設での養育）、里親群のIQの比較。里親群のIQは非施設群よりは低いが、施設群より高い。

図3-7　里親開始年齢別のIQの比較（文献13より）

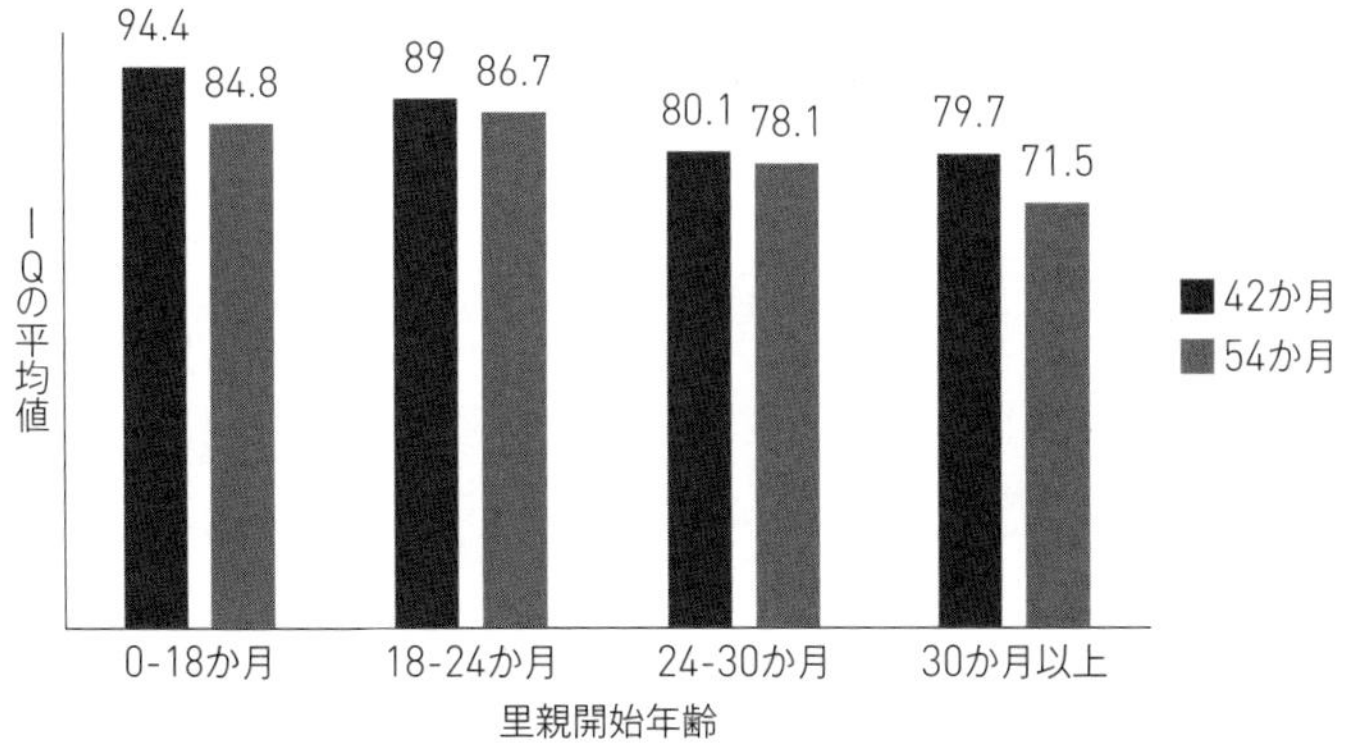

ブカレスト早期介入プロジェクトの里親群における里親開始年齢と42か月、54か月時点でのIQの比較。里親開始年齢が早いほどIQは高い。

図3-8　養育環境別の8歳時点の社会的スキルの比較（文献14より）

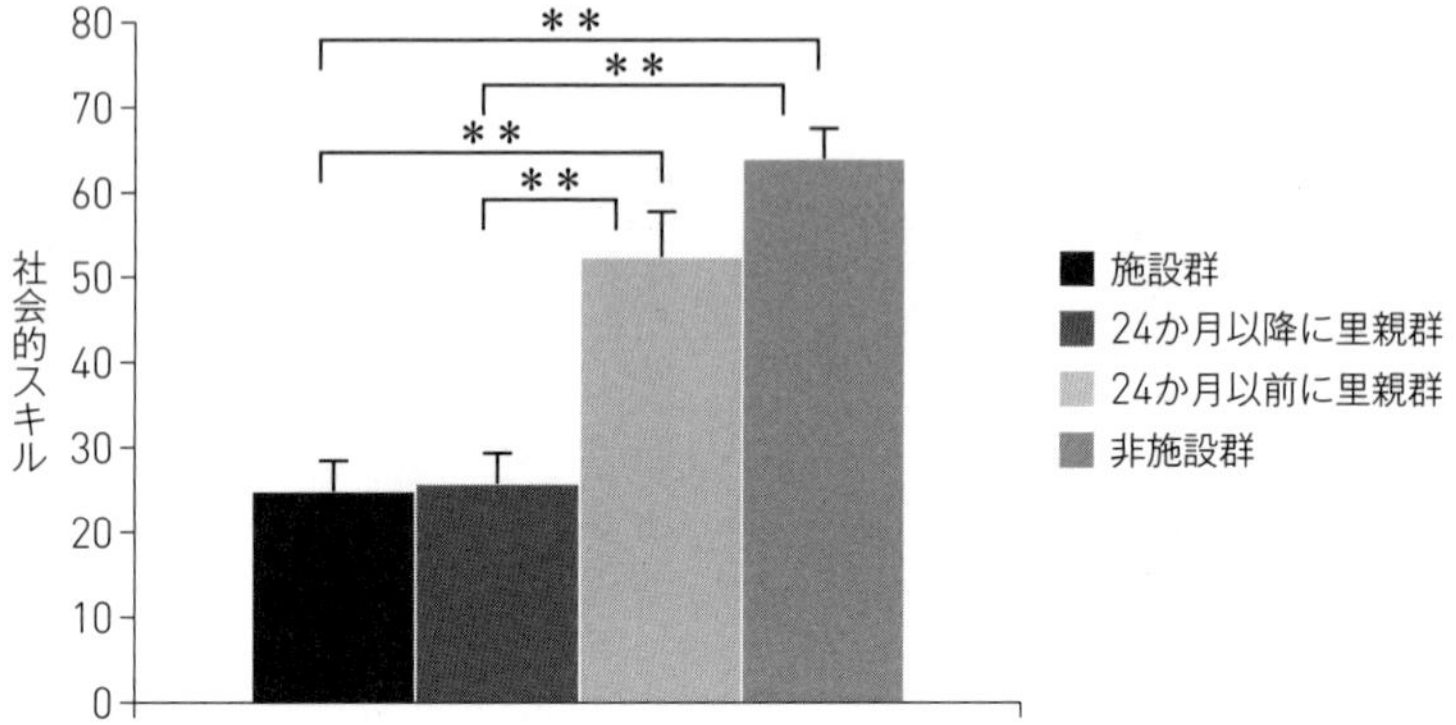

ブカレスト早期介入プロジェクトにおける非施設群（生物学的な親による家庭での養育）、通常施設群（施設での養育）、24か月以前から里親群、24か月以降から里親群の8歳児の社会的スキルの比較。24か月以前から里親で養育されると非施設群の社会的スキルに追いつくが、24か月以降での里親養育は施設群と同程度である。

と同程度であった。しかし、2歳以降に里親に出された場合には、里親で養育されても施設養育群と脳波の活動に違いは見られず、非施設群よりも脳波の活動は低かった[15]（**図3-9**）。

これは、あくまでもルーマニア・ブカレストのチャウシェスク政権後の施設養育との比較であり、日本の施設における養育よりもかなり質の悪いものだと考えた方がよい。したがって、この結果をそのまま日本の児童養護施設や里親に当てはめることはできないが、里親の開始年齢に関するエビデンスは確たる事実と言える。つまり、2歳までのアタッチメントが脳活動に重要な影響を与えていることは確かだろう。そして、当たり前と言えば当たり前だが、里親よりも通常の家庭養育の

図3-9 養育環境別の8歳時点の脳波の比較（文献15より）

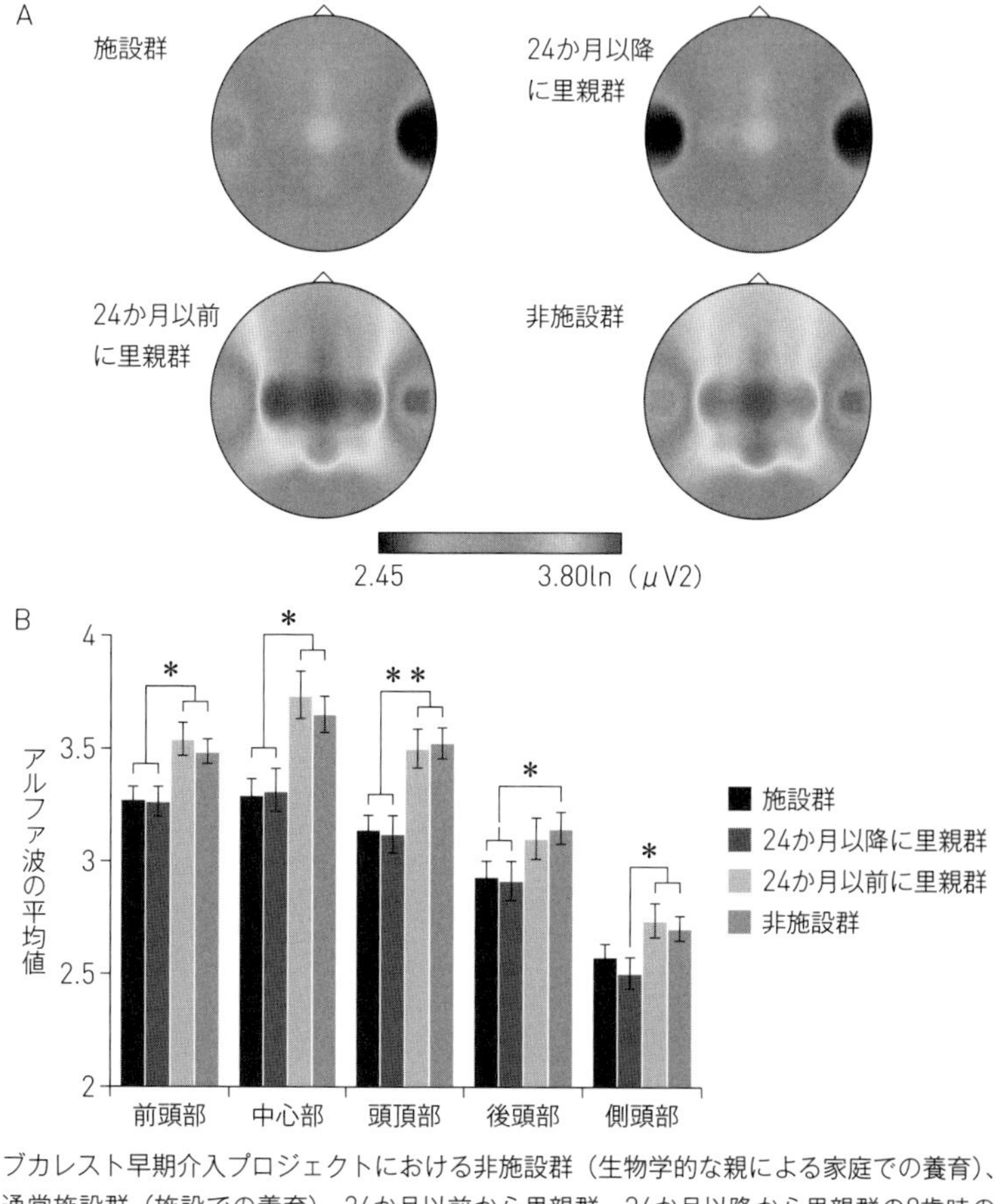

ブカレスト早期介入プロジェクトにおける非施設群（生物学的な親による家庭での養育）、通常施設群（施設での養育）、24か月以前から里親群、24か月以降から里親群の8歳時の脳波の比較。24か月以前から里親で養育されると非施設群の脳波に近いが、24か月以降での里親養育は施設群に近い。

方が子どもの脳の発達にはよいことも間違いない。

また、チャウシェスクの子どもたちほどのネグレクト状態にはならなくとも、母親が重症な産後うつを発症している場合には子どもへのケアができなくなり、アタッチメント形成は難しくなる。これまでも多くの研究で、産後うつがアタッチメント形成のリスクであることは明らかとなっている。[16] 産後うつは、進化論的には出産後に母体を休めるシステムとして獲得してきたものであり、子どもよりも母体を優先すべき状態であることを示していると考えられる。このような場合のために父親、祖父母、親戚によるケア、またそのような親戚がいない場合のために、産後ケアのサービスの充実が必要であると言える。

アタッチメントはどのように形成されるのか

ではここで、アタッチメントがどのように形成されるのかをより詳細に見ることで、不確実な時代を生き抜く子どもに育てるために、どのような関わりが望ましいのかを考えてみよう。アタッチメントは、以下のようなシステムによって形成される（図3-10）。まず、赤ちゃんがお腹が空いて泣く、それを養育者が感じ取り、何を要求しているのかを汲み取り、お腹が空いているのだろうと推測し、母乳やミルクをあげ、赤ちゃんは満足して泣き止む。このやりとりを通じて赤ちゃんの中に、この人に泣けば必要なものを満たしてくれるのだ、と感じて安心できる感覚、この人に泣けば来てくれるのだという安心感、つまりアタッチメント

図3-10 泣きと授乳を例にしたアタッチメント行動によってアタッチメントが形成されるシステム

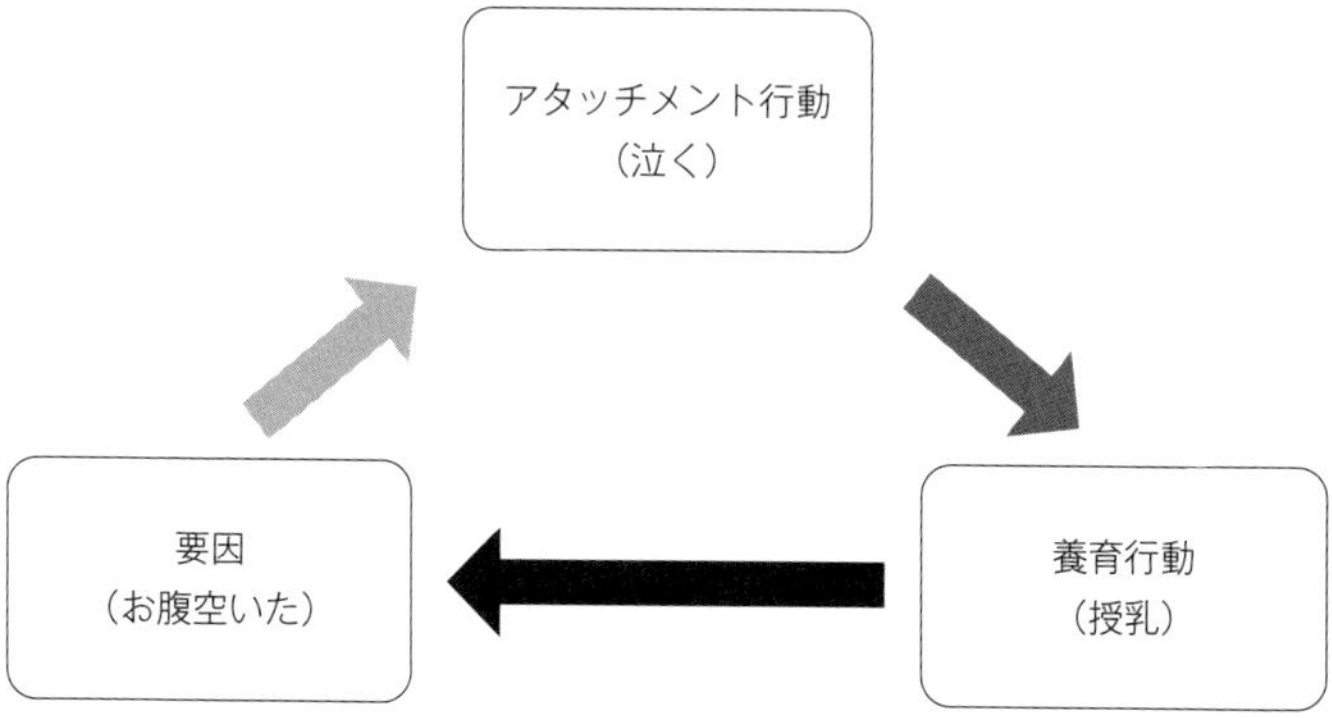

お腹が空いて泣けば、授乳してもらえると学習し、アタッチメント対象は空腹を解消してくれる存在と認識する。

が形成される[11]。

この関係をテニスに例えて、サーブ・アンド・リターンということもある。赤ちゃんが求めて、誰かがそれに応える。ボールを投げれば返ってくる。それによって心の大地が踏み固められていく。そして他者を信頼できるようになる。したがって、赤ちゃんのサインに気づき（敏感性）、それに対応していく（応答性）ことが、子育てにおいて重要視されるのである。

この時に重要なのは、「タイミング」と「正確性」と「一貫性」である[17]。子どもが必要としているものに早く気づき、必要としているものを正しく汲み取り、そして一貫して同じことをする。つまり、ある時には授乳して、ある時にはあげないということがないことが重要なのだ。これによって養育者を「泣けば自分の要求を満たしてくれる」と信頼できるわけである。

では、子どもの要求にすべて気づき、すべて応えていかなければならないのだろうか。実際には、それは不可能である。しかしながら、アタッチメント対象である親、養育者は、敏感に気づこうとすること、できるだけすぐに反応すること、求めているもの、ニードは何かを考えることはできるだろう。例えば、前の授乳からだいぶ時間が経っていてお腹が空いて泣いていると考えられる時に、泣いてから1時間後に授乳するのは明らかに遅い。赤ちゃんが両手を挙げて抱っこなど接触を求めて泣いていると考えられるのに、部屋の温度を上げて暖かくしても赤ちゃんは混乱する。親としては、正解がわからないながらも泣いている子どもの様子を観察して、いろいろ試してみるしかない。

子どもに安全基地ができているかどうかを確認するには、子どもが探索行動、遊びを始めているか、他者との関わりを恐れなくできているかどうかを見るとよい。探索行動ができていれば、養育者がやってきたことは子どものアタッチメント形成において間違っていなかったと言えるだろう。

アタッチメント対象は誰でもよいのか

さて、アタッチメントの形成には、子どものアタッチメントを求める行動にアタッチメント対象が応えることが必要であるが、それは誰でもよいのだろうか。あるいは、母親でなければいけないのだろうか。

　ボウルビィも最初は母親と考えていたが、精神科医のラターによる批判もあり、必ずしも母親でなくてはならないわけではない、と修正した。では、母親または父親といった、親でなければいけないのか。これについても、近年の祖母仮説（「繁殖期を過ぎた個体が子の繁殖に貢献するために長寿化したとする理論」）によって、祖母に養育されることで子どもがより長生きしていることから、親でなければいけないということはなさそうだ。ただし、養育者が親戚であった場合と他人であった場合を比較すると、親戚であった場合の方がアタッチメントがよく形成されていることから、できるなら血がつながっている方がよいのかもしれない。第1章の遺伝子目的論に関する部分で論じたように、血がつながっていない子どものケアは、利他的行動と見なすこともできる。その場合、ハミルトンの法則、遺伝率と利益の積が子育てコストを上回る場合にはその行動は進化するので、少しでも遺伝率が高い子どもであれば、リターン（利益）が小さくても子育て投資をするということになる。

　では、祖父母や親戚など多少でも血がつながっていないといけないのか。この議論においては、血のつながっていない大人に養育されることが子どもにとってよいのかという疑問と、そのような大人が存在しうるのかという疑問の2つがあると思われる。

　まず、子どもにとってよいのかという疑問について考えてみよう。端的には、里親に2歳未満の時点から養育された場合には、アタッチメントは十分に形成されることがわかっている。これについては、京都大学教授で脳科学者の明和政子氏が、脳科学的にそのメカニズムを報告している。[18] この時期は、脳の発達において、アタッチメントを形成するにあたり決定的に重要な「感受期」と呼ばれる時期であり、この時期を逃すと後で形成することは難しい。少し専門的になるが、赤ちゃんの脳にはすでに150万個の脳神経細胞が存在し、神経同士がつながることでたくさんの神経回路ネットワークを形成している。しかしそれでは多過ぎるので、「刈り込み」と呼ばれるネットワークの遮断が行われ、これによって必要なものが残る。2歳までにアタッチメント行動（親の応答を求めている状態）に対する応答、いわゆるサーブ・アンド・リターン（子どものサーブ、つまり要求に対してリターン、つまり応答すること）がないと、この刈り込みが起きないために、いつまでも0歳の脳のままで効率的な情報処理ができない。その最たる例がアタッチメント形成であり、それに基づく自己の確立、そして他者の認識であり信頼ということになる。

では、2歳以降に里親に出され、血のつながっていない養育者に育てられた場合はどうだろうか。事例報告的には、2歳までのアタッチメント形成ができていなくても、頑張ればアタッチメントを形成できると考えられる。青年期になってからでも遅くはない。恋人や配偶者がようやくアタッチメント対象として機能してくれることで、アタッチメントが形成される場合もある。ただし、それには時間がかかるし労力もかかる。[19]

ちなみに、オオカミに育てられた少女、アマラとカマラの話は、嘘だったことがわかっている。オオカミに人間の赤ちゃんのアタッチメントニードはわからないだろうし、わかったとしても与えることができない。オオカミによる人間の赤ちゃんへの授乳、離乳食、接触、アイコンタクトによる意思疎通などは不可能であることが科学的に証明されている。この例からもわかるように、アタッチメント対象は誰でもよいわけではない。敏感に子どものニードを感じ取って把握し、応答できるかどうかが重要である。

また、アタッチメント対象は何人いてもよいが、子どもにとっては状況に応じた優先順位がある。そして、アタッチメント対象が一定しない、コロコロ変わるのはよくないこともわかっている。これは、保育園における担当制の根拠となっている。

では、ひとり親でアタッチメント対象が1人のみ、祖父母もいないという場合はどうだろうか。子どもにとっての視点と親の視点で考えてみたい。ひとり親の場合でも、子どものアタッチメント行動にきちんと応答し、子どもにもルールを守ることを求めていれば、まったく問題ない。しかし、現実的には、子どもにとって親はいつも忙しく、自分を見てくれていないと感じ、自分の要求に十分に応えてくれていないと感じている可能性もある。また、親の視点で見た場合、仕事と家事と子育てと、様々なストレスの中で行わなければならず、メンタルヘルスを損なうリスクが高い。そうなると、子どものアタッチメント行動に、敏感に反応して応答することは難しくなる。

一方で、ひとり親の場合には夫婦間のコンフリクトがなく、家でのルール、マネジメントを1人で決定できるため、一貫性のある安定した環境を提供できるとも考えられる。しかし、後述する東京都足立区で行われた研究で見てみると、ひとり親の思春期の子どもの自己肯定感が低くなるリスクは、親が2人いる場合に比べて、性別や年齢などを調整しても1・

6倍で、統計的には有意であった[20]。ところがこの影響は、ロールモデル（自分にとって目指したいと思う模範となる存在）やサードプレイス（自宅、学校以外で自分が心地よくいられる場所）の存在、友達とのつながりによって弱めることができることも確認されている。自己肯定感に影響を与える要因は様々あるが、アタッチメントの1つの表れと考えれば、ひとり親の場合には親にも子どもにも十分な人間関係のネットワークがあれば、アタッチメントにともなう子どもの成長は十分カバーできると考えられる。

では、血のつながっていない子どもを養育する大人は存在しうるのかという疑問について考えてみよう。これについては、東京大学教授で社会心理学者の亀田達也氏の論考が興味深い。亀田氏によれば、利他的行動は「世間の目」があるから社会化するという[21]。例えば、ここに知らない人が倒れているとする。その人を瞬時に助けようとする人は、誰かに見られているからいい格好をしようとして助けるわけではない。血がつながっているから助けるわけでもない。倒れた人を助けるということが社会的通念であるという「世間の目」に従って助けるのだ、という指摘である。つまり、血がつながっていない子どもを養育しようとする行動は、それが社会的通念となれば、遺伝率など関係なく行われるのである。欧米では、子どもができない時の選択肢として養子をもらうことが社会的通念として、日本よりは浸透していると言える。一方、日本では、アタッチメント対象が血縁者でなければならないという社会的通念の方が、アタッチメント対象がきちんといることが必要だという考えより優勢なのが現状だろう。

養子とまではいかなくても、アタッチメント対象となりうるのが、保育園で子どもを預かる保育士である。日本では、保育士による虐待など保育の質が問題となっているが、保育士が子どもたちとのアタッチメントをどのように築いているのかについて、きちんとしたアセスメントが必要である。

アタッチメントと甘やかすこととはどう違うか

アタッチメントは子どもにとっての安全基地であり、その安全基地を提供するのがアタッチメント対象（多くは親、厳密には養育者）であることはすでに述べた。では、アタッチメント対象である親は、子どものニードを先回りするほど敏感に察知し、その要求に無限に応えるべきなのだろうか。それを考えるために、「甘やかすこと」や「過保護」とアタッチメントがどう違うかを考えながら区別してみたい。

まず、子どもが求めているもの（ニード）をすべて与えるのは、「甘やかす」ことにつながるのではないかと心配する人もいるかもしれない。しかし、子どもが求めているものすべてを与えるということは、子どもにすべて従う、いわば子どもの奴隷になるということではない。子どもが本当に求めているものを感じ取り、与えることがアタッチメント対象にとって必要なことである。それは、時には拒否することが、むしろ子どもの求めていることであるかもしれないのだ。

例えば、夜泣きを考えてみよう。赤ちゃんは夜寝たいのに起きてしまって、びっくりしてぐずって泣いている。それをいつもの抱っこをしてほしい泣きだと思って、夜中でも抱っこしてしまうと、赤ちゃんは本当は寝たいのに抱っこされることで寝ることができない。さらに、その時の赤ちゃんは抱っこによる快感を得てしまっているので、泣き止んだと思って寝かせようとすると、抱っこの快感がなくなってしまうため、また泣いてしまう。つまり、異なるニードへの応答をしてしまうと、子どもは混乱してしまう。「正確性」に反するのだ。夜泣きの場合には、まずじっくり観察し、そのまま寝るかどうか様子を見るという応答をすることで、赤ちゃんは寝ることを覚える。実際に、フランスではそのように子育てをすることが推奨されているという[22]。

このように、赤ちゃんが泣くことすべてに対して敏感に察知し、応答すべきかという点については、赤ちゃんのニードによって応答すべき内容が異なり、時には応答しない（つまり、無視する）ということが、実は赤ちゃんのニードであったりするということもあることを知っておく必要がある。アタッチメント対象に子どもが求めているもの（ニード）は様々なのである。

そして、3歳ぐらいまでに十分に甘え、アタッチメントを形成できた子どもは、自己が形成され、社会性が育まれることで、いわゆる「甘える」子どもではなくなる。非認知能力（後述するセルフコントロール、モチベーション、共感力、レジリエンスなど）が育つのである。逆説的ではあるが、甘えさせることによって甘えなくなる。もっと言えば、3歳以降でも十分に取り戻せる。子どもが甘えたいそぶりをしているなら、甘えさせる方がよい。まだまだアタッチメントの形成途上ということを意味しているからだ。

「ほめる育児」の本質とは何か

「ほめる育児」についても、アタッチメントの側面から考えるとそう単純でないことがわかる。子どもをほめることは、子どもの存在、行為を認めることであり、マズローが言うところの承認欲求というニードを満たすのだから、効果的と考えられる。子どもが望ましい行動をとった時に、その過程を具体的にほめることで、子どもの中でその行動は強化され、動機づけにつながり学力が向上することが報告されている[23]。

また、「見守られている」という安心感がアタッチメントを形成することは広く知られている。これは短い時間であっても効果的だ。では、子どもが見てほしいものは何だろうか。上手に絵が描けたと思っている場合には、その巧さを具体的にほめてほしいかもしれない。頑張って描いた場合には、その過程、かけた時間を具体的にほめてほしいかもしれない。もしかしたら、わざと下手に書いて、もっと上手く書くようにたしなめてほしいのかもしれない。あるいは、本当のニードは絵に関するコメントが欲しいのではなく、ただ単にそばにいてほしい、目を合わせてほしい、かまってほしいのかもしれない。

近年は「ほめる育児」が強調され、さらに単に「すごいね」ではなく具体的に過程をほめましょう、と提唱されている。このようなほめる育児によって、子どもが必要以上に叱られないことは全体としてはよい傾向ではあるが、子どもの本当のニードを探ろうとする親の姿勢を弱めてしまい、結果的に子どもの本当のニードが満たされていない場合もありうることは注意しなければならない。ほめれば育つというほどに、子どもの成長は単純ではないのだ。

ほめられて育った場合に自己肯定感は高まるかもしれないが、自己肯定感の高さは将来の職業には関連しないこともわかっている。[24] おそらく、ほめる育児が強調されるのは、日本人の自己肯定感の「低さ」が問題となっているからであろう。自己肯定感が必要以上に低い場合はうつ病や自殺などのリスクであり、避けなければならない。一方で、必要以上に自己肯定感を高めることが疾病予防や学力に効果があるかは証明されていない。むしろ、悪影響がある可能性もあることがわかっている。

過保護はなぜいけないか

また、過保護はいけないのだろうか。ヘリコプターペアレントという言葉があるように、親が先回りして何でもやってしまう場合には、子どもが自立できないためによくないと考えられる。これをアタッチメント理論で考えると、過保護は子どものニードを理解せずに関わっている例と言えよう。そして今必要でないものを与えられても嬉しくないのに、子どもは、親が自分が嬉しがることを期待しているのでそれに応えなければいけないと学んでしまっているので、自分の感情とは別に、嬉しくもないのに嬉しそうにするかもしれない。すると、親は子どもが喜んでいるのだと思ってしまい、また同じようなことを続けてしまう。このように、過保護はアタッチメント形成とは異なることが理解できるだろう。

4種類の子育てスタイル

さて、ここまで子育てにおいて重要なのはアタッチメントの形成であり、それには親（厳密にはアタッチメント対象だが、わかりやすく親とする）の応答性が大切であることを述べてきたが、実は子育てにはもう1つの軸があることがわかっている。それは、子どもにルールに従うことを求める「要求性」である。これは1960年代からの様々な子育て研究で観察される、子育ての軸である。この2つの軸を使って子育ては4つに分類できることを示したのが、アメリカの発達心理学者、ダイアナ・バウムリンドである[25]（**図3-11**）（次頁）。

応答性と要求性ともに高いのが、オーソリテイティブと呼ばれる子育てスタイルである。子どもに敏感に応答もするが、枠組みの中での自由であることを伝え、ルールがあることを学ばせる。このスタイルが最もよい子育てと考えられており、この子育てスタイルで育てられた子どもは、落ち着いていて問題にも対処することができ、自分への満足度も高い。この基盤にあるのは信頼であると考え、私は「信頼型」という訳を提唱している。

応答性は低いが、要求性が高いのがオーソリタリアン、これは「権威型」と訳してよいだ

図3-11　バウムリンドによる子育ての4つのタイプ（文献25より）

ろう。子どもの要求にはあまり応答しないが、厳しくしつけをする、子どもにたくさん要求する子育てスタイルである。アタッチメント理論から見ても、子どもが求めることに応答していないため、安全基地は形成されていかないと考えられる。しかし、子どもはこのような子育てをする親に適応し、親の言うことに従えば少しは応答してくれる、ほめてくれるということを学び、少しはアタッチメントを形成しようとするとも考えられる。権威型の子育てによって育てられた子どもは、学業の成績も悪く、落ち込みやすいことがわかっている。

では、応答性は高いが、要求性は低い場合はどうだろうか。これはパーミッシブ、「迎合型」と呼ばれ、前述の甘やかす子育てに近い。子どもの要求にすべて応答するというのは、逆説的であるが子どもの本当のニード、自分で自分のやりたいことを探求したいというニードを満たしていない。やはり子どもにルールを守ることを要求することで、子どもの自分の力で育ちたいという本当のニードに答えてあげることが必要なのである。迎合型の子育てで育った子どもは、セルフコントロールができず、自己評価が低く、攻撃的であることがわかっている。いわゆるわがままな子どもである。

最後に、これは実は後から付け足されたものであるが[26]、応答性も低く、要求性も低い場合はどうだろうか。この場合はアンインボルブド、つまり関わりがない「放任型」であり、ネグレクトに近い状態である。たとえ食事だけは与えているといっても、アタッチメントが形成されなければ、人間としての自己と社会性を身につけることができないことから、この子育てスタイルは最もよくないと言える。

この2つの軸が子育てにおいて重要であることを考えると、子育てにおいて子どもといる時間が長い方がよいのか、短くても質が高ければよいのかという疑問に答えることができる。子どもが単純にそばにいてほしい、長くいてほしいと思っている場合には、やはり時間が重要だろう。そこに何の関わりもなくても、親が家にいるというだけで子どもは安心する。実際に、東京都足立区で行われた研究で、小学1年生で留守番を頻繁に長くしている子どもは問題行動が多いこと[27]、両親ともに帰宅時間が遅い場合にも問題行動が多いことがわかっている[28]。しかし、すべての子どもが親に家にいてほしいと思っているわけではない。また、親の在宅時間によらずに、話をする、一緒に遊ぶ、外出する、誕生日などのイベントを祝うなど、質の高い関わりがあった場合に、子どもの自己肯定感は高いことがわかっている。これらが子どものニードに応じて行われたものであるかどうかの検証が必要だが、子どものニードに応じた子育て行動と仮定すると、質の高い子どもとの関わり、つまり子どものニードに応じた応答を短時間でもしていることで、子どものアタッチメントは十分に形成されると考えられる。

また、要求性についても重要な知見が得られている。足立区では、「野菜から食べる」ことが子どもの健康、育ちに重要であるとの考えのもと、「ベジファースト」という健康政策を実施し、公立保育園では給食で野菜から食べるように「要求」している。これはすでにルールとしてデフォルト化しており、子どもたちの誰も疑問に思っていない。中にはお肉から食べたい、ご飯から食べたい子どもも当初はいたかもしれない。しかし、決められたルールに従うことを要求している。その結果、レジリエンスが高まり、肥満の予防にもつながることがわかっている[29]。

さらに、家庭での要求性の例として、歯磨きを挙げてみたい。歯磨きは、子どもが嫌がる習慣の1つと言えるだろう。まったく歯磨きをしないか、1日1回やるか、2回以上やるかは家庭のルールによるところが大きい。歯磨きを1日2回以上する子どもは、1日1回以下の歯磨きをする子どもに比べて、家庭の経済状況や親の教育歴などによらずに、自己肯定感が高く登校しぶりになりにくいことがわかっている[30]。

子どもに要求すること、そして応答すること、というのは子どもにコミュニケーションのあり方を教える第一歩と考えてもいいかもしれない。人間は社会性の高い動物であり、言語や表情、アイコンタクトなどでコミュニケーションをとっている。他者と協力し、協調することは、進化論的にも人間にとって必須のスキルであることから、幼少期の語りかけ、顔を向かい合わせてのコミュニケーションによる要求・応答が必須であることは自明である。イタリアの研究で、マスクをして育った3歳から5歳の子どもたちの育ちについて、表情を読み取るスキルが低かったという報告[31]がなされており、やはり顔を見せてのコミュニケーションはあった方がよいのだろう。

ちなみに、要求性に関して動物はむしろ、やってはいけないことを教えているという。例えば、あの川辺に行ったらライオンに食べられてしまうということを教えるために、その川辺に近づかないことを教える。つまり、要求性の本質は安全の確保である。しつけ、いわゆるお行儀がよくなることの要求性については、文化や時代によって異なり、柔軟に考えるべきであろう。しかし、安全の確保は必要である。日本においても毎年、交通事故を除いても160人以上の子どもが事故で亡くなっており、子どもの死因では第2位である。例えばお風呂での溺水を防ぐためには、お風呂場に1人で入ってはいけないということを、きちんと子どもに要求すべきだということである。これは、動物が子どもに天敵の近くに行かないことを要求するのと同じである。窓からの転落についても同様に、子どもに窓に近づいてはいけないということをきちんと求める必要があるだろう。子育てにおいて要求性が重要であることについてはあまり語られてこなかったが、子どもの安全の確保という点で、再考されてよいだろう。

ルソーの子育て論とバウムリンドの子育て論の共通性

ここで、ルソーが『エミール』で著した子育て論も参照して、バウムリンドの子育て論を掘り下げてみたい。ルソーは、子どもは小さな大人ではなく「子ども」であることを発見したことで知られる。そして、いろいろなことを教えるよりも子ども自身が自ら学ぶ、経験することを重んじた消極的教育を提唱した。ルソーは「生まれながらに子どもは善であり、既存の文明で汚すべきではない」という立場をとっている。同時に、ルソーは、危険な状況にならないように枠組みを与えることの重要性についても述べている。その枠組みの中で自由にやりたいことをやり、経験するということだ。これは、経験して失敗した場合に帰るべき場所があり、そして枠組みを与えてくれる人がいて、その人を信頼している状態を前提としていると考えられる。ルソーが言う経験とは、子どもがいろいろなものを経験したいというニードについて、それを許すという応答性をアタッチメント対象（つまり親）が行っている状態ということだ。

また、権威的な子育ては、ルソーが最も避けるべきだと考えているもので、親が過度に教えるべきではないとしている。応答性のみの追従型についても、子ども自身で獲得する方向に仕向けていないので、ルソーの子育て論と異なるだろう。では、ルソーの子育ては放任型なのだろうか。消極的教育からは一見そのようにも見える。しかし実際には、ルソーの子育てにおいて子どもは放任されていない。見守られているのだ。そのベースにある信頼関係、つまり子どもを子どもとして見ること、それでも子どもを1個の人格として尊重することが、ルソーの思想のベースにあると考えられる。そのように考えると、ルソーの子育て論とバウムリンドの子育て論は共通すると思われる。

アタッチメントのバイオロジー

さて、ここでアタッチメントが体の中でどのような物質を介して促されるのかを見てみよう。アタッチメントのバイオロジーがわかることで、私たちが行っている子育てがアタッチメントの形成に役立っているのか、アタッチメント対象は母親でなければいけないのか、他者への信頼にも役立つのか、などについて説得力を持った説明ができるようになる。

そこで注目されているのが、オキシトシンとドーパミンという脳内ホルモンである。[32] オキシトシンは「愛情のホルモン」などと呼ばれ、親子関係を含む対人関係の親密さをもたらすことで知られる。ドーパミンは「やる気のホルモン」と呼ばれ、報酬系を活性化させることでやる気をもたらすホルモンだ。どちらも生命体としては古くから持っている。オキシトシンは、線虫でも生命維持に重要な役割を果たしている。ドーパミンは、最も古い脊椎動物として知られるヤツメウナギでも重要な機能を果たしている。哺乳類においては、オキシトシンとドーパミンが脳の線条体（脳幹と大脳皮質との間に位置する中継地）において統合され、アタッチメントシステムを形成している。

この脳の中でのメカニズムを、アタッチメント形成に必要な親と子どもとのやりとり、サーブ・アンド・リターンで見てみよう（**図3-12**）。この概説は、社会行動に関する神経生物学[33]をもとにかなり大胆にストーリー立てているため、実際はこれほど単純ではないが、アタッチメントの形成においてオキシトシンとドーパミンが親にも子にも重要であることが理解しやすいように試みた。やや難解に見えるので、興味のない読者は飛ばしていただいてかまわない。

まず、例えば、子どもがしばらく抱っこされておらず接触による快楽を求めたとする。それは、わかりやすく言えば皮膚接触が少ないという刺激、それを「寂しさ」の刺激と表現し

図3-12　サーブ・アンド・リターンの脳内メカニズム

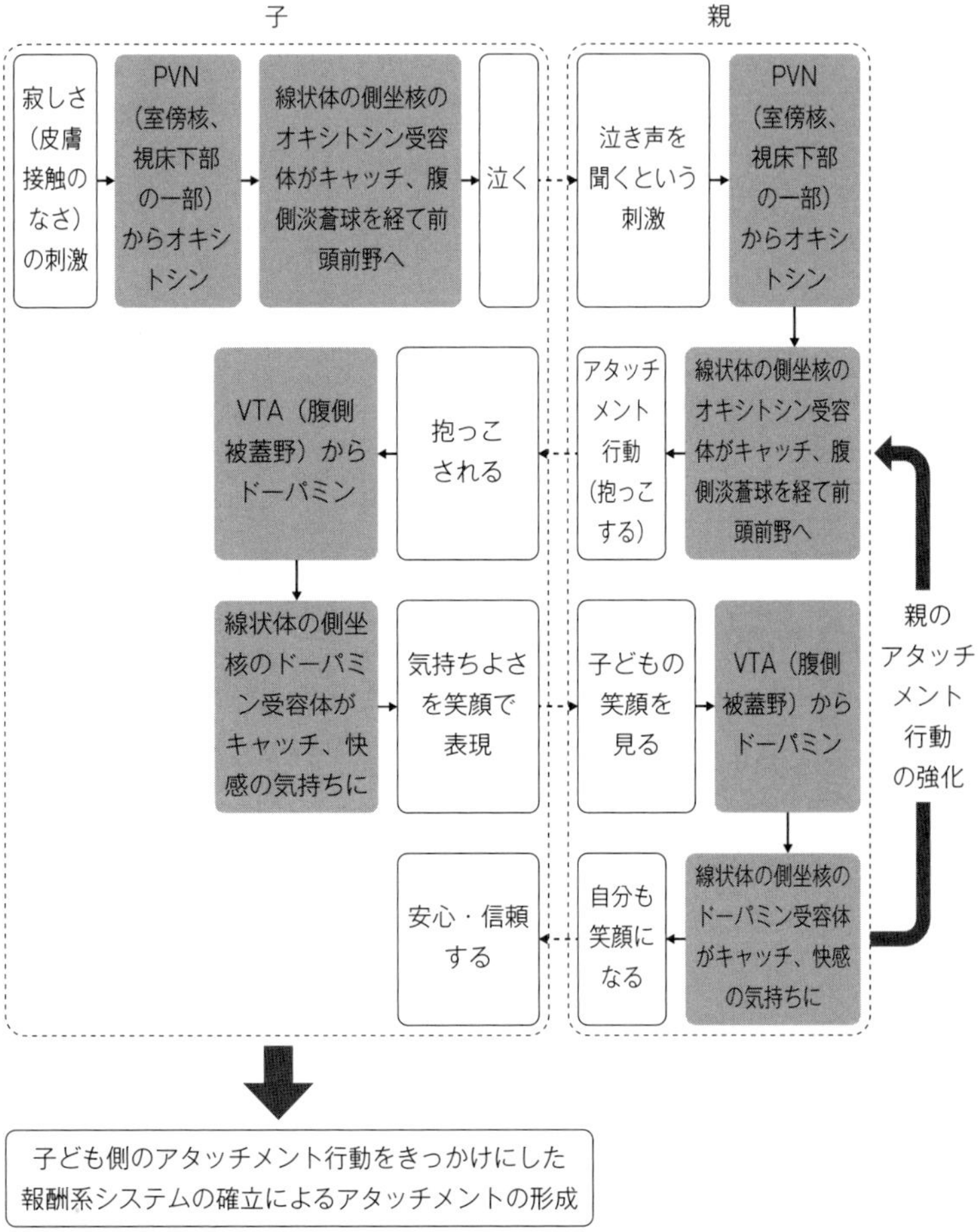

てもよい。その刺激を受けた子どもの脳の奥深いところ、視床下部の室傍核からオキシトシンが放出され、線条体の側坐核のオキシトシン受容体がそれをキャッチする。すると、腹側淡蒼球を経て前頭前野に刺激が伝わり、「泣く」という子どもにとってのアタッチメント行動が開始される。

それを親は「泣き声を聞く」という刺激として受け取る。すると、親の室傍核からオキシトシンが放出され、側坐核のオキシトシン受容体がそれをキャッチし、腹側淡蒼球を経て前頭前野に投射され、「抱っこをする」という行動が開始される。

それは、子どもにとっては「抱っこされる」という刺激となり、予測し期待していた刺激が得られるため腹側被蓋野からドーパミンが出る。それを線条体の側坐核のドーパミン受容体がキャッチし、快感の気持ちを起こさせる。さらにその先に、表情筋を動かして笑顔としてその気持ちを表す。

すると親は、子どもの笑顔を見るという刺激によってドーパミンを放出し、自分も笑顔になる。

子どもはそれを見ることで安心し、泣いた相手であるアタッチメント対象の親を信頼する。

親としては、抱っこすることで子どもが笑顔になるという報酬を得ることにより「泣かれた時に抱っこする」という行動が強化される。

オキシトシンの効能とは

では、オキシトシンに着目し、その効能についてもう少し詳しく見ていきたい。そもそも、オキシトシンは脳内ホルモンとしてではなく、子宮を収縮させたり母乳を分泌させたりするホルモンとして知られていた。視床下部で作られて下垂体に運ばれ、下垂体から全身、特に子宮や乳房に作用し、子育てに関わる体の準備をするホルモンと考えられていたのである。しかし、1970年代からのハタネズミを使った実験によって、子育て行動、アタッチメント行動において脳内ホルモンとして直接作用し働いていることがわかってきた。例えば、オキシトシンが働かなくなるようにブロックすると、子育てをしなくなるネズミを作ることができる(34)。

人間での脳内オキシトシンについては、脳の中、例えば脳脊髄液を採取して調べることが困難であり、なかなか研究が進まなかったが、人間の研究で虐待を受けた場合に脳脊髄液で見たオキシトシン濃度が低いことが報告され(35)、やはり不適切な子育てによって子どものオキシトシンの産生がなされにくくなるのではないかと考えられるようになった。また、脳内ホルモンとしての脳脊髄液におけるオキシトシン濃度と、子宮など体に効果を発揮する体内ホルモンとしてのオキシトシン濃度は相関関係があることから、血液や唾液でのオキシトシン濃度を計測することでアタッチメントや子育てのバイオロジーが解明できると考えられ、血液や唾液中のオキシトシンと子育て行動（特に愛情を持って話しかけたり、優しくタッチしたり、子どもを見たりする行動）は、オキシトシン濃度が高い場合によりなされていることがわかった。また、子どもの側で見ても、親からケアされ、十分に応答されて育った子どものオキシトシン濃度は高いこともわかっている。[36]その逆で、孤児の尿中のオキシトシン濃度は低いという報告もある。[37]最近では、「カンガルーケア」という、出産したらまず母親の胸の上に赤ちゃんを抱かせることを推奨しているが、これも出産後の接触刺激によって母親のオキシトシンの放出を促し、脳内においてはアタッチメント行動を促し、体内においては子宮の収縮を促進して産後の肥立ちをよくしようという戦略である。

父親でも、母親と同程度のオキシトシンが産生されており、母親とはまた違った養育行動で、子どもの注意を向ける話しかけと関連していることなどがわかっている。[36]私の研究室が行った研究では、母親と父親それぞれ別々に赤ちゃんを45秒間抱っこしてもらってから120秒間分離して、また45秒間抱っこしてを繰り返すことで、オキシトシンの分泌が誘発されるか、またそれは脳のどの部分の活動に関与しているのかを、光トポグラフィー（NIRS、脳血流を近赤外線で測定することで脳活動を評価する）により明らかにした。[38]その結果、父親の方が、赤ちゃんを離してからまた抱っこすることによりオキシトシンの分泌が促され、また脳の活動部位についても、アタッチメント行動に関連する前頭前野の活動が活発になっていた。

さらに、小学生になってもアタッチメント行動はオキシトシン濃度を上げるのか、それによって東日本大震災で被災した子どもの問題行動を防ぐことができるのかを明らかにする研

図3-13　アタッチメント行動とオキシトシン濃度の関係（文献39より）

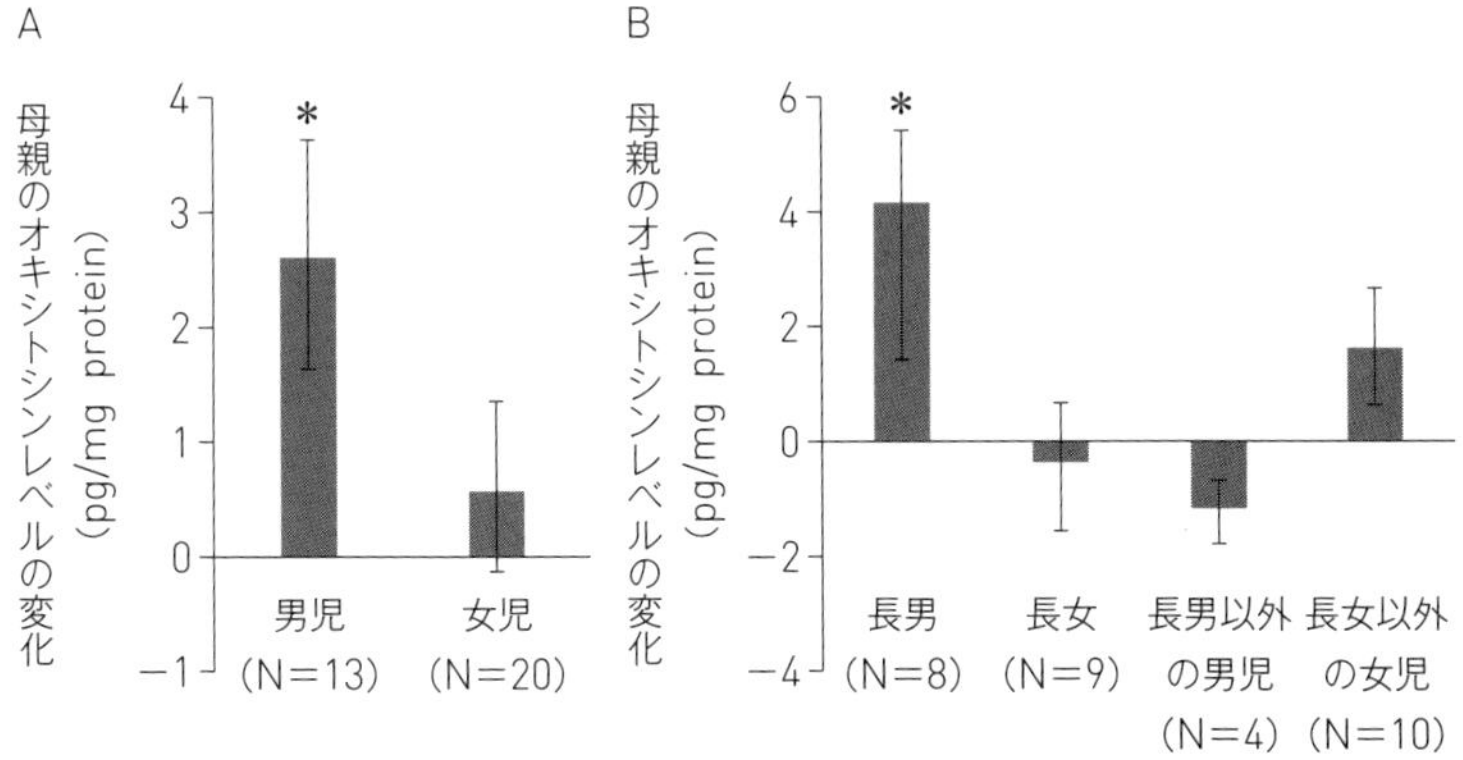

東日本大震災を未就学期に経験した子どもの小学生時点における母親とのスキンシップをともなう遊びによるオキシトシンの変化。男児、特に長男で母親のオキシトシンが上昇していた。

究も実施した。この研究では、親子でくすぐったり手押し相撲をやったりして接触のある遊びをしてもらい、それによってオキシトシンが上昇することを確認した。しかも、その効果は子どもが男の子、特に長男であった場合に効果が高かった点が興味深い（**図3-13**）。そして、この実験で上昇が見られた子どもは、3年後の問題行動が有意に低いこともわかった[39]。

また、アタッチメントがその後の人間関係の基盤を形成するということは、オキシトシンが信頼や人間関係にも関与するという仮説のもと、オキシトシンを鼻にスプレーで投与することによりどの程度人を信用するようになるかといった実験や、恋愛関係、夫婦関係におけるオキシトシン研究も多数あり、これらの多くはオキシトシン濃度が高いと、恋愛関係、夫婦関係が良好であるとしている。しかし、オキシトシンが良好な人間関係の効果を発揮するのは、自分と同じグループ、内集団に対してだけであり、むしろ外集団に対しては防衛的な攻撃性が発揮されることも知られている[40]。自分の子どもを守るためなら敵と戦う、ということかもしれない。

これらを加味すると、アタッチメントをベースとして他者を信頼できるようになるという意味でアタッチメントは重要であるが、その生物学的基盤となるオキシトシンは、個人の社会性とイコールではないかもしれない。実際に、社会的なつながりで見たソーシャルキャピタルとオキシトシンの関連を子育て世代の日本人の親で調べたところ、オキシトシン濃度が高い方がソーシャルキャピタルが低かった[41]。これは孤立している親が、オキシトシン濃度を高めて援助してくれる人を求めていることを示しているのかもしれない。

図3-14 「かかわり指数」で用いたタワー
（文献42より）

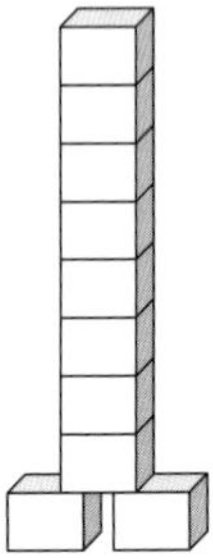

このタワーを積み木で作ることを親子で行うことを指示する。子どもの主体性・応答性・共感性・運動制御・感情制御の評価、そして養育者の主体性発達・応答性発達・共感性発達・認知発達・社会情緒発達への配慮への評価をトレーニングされた評価者が点数化する。

さらに、自立することが求められる場合には、親のオキシトシン濃度が高く、関わりが多いことは、自立を促す上で不利になる。3歳児とその親に、

図3-15 「わくどきキャンプ」における子どもたちのオキシトシン濃度の変化
（文献43より）

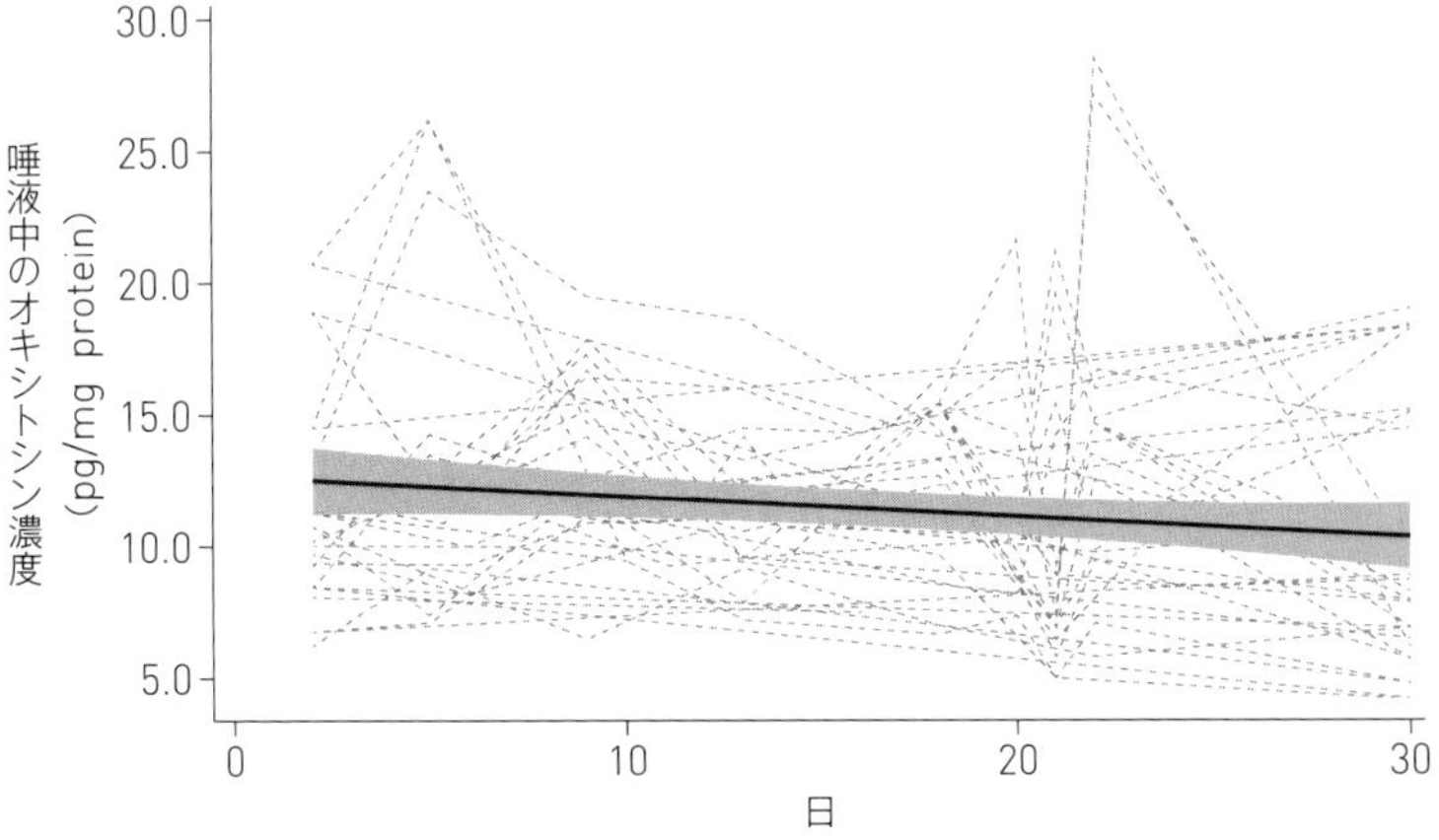

イベントによって増減があるが、30日間のキャンプ生活で減少傾向にある。

積み木でタワー（**図3-14**）を一緒に作り、片付けをするというタスク（「かかわり指標」という測定方法で定量的に親子の関わりを点数化した）をやってもらい、その様子から親子の関わりについて、自立を促す関わりをしているか（全部親がやってしまうようなことがないかなど）を評価した場合、親の尿中のオキシトシン濃度が高い場合には、子どもの自立を促す関わりが低いことがわかった[42]。

また、森の中で1か月間過ごす「わくどきキャンプ」に参加した小学校高学年と中学生のオキシトシンを測定したところ、親元から離れて暮らすことでオキシトシンは減少する傾向にあることがわかった[43]（**図3-15**）。オキシトシンは、親密な人間関係を結んでいくことにおいては重要であるが、1人で生きていかなければならない状況においては作動しないのだろう。子どもの自立、または子離れというアタッチメントの出口、ゴールという点においても、オキシトシンの測定でそのメカニズムがわかるかもしれない。

このように、オキシトシンは古くから生命の生存に欠かせない役割を果たしているだけに、その機能は今後もさらに発見されると思われる。大まかに言えば、生まれ落ちて人を頼らなければいけないというストレスに対して、誰かを頼って仲良くなることで乗り越える、というストレス対処システムがオキシトシンの機能である、と考えるとわかりやすいかもしれない。これは、思いやりと絆反応（tend-and-befriend）[44]とも呼ばれている。ストレスホルモンとして知られるコルチゾールが引き起こす闘争–逃走反応（fight-or-flight）と対照的である。先行きが見通せない不確実な時代においては、生き残りをかけて互いに戦う時代ではなく、多様性を尊重しながら全員が主役として輝く時代であり、その意味でもオキシトシンシステムを育てておくことが重要かもしれない。

第4章

セルフコントロール
――衝動を抑え、自らの能力を使いこなすスキル

なぜセルフコントロールが重要か

人間が成長していく過程において、なぜセルフコントロールを身につけることが重要なのだろうか。セルフコントロールができる子どもは学校の成績がよくなる、給料が高い職業に就けるなどの理由で説明することもできるだろう。しかし、もう一段深く考えてみる必要がある。なぜなら、不確実な時代においては、むしろセルフコントロールはない方がよいのではないかという視点もありうるからだ。例えば、より欲望を解放し、自己実現を追求した方がよいのではないだろうか。先行きが見通せない社会においては、今確実に得られる利益を得ることの方が、将来得られるかもしれない少し大きな利益を待つよりもよいのではないだろうか、という議論は可能である。

ここで立ち返るべきは、「何のために生きるのか」という根本的な問いである。不確実な時代においては確かに先行きが見通せず、我慢して頑張って勉強したのに報われないと思うことがあるかもしれない。しかし、自分の子どもが生まれてきた目的は、短期的な成功ではないはずだ。常に成長し続けること、内面の成長、充実、生きがい、達成、多くの人々に感謝されること、このような内実をつかんでいくためには、衝動的に生きていては成し遂げられない。なぜなら、衝動性は自分を破壊し、他者を破壊する可能性があるからだ。例えば、衝動性が高い場合に、自殺や自傷行為のリスクが若者でも高いことは、18の研究を統合した研究（メタ解析という手法）で確認されている[1]。また、衝動性と反社会的行動（ルール違反、破壊行為、窃盗、暴力、麻薬の使用など）との関連も、子どもを追跡した縦断研究で報告されている。[2]動物と人間の大きな違いの1つである社会性、つまり他者の存在が不可欠な人間にとって、反社会的な行動につながる衝動性を抑えることができるスキルが重要であるということは確かだろう。また、セルフコントロールは包括的な概念で、衝動性、勤勉さ、自己制御、満足遅延、注意欠陥多動、実行機能、意志力、時間割引などの概念との関連から様々に表現されることは注意が必要である。

本章で、セルフコントロールたっぷりの人間に全員がなるべきだと言いたいわけではない。まさに不確実な時代ゆえに、前述のように時には衝動的な行動で突破力を発揮すべき状況もあるかもしれない。とはいえ、セルフコントロールから解放される時は、自分も他人も傷つけないという条件付きだ。不条理なことに怒る、何か行動を起こそうとするといった時には、扁桃体や線条体を中心とした脳の1階部分（大脳辺縁系）が活躍している。[3]しかし、人間の脳には2階がある。大脳皮質、特に前頭前野によるセルフコントロールの力も使うことで、1階部分の大脳辺縁系で発動している駆動力をうまく使いこなせるのだ。

つまり、セルフコントロールの必要性とは、単に我慢する力をつけよ、ということではない。自らを使いこなす力をつけよ、ということである。不確実な時代において、予想もしないこと、望んでいないことが頻繁に起こりうることは、新型コロナウイルスのパンデミック、ウクライナ危機などの例を挙げるまでもなく肌で感じられる。ところが、このグローバルな社会において、すべての事象は相互に複雑に絡み合っており、衝動的に行動を起こすことはかえって事態を悪化させることもあるだろうし、回り回って自分の大事にしている何かを失うことになりかねない。衝動的に怒りを感じても、一息ついて、脳の2階部分の前頭前野に「どうしたらいい？」と問いかける力が必要なのだ。そして子どもの前頭前野の中に、どう対処したらいいかの答えを導き出せるスキルを身につけることが必要なのである。

セルフコントロールの効能：マシュマロ・テスト

セルフコントロールの効能については、ウォルター・ミッシェルによるマシュマロ・テストが有名である。[4] 彼とその学生らは、スタンフォード大学のビング保育園に通う4歳から5歳の子どもたちに、マシュマロ1個を今すぐにもらうか、部屋の中に1人きりで待って（待つ時間は最大20分であったが、実験開始時には子どもには伝えられていない）2個もらうか、選ばせるという実験を行った。そしてその子どもたちを大人になるまで追跡した。その結果、マシュマロを2個もらうまで待てた秒数が長い子どもほど、大学入学のための共通試験の点数が高く、大人になっても肥満にならず、自尊心が高く、目標を追いかけることができ、ストレス対処能力が高かった。

それはなぜだろうか。そのヒントは、子どもたちがどのようにセルフコントロールを発揮していたかにある。マシュマロを2個もらうというより大きな利益を得るために、子どもたちはどのようにしてやり過ごしていたのだろうか。それは、他の楽しいことを考える、マシュマロを見ないようにする、実物のマシュマロを写真だと思う、歌を歌って気を逸らす、などであった。これらの行動から、衝動を抑えるために頭を使っている、自ら工夫していることがわかる。つまり、前頭前野の機能を発揮させているのだ。これはいわゆるＩＱとは異なる機能と考えられることを明確にするため、非認知能力と呼ばれている。最近では、非認知能力ではなく社会情動的スキルと呼ばれることも多い。

4歳の子どもの頃に観察されたセルフコントロールは、およそ40年後の中年期においても同程度であることが確認され、脳画像研究においても脳の活動の違いが見て取れた。4歳の時点で2個のマシュマロのために目の前にある1個を食べることをより長く待つことができた人は、40年後の中年期になった時の脳を見ると、衝動性をコントロールする前頭前野がより活発に活動していたのである。一方、子どもの時に待つことができずに目の前のマシュマロを食べてしまった人は、中年期になってもドーパミンの快楽を求める腹側線条体の活動が活発であった。これは、4歳時点で見られたマシュマロに対するセルフコントロールは、普段のセルフコントロールを行う「習性」を表していると考えられる。その帰結が、脳のセルフコントロールや即時の報酬を求める脳の部位の活動となって表れているのだ。4歳時点での脳画像の結果はないので、どこまでこの結果が4歳時点のセルフコントロールの影響によるものなのか、その後の環境の影響、例えば高い教育歴の影響なのかはわからないが、それらも4歳時点のセルフコントロールによって得られたものと考えられることから、未就学期のセルフコントロールの重要性が高いことは確かだろう。

一方、マシュマロ・テストには批判もある。マシュマロをすぐに食べなかった子どもは経済的に豊かであるため欲しくなかっただけで、その後の学力などへの影響はもともとの家庭の経済力の影響かもしれない。実際にマシュマロ・テストを再現してみたところ、母親が高卒の場合に限ると、4歳半の時点でのマシュマロを待てた時間と15歳時点での学力との関連は、もともとのマシュマロ・テストの結果よりも小さかった[5]。それでも、違いはあった。やはり、マシュマロを待てた子どもの成績は高い傾向にあったのだ。そう考えると、未就学期までにセルフコントロールを身につけさせることの意義はありそうである。

東日本大震災を未就学期に経験した子どものセルフコントロール

では、4歳よりももう少し大きい、小学校低学年ぐらいの年齢ではどうだろうか。その年齢でのセルフコントロールを見るために、2011年に発災した東日本大震災を4〜6歳で経験した子どもたちの追跡研究である「東日本大震災が子どものメンタルヘルスに与える長期的影響に関する研究（Great East Japan Earthquake Follow-up study for Children：GEJE-FC）」で実証研究を行った。この研究では、東日本大震災から3年経過した2014年、子どもたちが平均で8歳の頃のセルフコントロールとその後の子どもたちの行動について検証した。8歳ともなるとマシュマロは我慢できてしまう。そこで、コインを使ったテストを行って調査した（実験の様子は**図4-1**）。これは、5枚のコインと、「今」

図4-1　コインテストの内容

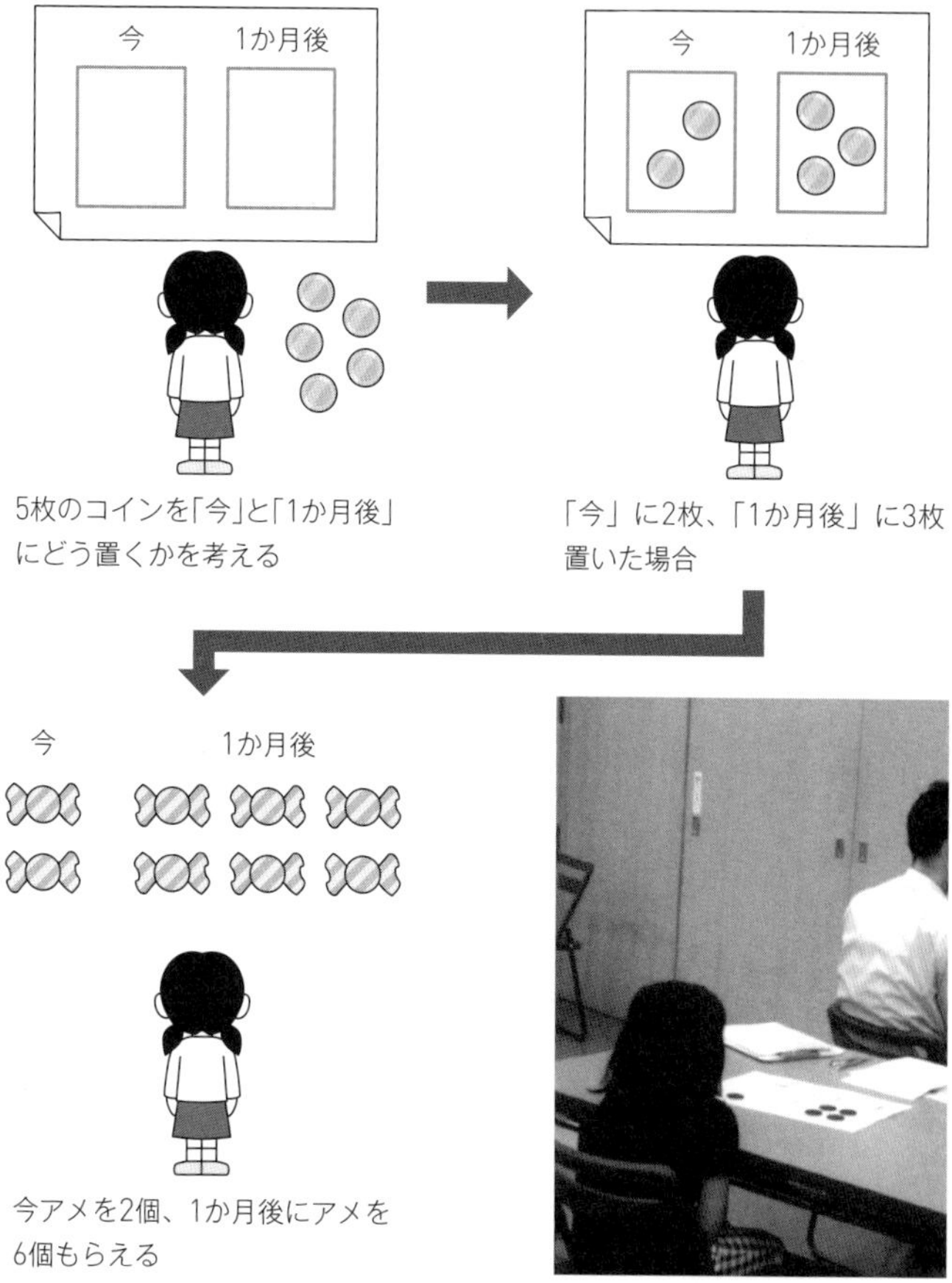
今
1か月後
今
1か月後
5枚のコインを「今」と「1か月後」にどう置くかを考える
「今」に2枚、「1か月後」に3枚置いた場合
今
1か月後
今アメを2個、1か月後にアメを6個もらえる

実際の様子

「今」に置いたコインの数のアメと「1か月後」に置いたのコインの数の倍のアメがもらえる。

と書いた紙と「1か月後」と書いた紙を2枚並べておき、「今」にコインを1枚置いたら今すぐにアメを1個もらうことができ、「1か月後」にコインを1枚置いたら1か月後にアメを2個もらえると説明し、どのように5枚のコインを「今」と「1か月後」に分けるかをやってもらう実験である。功利主義的に利益を最大にしようと考えれば、5枚のコインすべて「1か月後」に置いて、1か月後にアメを10個もらう方が得である。しかし、今すぐにアメが欲しいという衝動もある。あるいは、1か月後はどうなっているかわからないと考えるかもしれない。

この実験を実施したところ、8歳ぐらいの被災地の子どもたちの平均として「今」に置かれたコインは2・8枚であった。そして実際に、被災地のデータでコインを「1か月後」により多く置いた子どもは、3年後の11歳程度の小学校高学年の時点で、電子ゲームをしていない傾向にあった。小学校低学年においても、セルフコントロールはその後の子どもの生活に影響を与えると言えそうだ。

質問紙でセルフコントロールを測定したらどうなるか：ダニーデン研究

これまで述べたような実験的な手法は、本当に子どものセルフコントロールを測定できているのだろうか。実際の生活においては異なるかもしれない。そこで、違う方法でセルフコントロールを測定した研究を見てみよう。親や学校の先生が評価した子どものセルフコントロールである。世界的に最も成功した出生コホートといわれている、ニュージーランドのダニーデンで行われた研究を見てみよう。これは、1974年にダニーデンで生まれた子ども1000人を3歳から追跡し、3~11歳時に客観的な計測と親や学校の先生が評価したセルフコントロールを加味して総合的に評価した、いわば小学生までのセルフコントロールが、32歳時点における身体的健康、薬物乱用をしないこと、社会経済的地位、資産形成計画、年収、ひとり親での養育にならないこと、犯罪をしないこと、に直線的な量反応関係があることを報告している[6]（図4-2、次頁）。この研究の追跡率は97%であり、通常はセルフコントロールが高い子どもだけがこのような研究に参加し続けるということもあるが、そのようなバイアスもなく極めて貴重なエビデンスである。そしてこの傾向は、イギリスで1997年に生まれた500組の同姓の二卵性双生児を対象として行われた別の研究において、同じ家庭の環境や遺伝子、IQなどの影響を除外しても、5歳時点で測定者が家庭訪問で観察したセルフコントロールが、12歳時点の喫煙や学業成績、反社会的行動と関係していることがわかっている。

さらに、この研究で示された重要な点は、小学生までのセルフコントロールは、IQとの関係はそれほど強くないということだ。相関係数で0・44である。つまり、セルフコントロールはIQのように持って生まれたものではなく、変えられるものだということである。子どもの頃の家庭の経済状況がどうであっても、セルフコントロールは将来の成功を予測する。子どもの頃の家庭の経済状況とセルフコントロールとの関連は、相関係数で0・25と

図4-2　11歳までのセルフコントロールと32歳時点での様々な問題との関連
（文献6より）

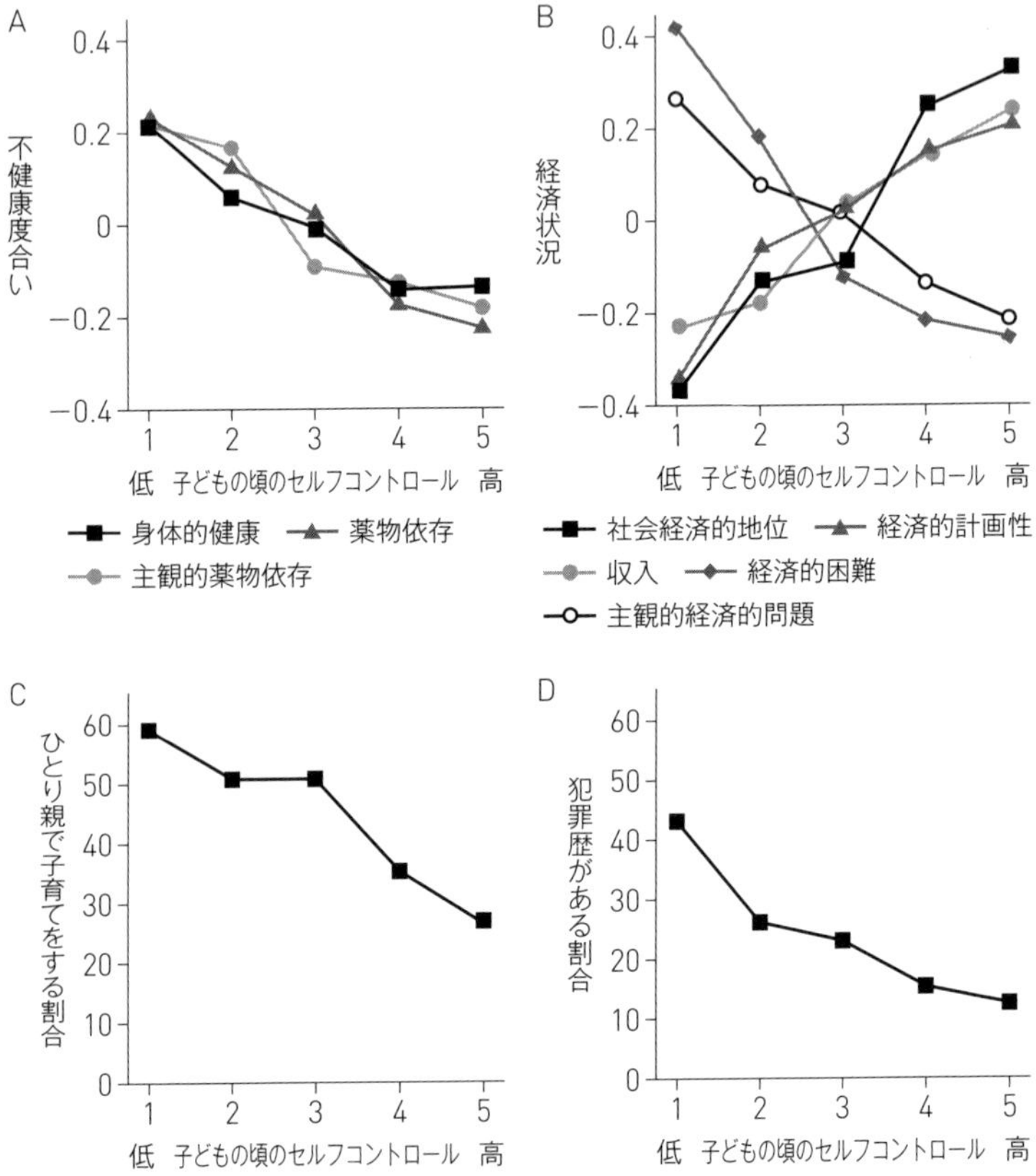

ダニーデン研究における11歳までのセルフコントロールと32歳時点での不健康（A）、経済的な問題（B）、ひとり親での子育て（C）、犯罪歴（D）との関連。セルフコントロールが低ければ低いほどこれらの問題が多い。

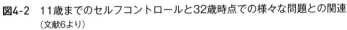

やや弱い関連があるが、その影響を排除しても、セルフコントロールは将来の健康状態、資産形成を高め、犯罪を起こさないことがわかっている。

また、子どもの頃のいつの時期におけるセルフコントロールが重要かについても報告しており、3歳時点でのセルフコントロールが、すでに32歳時点の健康、資産、犯罪について予測することを示している。ただし、その影響力は、11歳までの総合評価によるセルフコントロールの影響力よりは小さくなる。未就学期の早い段階でのセルフコントロールが物を言うというのは衝撃的だが、早い時期に脳の2階部分である前頭前野が発達し、シナプス刈り込み現象によって脳内のネットワークが構築され、脳の1階部分である大脳辺縁系を抑制する回路が形成されるという、脳科学の知見と一致していると言えるだろう。

足立区の子どもたちのセルフコントロール：A-CHILD研究

私の研究室が足立区と共同で実施した「足立区子どもの健康・生活実態調査（Adachi Child Health Impact of Living Difficulty（A-CHILD）Study）」[7]（以後A-CHILD研究と表記する）においても、小学1年生の時点でセルフコントロールが高い子どもは、その時点の乳歯の虫歯の数が少ないことがわかっている。[8] さらに、小学1年生の時点でセルフコントロールが高い場合に、小学6年生の時点において朝食を食べ、野菜を食べ、テレビ・ゲーム・携帯デバイスの使用時間が短く、永久歯の虫歯が少なく、不登校にならず、問題行動が少なく、思いやりの行動が多く、読書をより多く実践し、自己肯定感が高く、幸福度が高かった。これは、家庭の年収など貧困状況や親の学歴についての影響を排除しても確認できており、先のダニーデンの研究結果と一致する。

セルフコントロールの中身とは

これらを総合して考えると、マシュマロ・テストは、客観的かもしれないが実際には断片的なセルフコントロールしか見ていない可能性があるということだ。マシュマロを我慢できたのは、たまたまその時お腹が空いていなかったからかもしれない。これまでマシュマロを見たことがなかったために、興味が湧かなかったからかもしれない。そもそも、マシュマロが好きではなかったかもしれない。その意味では、質問紙ではありながらも親や学校の先生が評価するセルフコントロールの方が、より正確に評価できている可能性がある。要するに、セルフコントロールとは、魅力的な誘惑への衝動をどう抑えるかというスキルである。それは数か月単位で観察してみないとわからない。その意味では、親や学校の先生の評価でも十分有用と思われる。

先のA-CHILD研究においても、セルフコントロールが高いことと、運動をより多く実践する、就寝時刻が早い、などの生活習慣との関連はなかった。これはやはり、セルフコントロールをどう使うかについては個別性が高いことによるためと考えられる。運動が好きな場合には、運動についてセルフコントロールを使わないかもしれない。また、就寝時刻についても、早く寝るということにセルフコントロールを使う場合もあれば、むしろ眠たいところに自ら鞭を打って眠気をコントロールし勉強しているかもしれない。

また、セルフコントロールはすぐに得られる報酬を我慢する場合（マシュマロ・テストやコインテストなどでセルフコントロールを測定する場合、報酬の価値が時間によってどれだけ割り引かれるかを見ているので「時間割引」ともいわれる）と、面倒なことを「先延ばし」せずになるべく早くやることを分けて考えた方がよいかもしれない。セルフコントロールに関する多くの研究は時間割引を見たものであるが、先延ばし傾向についても興味深い研究がある。大阪大学教授（当時）で経済学者の池田新介氏は、小学生の時に夏休みの宿題を先延ばしにしていた傾向がある人は、将来肥満になる傾向があることを報告している[9]。これは、ダイエットという面倒な体重管理を先延ばしした結果と考えることができる。同様に、高齢者においても、子どもの頃に夏休みの宿題をいつやったかで測定した先延ばし傾向がある場合に、残存歯数が少ないこともわかっており、歯磨きや口腔内の管理という面倒な健康管理を先延ばしすることによる長期的な健康影響があると言える[10]。

セルフコントロールを未就学期にある程度獲得していくことは、不確実な時代に必要なスキルである、自らを制御し、様々な他者と協力できるスキルをもたらしてくれる。しかし、何に対してセルフコントロールを発揮するのか、その個別性があることには注意しておかなければならない。すべての事象において、将来の大きな利益のために今を我慢することがよいわけではない。小学校時代に本当にやりたいことが見つかった子どもに、それを無理に我慢させて勉強させるのは果たしてよいことなのだろうか。第1章で述べた自己決定権とも関連するが、セルフコントロールとは単に我慢する力というわけではなく、まさに自分のやりたいことをやりきるための力だと考えるべきだろう。

セルフコントロールを高めるには

セルフコントロールをどう高めるかを考える時に、まず理解しておかないといけないのは、セルフコントロールは家庭の社会経済的状況の影響を受けるということである。ハーバード大学の経済学者、センディル・ムッライナタンらは、インドにおいて不作であった年ほど目先の欠乏状態に集中してしまい、「トンネリング」といわれる状態で周りが見えなくなり借金をするようになることを精緻な経済学的モデルで示している[11]。また、先に述べた東日本大震災で被災した子どもの研究でも、家屋の被害があった子どものセルフコントロールは低くなっていたことが確認されている[12]。つまり、非常事態においては、将来がどうなるかわからないと考え、「今」を大事に生きるようにできていると考えられる。セルフコントロールは、平時と非常事態ではその意味合いが異なるのだ。それは、適応という観点から考えると納得できる。今後の不確実な時代においては、将来の幸せのために今を我慢するというセルフコントロールは、平時においては役に立ち、実際にセルフコントロールが高いほど将来の成功を予測できることはダニーデンの研究で見た通りである。一方、例えば被災地の子どもたちは、家を失った場合に、「今」を大事にするというセルフコントロールをあえて低下させることで適応していると考えられる。実際にその後のメンタルヘルスは、コインの実験で「今」により多くのコインを置いた子どもの方が、2年後の問題行動、特に攻撃性など外向性の問題行動は少ない傾向にあった。つまり、これからの不確実な時代においては、セルフコントロールを高めようと思えば高められることが重要で、セルフコントロールを常に高くし、将来のためにすべてを我慢することが重要なのではないということは、今後の子育てを考える上で重要だろう。

その上で、どのようにすればセルフコントロールを高めることができるだろうか。A-CHILD研究では、小学1年生の時に親の評価によって子どものセルフコントロールを測定し、その後、小学2年生の時点においてもセルフコントロールを測定しており、小学1年生の時の親の関わり方が、どのように小学2年生時点におけるセルフコントロールを高めることに影響を与えているのかを検証することができる。セルフコントロールは、子どもが「将来よい結果となるように、今欲しい物をあきらめたり、嫌なことでも実行することができる」かどうかを、「まったくこのとおり」「だいたいこのとおり」「少し合っている」「ほとんど合っていない」「まったくちがう」の5段階で親に評価をしてもらい、点数化したものを用いている。

繰り返しになるが、子ども自身のセルフコントロールが高まったかどうかを検証するためには、ある時点のセルフコントロールと次の時点のセルフコントロールを比較し、高まっているのかを検証しなければならない。例えば、親の積極的な子どもへの関わりが子どものセルフコントロールと関連があったという結果については、子どものセルフコントロールが高いために親が積極的な関わりをしているという可能性がある。これを「逆因果」という。その影響をなくすためには、小学1年生の時の親の関わりが、小学2年生の時のセルフコントロールにどのように影響しているのかを、小学1年生時点のセルフコントロールの影響を排除して検証する必要がある。そこで、A-CHILD研究のデータを用いて、小学1年生の時と2年生の時で継続的に調査に参加した3500人の子どもについて解析した。解析においては、子どもの気質としての多動性について、「子どもの強さと困難さ尺度（Strength and Difficulty Questionnaire：SDQ）」で測定してあるものを使って、その影響を排除する解析を行った。また、親の年収、学歴についての影響も排除した。

その結果わかったセルフコントロールを高める親の関わり方は、「子どもとニュースの話をする」「大声で叱らない」「挨拶をすることができる」「午後10時前に寝る」であった。これらは、バウムリンドの子育ての2軸のうちの1つ、子どもへの「〝適切な〟要求」であると考えられる。子どもとニュースの話をするのは、子どもにとっては興味のないことかもしれないが、それを少しだけ要求する。一方、要求し過ぎて大声で叱ることは逆効果だ。他人に挨拶をすることも、適度な要求の例だろう。社会の中で生きていくためには、他者を認識し、他者に自分を認識してもらう必要がある。それは、自分がどんなに恥ずかしかったり、イライラしていたり、何かに熱中していたりしても、である。それがセルフコントロールを育てていると思われる。そして、午後10時前の就寝は、1つは自分の生活をきちんとコントロールできることを示しているだろう。就寝が早いことによって十分な睡眠時間が確保され、脳の2階部分の前頭前野を構築する時間ができていると思われる。ちなみに、親の年収、幼稚園・保育園の違いの影響はなかった。

さらに興味深かったのが、親の幸福度が高いほど、子どものセルフコントロールが高かったことである。これは、親のうつ傾向の影響を排除しても確認された。むしろ、親のうつ傾向は関連がなかった。これはなぜだろうか。親の幸福度が高いことで、子どもは親のことをロールモデル、将来の目標と考えるようになるのかもしれない。その場合に、将来のために少し我慢する、親に言われたことに従う、というセルフコントロールが育つのだろう。あるいは、親の高い幸福度は、親のセルフコントロールが高いことによる可能性もある。その親の高いセルフコントロールが、今回の調査では拾えなかった、前向きな言葉がけや親自身のちょっとした抑制の効いた行動につながり、いわゆる「背中を見て」育っているのかもしれない。今後そのメカニズムの解明が必要ではあるが、親自身が幸福であるということが子どものセルフコントロールを向上させるという結果から、子どもの成長といっても実は親自身の成長、幸福から始まるという視点は持っておいてよいだろう。

また、東日本大震災の被災地でのコインテストで客観的に観察されたセルフコントロールがどのような要因で決まるのかを見てみよう。GEJE-FCでは、震災前の子育ての仕方について「アラバマ養育尺度（Alabama Parenting Questionnaire：ＡＰＱ）」で測定している。震災直後の２０１２年、子どもが平均６歳程度の時点でのＡＰＱと、２０１４年の平均８歳の頃のコインテストとの関係を見てみると、親の関わりが多いほどセルフコントロールは高かった。また、体罰はセルフコントロールを下げることが確認された。これは年齢、性別、親の年収、学歴の影響を排除しても認められた。一方、ほめるなど前向きな子育ては関連がなかった。ほめることで報酬系が活性化されると考えられるが、何をほめるか、どのようにほめるかがより重要だということだろう。セルフコントロールを強化したいのであれば、子どもがセルフコントロールを発揮した時に、その行動を具体的にほめる必要がある。とはいえ、それはなかなか難しいことだ。ほめる育児よりも、積極的な関わりがあることでセルフコントロールが高まっている点は、第３章で説明したアタッチメントがセルフコントロールには重要であることを再確認させるものと言える。

第5章

モチベーション

――「何のために生きるのか」に基づく自分の内側から湧き起こる駆動力

なぜモチベーションなのか

不確実な時代において時代を切り拓くのは、「何かを変えたい」というモチベーションを持った人間である。実際に社会を変革するにはモチベーションだけでは足りず、行動力や組織力なども必要なことは自明だが、モチベーションがなければ始まらない。モチベーションは、いわば生きていく上でのエンジンのようなものである。何のために生きるのか、という意味づけがあることが持続的幸福に寄与することはすでに第1章で述べたが、まさにその生きる意味、行動を起こす動機がモチベーションである。

とりわけ不確実な時代においては価値観が多様になり、世間一般で評価されがちな高い年収や社会的地位を獲得することが必ずしも人生の目的ではなくなってきている。本当に意味のあることをやりたいと思ってＮＰＯ（非営利組織）を設立することもあるだろうし、仕事は仕事と割り切って趣味に生きることを選択する場合もある。これらは、モチベーションの中でも「内発的動機づけ」と呼ばれるものである。自分の内側から湧き起こる、自分がやりたいと思う気持ちである。ちなみに、外発的動機づけとは、インセンティブを与えられたことによって活性化されるモチベーションである。賞金をもらえるからレースに出る、世間からの評判がよくなると思って高い社会経済的地位を目指す、などである。

不確実な時代においては、世間一般的な価値を追いかけるようなモチベーションでは目標に向かって努力をし続けることは難しい。社会が求める価値が物凄い勢いで変化しているからである。したがって、自分がやりたいと思うことをやらなければ、最終的には時間の浪費、無駄になりかねない。私自身の例で言えば、虐待予防の研究を2005年から縁あって始めたのだが、その当時は児童虐待が世間的にも社会医学系の学会においてもほとんど話題にはなっていなかった。あったとしても一部の虐待事例、例えば「コインロッカーベイビー」などのショッキングな事件について語られているくらいであった。そのような時代の中、親子関係はその後の発達においても非常に重要であると考え、なかなか研究がされていない、特に予防研究がされていないと感じ、「それなら自分がやろう」と思って始めた。これが、内側から湧き起こる動機づけ、内発的動機づけとしてのモチベーションの例と言ってよいだろう。逆に言うと、この分野で研究をすると将来的に世間から注目されるだろうと思っていたわけではない。結果的には、昨今の報道で見られるように児童虐待の分野は注目されることになったが、研究を始めた当時はそのような将来のことはわからなかった。だからこそ、自分自身でやりたいと思うこと、必要だと思うこと、大事だと思うことに専心すべきなのである。これこそが、不確実な時代に必要なモチベーションである。

モチベーションと似た概念として、「グリット（やり抜く力）」がある。ペンシルバニア大学の心理学者、アンジェラ・ダックワースが、将来の成功に必要なものは何かを研究して明らかにした概念として有名である。もちろん、やり抜く力は重要だが、そもそも何かをやろうとしなければ、やり抜く力を発揮することもできない。また、やり抜く力は後述するレジリエンスとも近い。物事に取り組んでいる中で、やらなくてもいい理由、やりきれない理由はいくらでもあり、そのような困難に直面してもやり通せる能力は、第7章で述べるレジリエンスにも通じるところがある。本章ではグリットやレジリエンスとの関連も意識しながら、根本的な行動理由となるモチベーションに着目してその重要性を考えることにする。

モチベーションとは何か

ところで、モチベーションとは何だろうか。モチベーションとは、動機づけと訳されているように、何か行動を起こそうと思う気持ちやきっかけのことである。つまり、行動の原動力である。アメリカ心理学会では「意識するにせよ無意識にせよ人間が行動し実行するための目的や方向性を与える原動力」と定義している。(1) 英語では、「motivation」と「motive」が区別されており、「motive（モーティブ）」は動機そのものを示す言葉であり、行動を起こすきっかけ、刺激、理由を示すもので、犯行動機といった場合はこのモーティブが使われる。つまり、その行動をなぜ起こそうとしたのかについての直接的な理由である。一方、「motivation（モチベーション）」は動機〝づけ〟とされるように、長期的な、持続する行動の意義を与えるものである。

では、モチベーションとやる気、意欲、欲求とはどう違うのだろうか。やる気は、モチベーションによって高められるものだと考えるとよいかもしれない。勉強のやる気が出ないのは、勉強をするモチベーション、動機づけ、意味づけがなされていないからだ。一方、意

図5-1 マズローの欲求5段階説

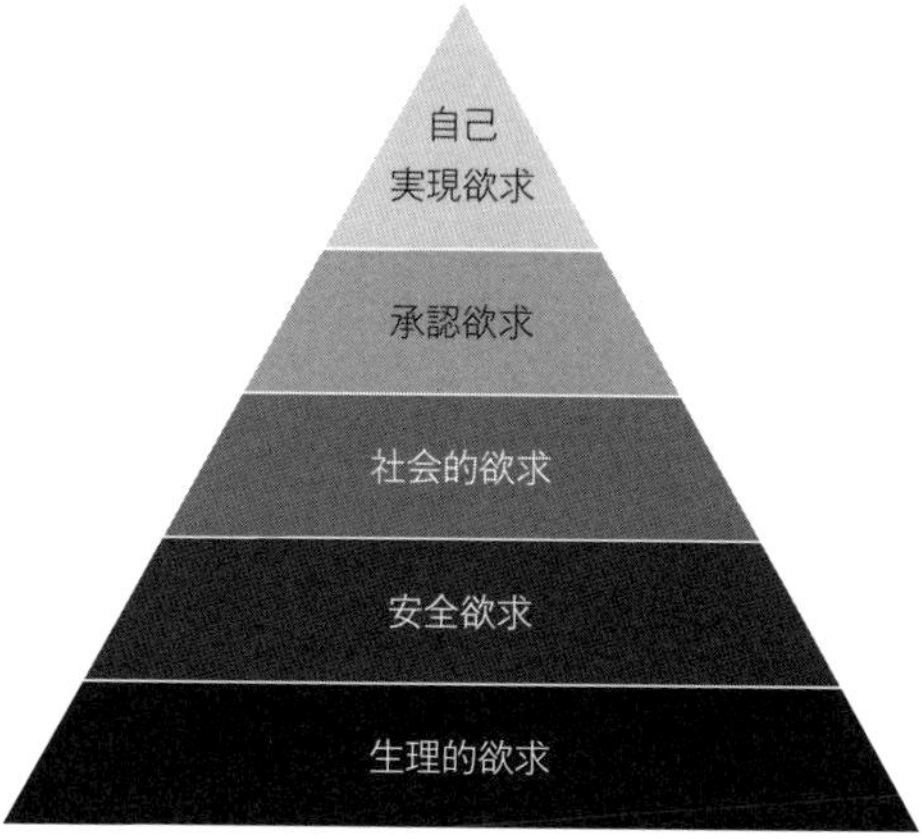

欲は自ら進んで何かをしようと思う気持ちのことであり、意欲があるから何か社会的に意義のあることを探して、見つけて、長期的にその意義のある仕事をやろうというモチベーションが湧くと考えられる。

そして、意欲のさらに深いところにあるのが欲求だ。第1章で述べたマズローの5段階の欲求の説明は、実はモチベーションの説明である（**図5-1**）。土台として生理的欲求などがあり、その上に承認欲求、自己実現欲求と階層化されており、それぞれの段階でモチベーションとなることを解説している。例えば、体が鈍って運動をしたいという生理的欲求に基づいて運動する場合がある。また、不健康という危険を回避する安全欲求によって運動をする場合もある。周りの人が運動をしているので仲間に入れてもらうために、社会的欲求から運動を始めることもあるだろう。あるいは、運動している自分を周りに承認してほしいという欲求もあるかもしれない。最後に、運動することそれ自体が楽しいという、自己実現欲求のために運動する段階もある。

さらに、モチベーションは内発的動機づけと外発的動機づけに分かれることの意味を深く理解しておくことが重要だ。これらの違いと、外発的動機づけから内発的動機づけに至るプロセスを詳細に理論化したのが、アメリカの心理学者、デシとライアンの自己決定理論(self-determination theory)である。[2] 外発的動機づけとは、いわゆるニンジンをぶら下げられて走る馬だ。報酬、名誉など外的な刺激によって行動を起こすことである。一方、内発的動機づけとは、自分が楽しいと思うから、自分にとって意義があると思うから行動を起こすことである。そして、外発的動機づけから内発的動機づけに至るまでのプロセスについて、外発的動機づけを4段階に、そして最後の内発的動機づけに移行する段階の合計5段階に分けて説明している。[3]

外発的動機づけの1つ目は外的調整、人から言われたので行動するという段階である。英語を学ぶ、という行動の動機づけを例に考えてみよう。子どもがご褒美をもらうため、褒めてもらうために、英単語を覚える、英語の本を読むという状態である。

2つ目は取り入れ的調整、羞恥心や罪悪感から行動するという段階である。例えば、みんなが英語の勉強をやっているのに自分だけやらないでいるのは恥ずかしい、だからやるという状態である。

3つ目は同一化的調整で、価値があると感じるので行動するという段階である。ここまでくると、少しは外発的動機づけではなく内発的動機づけになってくる。例えば、英検で3級に合格することには価値があると思う、だから英検の勉強を頑張るという状態である。

4つ目は統合的調整で、自分の価値と求められている価値が一致するので行動するという段階である。自分らしさのために行動すると言ってもよい。例えば、将来、英語を使った仕事をしたいので英検の勉強をするという状態である。

最後は、内発的動機づけがなされた段階で、楽しさややりがいを感じるから行動するという段階である。英語を勉強すること自体が楽しい、英語を話す人とコミュニケーションをとることで異文化交流の役に立てることが嬉しい、そのために勉強するという状態である。

この最後の3つについては、自分で決めて行動を起こすモチベーションが作動していることから、「自律的動機づけ」とも呼ばれる。内発的動機づけは、モチベーションとしての重要性は高いが、子育てを考える時にまずは3番目以降の自律的動機づけに持っていくことを考える方が現実的かもしれない。そうすれば、自然に子どもは内発的動機づけの段階に進むと考えられるからだ。

モチベーションに関しては、他にも様々な捉え方や分類があるが、不確実な時代において必要なモチベーションは、自分が本当にやりたいことを実現するという、マズローの言う自己実現欲求であり、デシとライアンが言うところの内発的動機づけと言ってよいだろう。それは、子どもの場合には、将来のなりたい職業ややりたいことなどの夢を持つことと言ってもよい。日本ではよく「将来の夢は？」や「何になりたいの？」などと子どもに聞くことが多い。実際に、学校でも将来の夢を持つことを推奨しているようである。アメリカ人の友人によると、アメリカではそのようなことはないそうだ。子どもが自分で自分の人生を決め、実現していくことは当たり前だからだろう。とはいえ、子ども自身が自分のやりたいことを見つけることは難しい。どのようにやりたいことを見つけるかについては後述する。

モチベーションの効能

では、内発的動機づけがなされた場合に、どのようなメリットがあるのかを具体的に見ていきたい。これに関する有名な研究は、アメリカの陸軍士官学校（ウェストポイント）の幹部候補生の研究である。[4] この研究は、1万人の幹部候補生について、入学時に様々なアンケート調査により内発的動機づけの度合いがどの程度か、外発的動機づけの度合いがどの程度かを算出し、十数年後に実際に士官になったかどうか、早期昇進をなしえたかどうかについて調べたものである。この研究のポイントは、内発的動機づけと外発的動機づけを同時に持っていた場合に、最終的なアウトカムにどのように作用するのかを検証した点である。

結果は大変に興味深い。内発的動機づけが高い場合、士官になる可能性が高まり、外発的動機づけについては影響がほとんどなかった。そして意外なことに、内発的動機づけが高い

図5-2 内発的動機づけ・外発的動機づけと士官になる確率の関係(文献4より)

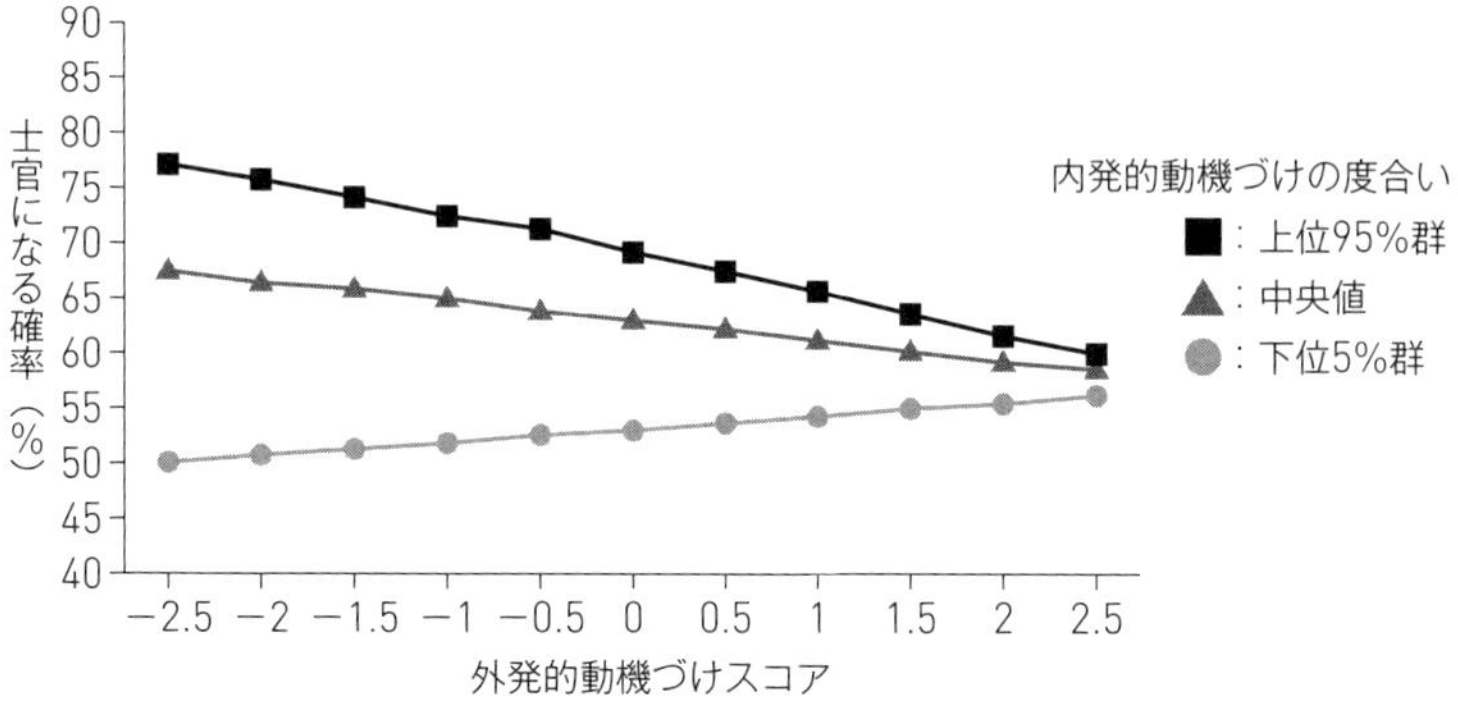

陸軍士官学校(ウェストポイント)における内発的動機づけの上位(95%)群、中央値、下位5%群における、外発的動機づけと士官になる確率との関係。内発的動機づけが高い群ほど外発的動機づけは士官になる確率を下げる。一方、内発的動機づけが低い場合には外発的動機づけが効果的である。

場合に外発的動機づけが与えられると、士官になる可能性が下がってしまうのだ。つまり、内発的動機づけがある場合には外発的動機づけが悪影響をもたらすのである。これは、アンダーマイニング効果とも呼ばれる。

図5-2は、横軸を外発的動機づけの度合い、縦軸を士官になる可能性として、それらの関連性を示している。一番上のグラフからは、内発的動機づけを高いレベルで持っている(上位5%以上)場合に、外発的動機づけの度合いが高まるほど士官になる確率が下がるのがわかる。一方で、一番下のグラフが示しているように、内発的動機づけが低い場合(下位5%)には、外発的動機づけが高い方が士官になる可能性は高まる。それでも、絶対値で見た場合には、内発的動

機づけが高い群には及ばない。

この研究は、内発的動機づけを持った人の強さがデータで確認されたとも言えよう。それ以上に、内発的な動機づけは、外発的な動機づけである金銭や名誉といった目的を示されることによって、いわば「汚されて」しまう効果があることも、子育てをする際には知っておく必要があるだろう。

では、日本の子どもではどうなのだろうか。実際に、将来の夢を持っていると、例えば成績がよくなるといった効果があるのだろうか。このような疑問を持った、私の研究室に出入りする医学生とともに行った研究がある。[5] 高知県の中学2年生を対象に行った調査で、約3人に2人が将来の夢を持っていた。そして、将来の夢を持っているかどうかについて、家庭環境などの状況による影響を統計的に排除し、将来の夢を持っていることと成績、うつ症状やメンタルヘルスとの関連を調べたところ、将来の夢を持っている子どもの方が成績がよく、自宅での学習時間が長く、より多く本を読み、ゲームをする時間が短く、レジリエンスも高いことがわかった。この研究は横断研究であるために、どちらが原因でどちらが結果かわからない点に注意しなければならない。成績がよいから、将来の夢を持てるのかもしれない。そのような限界はあるものの、日本で長く語られてきた将来の夢を持たせることの意義はある可能性が高い。また、将来の夢があるかないかで、動画などの視聴時間には差がなかった。この点も興味深い。自分の夢のために動画などを活用している可能性もあり、一概に動画を見てはいけないとは言えないようである。

モチベーションのバイオロジー

モチベーションをどのように高めることができるかを考える前に、動機づけの生物学的なメカニズムを確認しておこう。まず重要なのは、脳内のドーパミンである。食べたい、遊びたい、やり遂げたい、と考えている時に脳の中を駆け巡る物質である。そして、興味深いことに、意欲的な「頑張り屋さん」は、線条体と内側前頭前皮質におけるドーパミンの放出量が多く、報酬のために頑張る意欲の低い「怠け者」は、感情やリスク認知に役割を果たす別の脳領域、島皮質でドーパミンの量が多かったのである。[6] ただし、この研究で課された課題は金銭報酬のタスクであった。つまり、外発的な動機づけであったことには注意が必要である。どのような課題にモチベーションを発揮するかには個人差があり、好みの課題かどうかによって脳のシステムの違いがあることを示唆している、と考えるべきだろう。

では、内発的動機づけによる行動変容をもたらすと考えられる好奇心はどうだろうか。イギリスで行われたある研究では、コロナ禍前の時点における好奇心と好奇心に関連する中脳辺縁系のドーパミン回路の脳活動を測定したｆＭＲＩ（機能的磁気共鳴画像法）のデータと、コロナ禍後にどの程度コロナについて情報を求めているかとの関連を調べた。その結果、「好奇心がある」人は、確かにコロナに関する情報を調べており、その行動は中脳辺縁系の活動と関連を示していた。[7] 子どもに自分の好奇心を存分に発揮させて遊ばせることがこのような神経ネットワークを構築しているのだと考えれば、子どもの好奇心に応じて遊ばせることが大事であることがわかる。子どもの頃に大いに好奇心を伸ばしていくことが、モチベーションを育む第一歩と言えるだろう。

また、脳は将来を予測し、実際の結果が予測したものと異なる場合に微修正を繰り返しているという視点から考えると、将来の自分が予測通りであってほしいということでモチベーションが湧いてくる、と考えることもできる。しかし、すべてが予測通りではつまらなくなってしまう。予測通りでなかった場合には、いかに修正して新たな方法を見つけるかに面白さを感じて乗り越えていくというモチベーションを湧かせる必要がある。これはレジリエンスにも通じるが、そのためにも大きな目標を持つことが、常にモチベーションを保ち続けるためには必要だろう。

モチベーションを高める方法

では、どのようにすれば内発的動機づけという意味でのモチベーションを高めることができるだろうか。デシとライアンは、外発的動機づけから内発的動機づけへの段階を進めるために重要な3つの欲求として、自律性、有能感、関係性が満たされることを挙げている(2)。自律性とは、自分のことは自分で決めたい、という欲求が満たされることである。つまり、自分のことは自分で決めているという感覚を持っているということだ。有能感とは、自分は何らかのスキルを持っていて、社会に役立つ何かをすることができると思いたい、という欲求である。これは自己肯定感とも深く関連するが、自己肯定できる気持ち、自分が存在してもよいのだという気持ちだけではなく、何か社会においてプラスの価値を生むことができる自分であるという感覚である。関係性は、他者とのポジティブな関係性、尊重し合う関係性、精神的なつながりを持ちたい、という欲求である。持続的幸福においても関係性は重要とされているが、人間がいかに社会的な、他者を必要とする生き物であるかを示しているとも言える。実際に、ライアンのグループが行ったアメリカの研究で、子どもの頃の母親の関わりが統制的で冷たいものであった場合には外発的動機づけが高く、逆に温かみのある、自律性を支援する関わりであった場合には内発的動機づけが高まっていることが報告されている。(8)

TEDトークでデシは言う。「誰かのモチベーションを高めようと考えてはいけない。その人が自分で決められるようにサポートしてあげることを考えなくてはいけない」と。そもそも、子どものモチベーションを高めることなどできないのだ。親にできることは、子どもが自分で決められるようにサポートしてあげることであり、どのようにサポートするのがよいのかを考えるべきだ、という指摘は重要である。

利他的な動機づけ

デシとライアンが挙げたこの有能感、関係性についてもう一段深く考えてみると、誰かのために役に立っている自分でありたいという目的感がそこにはあると考えられる。これは利他的動機づけとも言えるし、利他的である自分を望んでいる、あるいはそのような承認を求めているという点では、利己的な動機でもある。この「何のため」と考えることが、モチベーションを高めるための隠されたポイント、秘訣であると思われる。

これは、持続的幸福で述べた「意味づけ」にも通じる。自分にとって意味がない、あるいは意味が見出せないことは、やりたいと思わない。一方で、意味があることはわかっていても、感情がついていかないということもあるだろう。そのような場合に感情をも刺激するのが、実は共感に基づく「利他性」ではないだろうか。サイエンス誌に掲載された研究で、痛みを受けた人の写真を見せて共感性を刺激すると、利他的な動機づけが活性化されることが報告されている。(9) この研究の主眼は、「お互い様」の互恵性と共感による利他的動機づけの脳内システムの違いを検証しようというものだったのだが、結果としては、それらの違いはあるもののそれほど大きくはなく、むしろ、利己的な人ほど共感の刺激によって利他性が示されるということが明らかになった点は興味深い。

思春期の子どもからよく、「何をやっていいかわからない」「モチベーションが湧かない」という話を聞く。一方で、誰しも利己性は持っている。アタッチメントが形成されていることが前提だが、自分にとって興味があることを思いっきり、心の赴くままに追求して、まずは利己的な自分を活性化させることが大事なのかもしれない。その上で、共感するような刺激に曝露されることが必要だ。不確実なこの時代のよい点は、共感すべき事例に満ちあふれていることだ。コロナ禍での孤立、格差社会、子どもの貧困、差別される外国人労働者、ウクライナ危機など、国内外にその事例は枚挙に暇がない。それを実際に自分の目で見て、聞いて、感じて、五感を使って脳にインプットしていくのだ。それも、できれば10代までにそのような刺激があった方がよいだろう。14歳頃から大きく脳が再形成される時期において共感する刺激が入り、「何のため」という意味づけが明確になった、地に足の着いたモチベーションを持つことが重要だ。

例えば、アグネス・チャンである。「歌を通じて平和を」というモチベーションで、アイドルをやりながらユニセフ大使（1998年に日本ユニセフ協会大使に就任、その後2016年にはユニセフ・アジア親善大使に就任）として活動、スタンフォード大学で教育学博士号を取得、さらに3人の子どもを育て上げ、全員スタンフォード大学に合格させている。子どもを海外の著名な大学に合格させたことが重要だと言いたいのではない。大事なのは、親として自分自身が高いモチベーションを持っていたという点である。それが子どもたちにとってロールモデルになっていたと考えられる。

ライバルの存在でモチベーションは高まるか

関係性によってモチベーションを高めると思われるもう1つが、ライバルの存在だ。ライバルの存在は、内発的動機づけを刺激する外発的動機づけとして捉えられるべきだろう。ライバルに勝つこと、それ自体が目的なのではないからだ。大いなる目的を達成するために、疲れた心と体を奮い立たせる〝カンフル剤〟として使われるべきであり、そうでなければ、相手を尊重しお互いに高め合うことにならない。

こうした、ライバルがいることで生産性が上がることは、「赤の女王効果」といわれている[10]。これは、進化論において、生き残るためには進化し続けなければならないことの比喩として用いられているもので、『鏡の国のアリス』に登場する赤の女王が「その場にとどまるためには、全力で走り続けなければならない(It takes all the running you can do, to keep in the same place.)」と言ったことから、この名前が付けられている。ライバルがいる競争社会において、生き残るためには頑張らないといけない、だから頑張れるし、生き残れるというわけである。実際に、アメリカの11の産業における4700もの企業の行動を分析した結果、ライバルの存在によってパフォーマンスが向上していることを示した研究がある[11]。さらに、ライバルも同時にパフォーマンスを向上させており、競争が激化していくことは、まさに進化論が実践されていると言ってよいだろう。自分自身の成長を目的とする場合には、ライバルの存在がモチベーションを高める手段として有効であると言える。

何に対してモチベーションを持つか：自分らしさとは、使命とは何か

このように考えてくると、モチベーションを高めるためには、自分は何に興味があるのか、何を面白いと思うのか、何をしたいと思っているのかを発見していく必要がある。そし

て、そのモチベーションを持続的に保つためには、自分の特性を考えた上で、自分にしかできないことは何か、自分が生まれてきた意味や使命とは何かを見つけていくことが必要なのだろう。ただ、それが見つからなければモチベーションを湧かせることはできないということではない。行動しながら、考えながら、他者と対話しながら、自分らしさを活かしつつ、自分のやりたいことを見出していくのだろうし、それは固定的ではなく、年齢とともに変わっていくものだろう。

自分らしさにも様々な軸がある。リーダータイプもいれば、サポートをするのが得意なタイプの子どももいる。運動が得意な子どももいれば、算数が得意な子ども、ゲームが得意な子ども、笑わせるのが得意な子どももいる。ゆっくり慎重な子もいれば、行動の早い子もいる。これらの50%程度は遺伝子で決まっていることなども踏まえると、ある程度は子どものうちから把握できるかもしれない。ポイントは、子どもが没頭しているのはどんな種類の取り組みをしている時か、親が見逃さないように見守ることかもしれない。

世の中から提示される「正しいこと」「やっておくべきこと」が不確実な時代において、最後に頼れるのは自分の関心であり、「何のために生きるのか」という目的意識であろう。そのモチベーションをいかに育てるかは、セルフコントロールとの両輪として、今まで以上に重要視されるべきだろう。

第6章

共感力
――多様な人々がいることを理解し、思いやる力

共感力とは何か

共感力とは、エンパシー（empathy）の訳で、他者の気持ちを想像して同じように理解し、感じることである。『共感の時代へ』を著した動物行動学者のフランス・ドゥ・ヴァールは、共感について「他者についての情報を集めるプロセス」と述べている。言い換えれば、他者に関心を持ち、その表情、姿勢、仕草などからどんな気持ちであるかを想像し、同じように感じることである。英語では「to put yourself in someone's shoes」という言葉で説明されるように、「他者の靴を履く」ことでその人の気持ちになることである。

共感力、エンパシーを理解するには、同情、思いやりなどを意味するシンパシー（sympathy）との違いで考えるとよいだろう。先述のフランス・ドゥ・ヴァールによれば、シンパシーは「他者に対する気遣いと、他者の境遇を改善したいという願望を反映」しているという。他者の不遇な状況に対して感情が湧き、それを何とか緩和しようと行動をとることである。例えば、寒い冬に路上で生活する人たちがいる。そうした方々に対して「かわいそうだな、何とかしてあげたい」と思って炊き出しをする。これはシンパシーである。一方、どのようにして路上で生活するに至ったのか、氷点下の朝を段ボール1枚でしのぐということを想像し、その痛みやつらさ、絶望感、あるいはその中にも感じるであろう自由さ、などに思いを馳せる。これがエンパシーである。つまり、シンパシーは「自分の目線で」感情を抱き、行動する。それに対して共感力は「その人の目線で」状況を理解し、その場にいる。そんなイメージだろう。

また、共感には認知的共感と情動的共感があり、これらを区別して検討することが重要とされている。認知的共感は、他者の考えや感情を想像するスキルのことである。情動的共感は、他者と同じ気持ちになることである。実際には認知的共感と情動的共感を切り離すことは難しいが、例えば泣いている赤ちゃんを見て「おなかが空いて泣いているんだろうな」あるいは「寂しくて抱っこしてほしいと思っているのかな」と想像することは、認知的共感である。一方、泣いている赤ちゃんの気持ちに入り込んで、「見上げれば天井しかなく、起きたら1人ぼっちで、しかも空腹で、そんな状態に置かれたら泣くしかないよね、わかるわかる」と感じて、一緒に泣くことが情動的共感である。イェール大学の心理学者、ポール・ブルームは、認知的共感の方が重要であること、情動的共感が高過ぎることで判断を誤ることもあることを指摘している(1)。

これまでの子育てにおいて、「思いやりのある子に育ってほしい」といった願望を持って子どもに関わってきた親は多い。その「思いやり」とは、実は共感力、特に認知的共感力を指していたと言える。人間は社会の中で生きていかなければならないことは繰り返し述べた。その社会とは要するに他人がたくさんいる状況であり、他人とうまくやっていくスキルを子どもの頃に身につけてほしいという思いだろう。思いやりのある人間は周りから好かれるので、社会でうまくやっていけるからだ。しかし、不確実な時代においては、「思いやり」という言葉の意味をより明確に考えていかなければならない。多様性が増すこれからの時代においては、自分目線だけで他者を理解しようとすることには限界がある。「他人目線を持つ」という意味での共感力が必要だ。そして、シンパシーと対比しながらエンパシーの重要性が強調されがちだが、シンパシーの要素である「他者を思う感情に突き動かされた行動力」が不要なわけではない。他人目線で、その人にとって必要な行動を起こすことが重要なのだ。その意味で、シンパシーを否定するものではないし、共感力は他人目線を持つスタート地点という意味で、幼少期に育んでおく必要があると考えられる。

なぜ共感力か

不確実な時代において社会が求めるものは、様々な状況に対応できる多様性である。そして実際に、誰でも情報発信できる時代において、私たちは人類の多様性を目の当たりにし、多様性を尊重すべきことに気づいた。これまで、マズローの承認欲求、自己実現欲求など述べてきたが、それは自分だけが求めているわけではない。他の誰かも、ありのままの自分を承認されたいと思っているということだ。そのような他者がいることを理解し、受け入れられる人間がこれからの時代においては求められるし、生存競争の厳しい社会の中で、社会的に生き残っていくだろう。

共感力の必要性については、共感力がない場合にいかに不平等な社会になるかを説明することで理解できるだろう。アメリカでは、上位1％の所得者が国民所得全体の20％の所得を有している。そして、下位50％以下、つまり半数以下の人の所得の合計は、アメリカの国民所得全体の12％という割合である。しかも、上位1％の所得者は税金を極力払わなくて済むように、海外に会社の所在地の登録を変更するなど工夫している。(2) つまり、貧困層の少ない給与にかけられた税金でアメリカは成り立っていると言える。このような状況に対して、上位1％のスーパーリッチたちは何とも思わない。むしろ、よりよい租税回避の方法はないかを考える。なぜだろうか。まさに、その理由は共感性の欠如である。貧困層を少しはかわいそうだと思っているかもしれない。しかし、それは行動のともなわないシンパシーだ。貧困層にしっかりと共感していれば、その状況に自分の身を置くことができる。貧困層は、なけなしの給与をやりくりして税金を払っている。貧困層が置かれたこのような状況への共感力を持ち合わせたトップ1％が生み出される社会にしていかなければ、社会階層の固定化、勝ち組と負け組が生まれながらに決まる格差社会となってしまう。さらに、不確実な時代で流動性が高いからこそ、浮き沈みが激しいからこそ、明日は我が身という発想で他者を思いやれる共感力の高い人材を輩出していかなければならないのではないだろうか。

共感力で他者とつながることは、不確実な時代において実際に役に立つ。アメリカのテキサスで行われたある研究では、コロナ禍において、一般の人に対して1時間、共感的に傾聴するトレーニングを実施した。そして、高齢者を中心とした困窮者に食事を届けるNGO（非政府組織）に登録している240人を無作為に2群に分け、傾聴のトレーニングを受けた人からの電話を受ける群と受けない群で、孤独感や抑うつ感、不安の変化を検証したところ、電話を受けた群では4週間後のメンタルヘルスの改善が見られたという。[3] 困難な状況の時こそ、自分のことをわかってくれている誰かが求められると言える結果である。共感力を育むことで、不確実な時代に活躍できる人材になれる可能性は高い。

では、共感力を持つことで、本人にはメリットはないのだろうか。アメリカのペンシルバニア州にあるトマス・ジェファーソン医科大学で行われた研究では、臨床実習を行っている医学部3年生の共感力と臨床実習における成績を測定したところ、共感力が高い場合に成績がよかったと報告している。[4] これは、医師は人間が相手の仕事であり、共感力がある方が勉強のモチベーションが湧くからかもしれない。つまり、共感力がある方が患者の気持ちを推し量った上で診療を実施するので、臨床のスキルが高いと考えられる。しかし、医師国家試験に用いられるUSMLE（United States Medical Licensing Examination）の点数との相関関係はまったくなかった（相関係数でマイナス0・06〜0・01）。したがって、共感力が発揮されるのは具体的な他者がいる状況に限定されるのだろう。

共感力などを育んで他者に配慮していては、自分の勉強がままならないのではないか、と考える人もいるかもしれない。しかし、モチベーションの章でも論じたように、不確実な時代においては、単なる勉強は役に立たない。「何のため」という社会性、他者性が必要であり、共感力はその目的を考える上での第一歩だ。また、共感力があることで勉強に支障があるということもなさそうだ。先に紹介した研究において、共感力が医師国家試験のスコアとまったく関連がなかったということは、負の影響もなかったということである。つまり、共感力は知力とはまた別のスキルということができるだろう。その上で、共感力は社会の中で生きていく、しかも不確実な社会の中で生きていく子どもたちには必要なスキルと考えていいだろう。

思いやりのある子どもは幸せになるか

共感力が行動として表れたものと考えられる「向社会性」、つまり思いやりのある行動をとる子どもは、その後幸福を感じているのだろうか。思いやりを持つように育てられた子どもは周りから好かれるので友達も多く、また誰かに何かをしてあげることで逆に友達からも助けてもらうことがあり、互恵性を享受できるので、回り回って自分の利益になっている可能性がある。それによって、少なくとも幸福度が高い可能性がある。

A-CHILD研究では、小学1年生時点での向社会性について、「子どもの強さと困難さ尺度（Strength and Difficulty Questionnaire：SDQ）」を用いて、親が子どもの向社会性を評価している。この評価をもとに、「標準」「境界域（やや低い）」「臨床域（低い）」の3群に分けられる。そして、その子どもたちが小学6年生になった時点での幸福度を、今度は子ども自身に聞いて評価した。これは「あなたは、自分が幸せだと思いますか。」という問いに対して、0点から10点の11段階で当てはまる数字を選んでもらうものである。子どもの幸福度については、子ども自身が回答することの正確性などについての議論があるところだが、小学6年生の幸福度の評価は一定程度の信頼性はあると考えられる。そして、小学1年生の時点での向社会性を「標準」「やや低い」「低い」の3群に分け、小学6年生時点の幸福度を比較した。

その結果、小学1年生時点の向社会性が低い群では、小学6年生時点の幸福度が低かった（7・6点）。「標準」「やや低い」の2群は統計的に違いのない幸福度であった（それぞれ8・0点、7・9点）。これは子どもの月齢、性別、両親の学歴、年収、未就学期の施設（保育園か幼稚園か）の違い、婚姻状況、親の幸福度、親のメンタルヘルス、地域のソーシャルキャピタルの影響を除外しても、その関係は観察された。この結果から、未就学期に共感力、思いやりが低い場合は、その子どもの将来の幸福度を下げる可能性があることを示している。逆に、共感力が高ければ高いほどより幸福かというと、標準とやや低い群に違いがないことから、そうでもなさそうだ。つまり、思いやりがある程度あれば、それなりに幸せな子ども時代を過ごせるということだ。一方、共感力が低く思いやりがないと、周りも助けてくれず、友達の数も少なく、楽しく過ごすことは難しいかもしれない。

ここでも、人間は社会的な動物であるという原点に戻ると理解しやすい。共感力、思いやりに見られる向社会性は、他者のためでありながら自分の幸せのためなのである。それはなぜか。子どもの社会の中でも、すでに互恵性、「お互い様」で助け合って生き延びていく行動規範があるからだろう。ましてや不確実な時代、何が起こるかわからない時代である。自分では対処できない状況に遭遇した場合には多様な情報を得ることが必要であるから、話を

料金受取人払郵便

本郷局承認

6460

差出有効期間
2025年12月31日
まで

郵便はがき

113-8790

東京都文京区湯島2-1-1
大修館書店 営業部 行

■ご住所

都道府県	市区郡

■年齢

歳

■性別

男 女

■ご職業（数字に○を付けてください）

1 会社員　2 公務員　3 自営業
4 小学校教員　5 中学校教員　6 高校教員　7 大学教員
8 その他の教員（　　　　）
9 小学生・中学生　10 高校生　11 大学生　12 大学院生
13 その他（　　　　）

26984　子育てのエビデンス

愛読者カード

＊ 本書をお買い上げいただきまして誠にありがとうございました。

(1) 本書をお求めになった動機は何ですか?

① 書店で見て（店名：　　　　　　　　　　　　　　　　　　　）

② 新聞広告を見て（紙名：　　　　　　　　　　　　　　　　　）

③ 雑誌広告を見て（誌名：　　　　　　　　　　　　　　　　　）

④ 雑誌･新聞の記事を見て　　⑤ 知人にすすめられて

⑥ その他（　　　　　　　　　　　　　　　　　　　　　　　　）

(2) 本書をお読みになった感想をお書きください。

[　　　　　　　　　　　　　　　　　　　　　　　　　　　　　]

(3) 当社にご要望などがありましたらご自由にお書きください。

[　　　　　　　　　　　　　　　　　　　　　　　　　　　　　]

◎ ご記入いただいた感想等は、匿名で書籍のPR等に使用させていただくことがございます。

することのできる友達の数は多い方がいいだろうし、とりわけ頼れる友達が必要だ。

共感力の負の側面

しかしながら、共感力には負の側面もある。前述のようにイェール大学の心理学教授であるポール・ブルームの『反共感論』によれば、感情的に他者の気持ちになってしまうと、冷静な判断を誤るという[1]。例えば、HPVワクチンの副反応に関する報道を想像するとよいだろう。重篤な副反応で足をガクガクさせる動画がニュースで流れ、その苦しみを訴える女性のインタビューを聞くと、やるせなくなるし、HPVワクチンを推奨すべきではないのではないかと思ってしまう。しかし、冷静に考えれば、世界中でそのような副反応はほとんど報告されておらず、また子宮頸がんで苦しみ凄惨な最後を迎えた女性の姿や声を知らないため、判断を誤ってしまうのだ。

とはいえ、これは共感力の問題ではなく、視野の広さ、視点の多様性の問題でもある。いろいろな他者がいることを前提とした共感力が必要だということだろう。先の例であれば、HPVワクチンの副反応で苦しむと訴える人もいれば、子宮頸がんで苦しむ人もいる、という複合的な視点を持つことができれば、冷静な判断を誤ることはない。感情的な、直感的な共感の危険性を指摘していると考えるべきである。

また、共感力を悪用することで対立を煽ることもできる。アメリカのドナルド・トランプ元大統領の手法がわかりやすい。白人の労働者は一生懸命働いても報われない。なぜなら移民が来るからだ。だから国境に壁を作るのだ。このように言われると、苦労している白人への共感から思わず支持してしまう。このような共感力の悪用に対抗するには、感情的な、直感的な共感へのアプローチをされていることに対して、しっかりと脳の2階部分、大脳皮質を働かせてブレーキをかけるべきだろう。セルフコントロールできることが、こうした共感力の悪用への対抗には必要だと考えられる。

さらに、ニーチェは、共感力がある、客観的に他者を観察できる人は「中身のない人間」であると喝破したという。(5) つまり、他者に共感する、自分の靴を脱いで他者の靴を履いていると、自分を失ってしまう、ということである。これは、他者と自分の境界線を設けることができることが共感力を発揮する前提であり、アイデンティティを確立していくことと共感力はセットで考えなければならないことを示唆している。アイデンティティとは、究極的には自分が自分であることとの認識であるため、アタッチメントという大地の上に立脚した自分をいかに確立するかという問題であり、自己の確立には自己決定による自律的なモチベーションでトライ・アンド・エラーの経験を積み重ねることが重要となる。

また、先ほども述べたが、共感力は高ければ高いほどよいというものでもない。共感力が高過ぎると疲れてしまう。自分の中にどんどん他人が入ってくるからだ。しかも、共感力が高い人の多くは他人の中でもつらい状況にある人に共感してしまうため、同じつらさを追体験するためにとてもしんどい。私は、東日本大震災から1年後に、福島県のある保育園を訪問した時に、放射線の見えない恐怖と毎日闘いながら、それでも「自分たちはまだいい方なので」と暗い顔で業務を続ける保育士さんや、子どもが放射線被曝を恐れて常にマスクを着けていて、徒競走を走って呼吸困難になった事例などの話を3時間ぐらい聞かせていただいた経験があるが、本当にこれは1日が限界だと思った。自分の共感力が特に高いわけではなく、共感せざるを得ない状況に触れることができたために得られた経験であり、すべての状況に当てはまるとは言えないが、共感力は本人のメンタルヘルスを害する可能性もあることには注意しておく必要がある。

共感力を高めるには

では、子どもの共感力を高めるにはどうすればよいのだろうか。どのような関わりをすることで、子どもの共感力をアップすることができるのだろうか。そもそも、人間の脳にはミラーニューロンが存在し、相手の行動を鏡のように写し取り、あたかも自分が行動しているかのように脳の中で「感じる」ことができることがわかっている。これは、他者の行動を理解できない場合には人間は生きていけないことの証でもあるだろう。しかし、サイコパスなど、ミラーニューロンの活動が低い人がいることも知られている。共感力にも遺伝的な個人差があるということは知っておいてよいかもしれない。

それでも、共感力はスキルなので、子どもの頃の関わりや遊び方によって高めることができる。実は、子どもは遊びの中で日常的に共感力を高めている。ごっこ遊びだ。子どもがお母さんやお父さんになったり、きょうだいの誰かになったり、友達の誰かになったり、ヒーローになったり、怪獣になったり、そのように「自分とは違う誰か」になることで、自分以外の人間の思考パターンを想像する訓練になる。その最たる例が演劇だろう。保育園や幼稚園、小学校などでも劇をするが、自分とは違う誰かを演じることによって、他人が特定の状況でどのように感じ、言葉を発し、振る舞うのかを自然に経験することができる。

データで見た場合はどうだろうか。ここでは、A－CHILD研究において2015年、2017年、2019年、2021年に実施したそれぞれの年の小学1年生のデータを統合した約1万6000人のデータで見ていくことにする。ここでは、共感力は向社会性で表されると考えることにする。共感力があっても行動がともなわない場合は、向社会性としては見られないかもしれない。とはいえ、向社会性として表れている行動は、共感力による思いやりの行動と見なしてよいだろう。

まずは、小学1年生の向社会性が、どのような親の関わりと関連しているのかを見てみたい。もちろん、子どもの向社会性が高いために親がより積極的に関わるということもあるだろうし、親の状態が子どもの向社会性を誘発している可能性もあるだろう。例えば、親のメンタルヘルスが悪いために、子どもが親を不憫に思って向社会性が高まるという可能性もある。ここでは、両方の向き、つまり親の関わり→子どもの向社会性と、子どもの向社会性→親の関わりの2つの方向性があることを踏まえた上で、これらの関係性を見てみよう。

図6-1　他人への挨拶と向社会性との関係

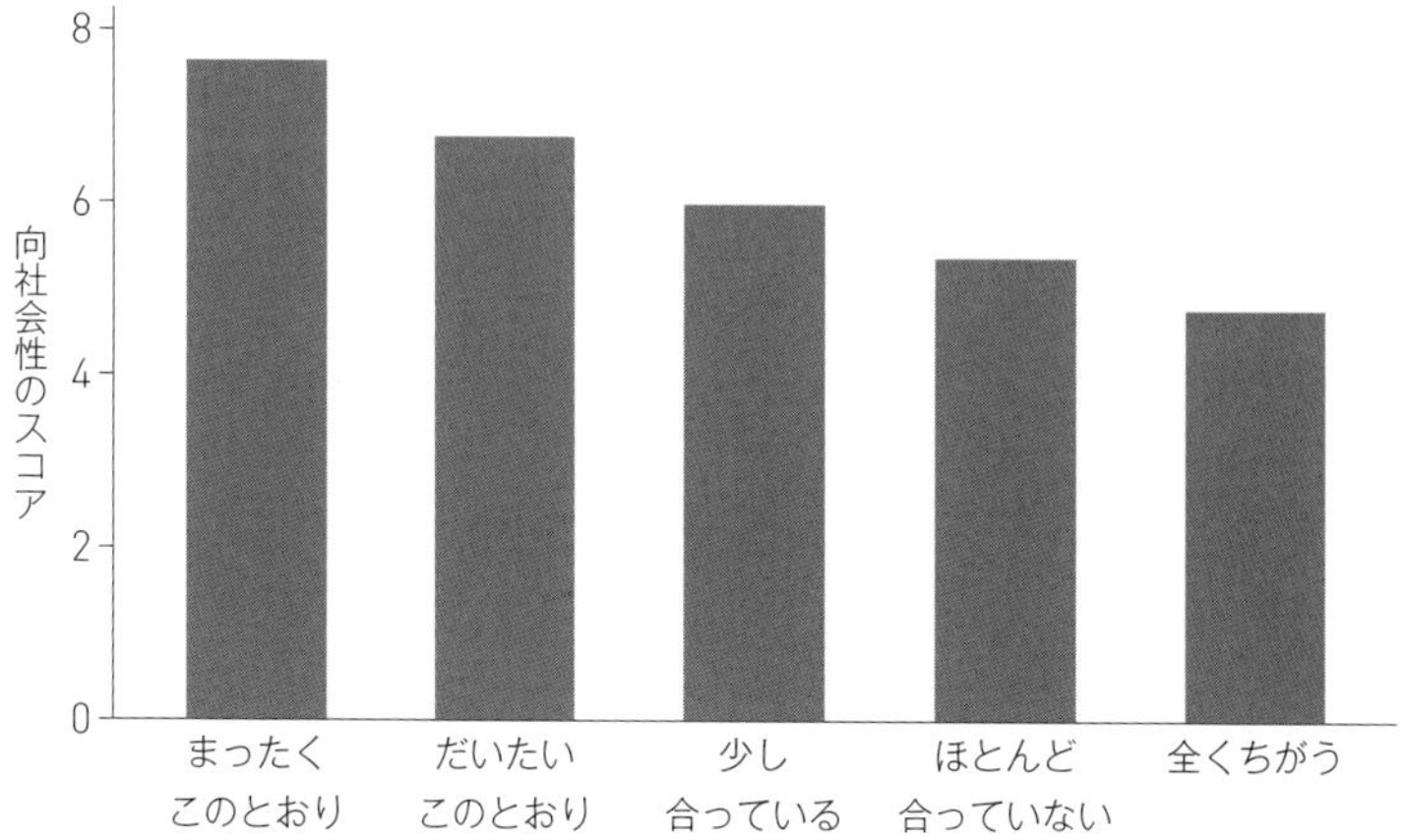

挨拶をきちんとしている子どもほど向社会性が高い。

結果としてわかったことは、子どもの向社会性のために最も重要な親の関わりは「他人に挨拶をさせること」であった。「他人にきちんと挨拶をすることができる」について、「まったくこのとおり」「だいたいこのとおり」「少し合っている」「ほとんど合っていない」「全くちがう」の5件法で聞いたところ、挨拶がきちんとできる子どもほど向社会性が高いことがわかった（**図6-1**）。これを量反応関係という。量反応関係がある時には、因果関係を示唆する。他人に挨拶をすることでその人も自分に挨拶を返すであろうし、それによって他者というものの認識が広がるからであろう。共感力といっても、まずは他者を認識することから始まるということを示唆しているのかもしれない。この他者の認識がリアルでなければいけないのか、オンラインの画面やメタバース（仮想空間）上であってもよいのかなどについては、今後の研究が待たれる。挨拶以外に関連があったのは「一緒に料理をする」で、月に1回でも一緒に料理をしていれば向社会性を高め、やればやるほど高い値になっていた。「子どもと学校の話をする」「ニュースの話をする」についても量反応関係が見られた。これらは、親自身の向社会性を子どもに見せる機会として作用している可能性が高い。遺伝の影響もあるが、その遺伝子を活性化させるためにも実際に親自身が他者に興味を持ち、共感力を発揮する必要があるのだろう。

一方で、親が「叱る」ことは、子どもの向社会性にとっては逆効果であることがわかった。親が子どもを叱れば叱るほど、子どもの思いやりは育たないことが示唆されたのである（**図6-2**）。この関係は、親がよく叱る場合には、子どものアタッチメントが形成されていないために向社会性が育っていない可能性が高い。つまり、自分の安全基地も確立されていないのに、他者の気持ちになることなどできないということだろう。では、アタッチメントが形成されていれば、「叱る」ことで子どもの向社会性を育む可能性はあるのだろうか。いわゆる「本気で怒ってくれる」親の気持ちは、子どもに伝わるのだろうか。そのような事例は散見されるが、データで実証するのは困難であり、今後の研究を待ちたい。

子どもの習慣として重要であったのは、「読書」である。小学1年生時点の読書の冊数が多いほど、向社会性は高い傾向にあった（**図6-3**）。これは、未就学期においても、読書によって様々な登場人物に触れることで共感力、向社会性が育まれているということが実証さ

図6-2　大声で叱る頻度と向社会性との関係

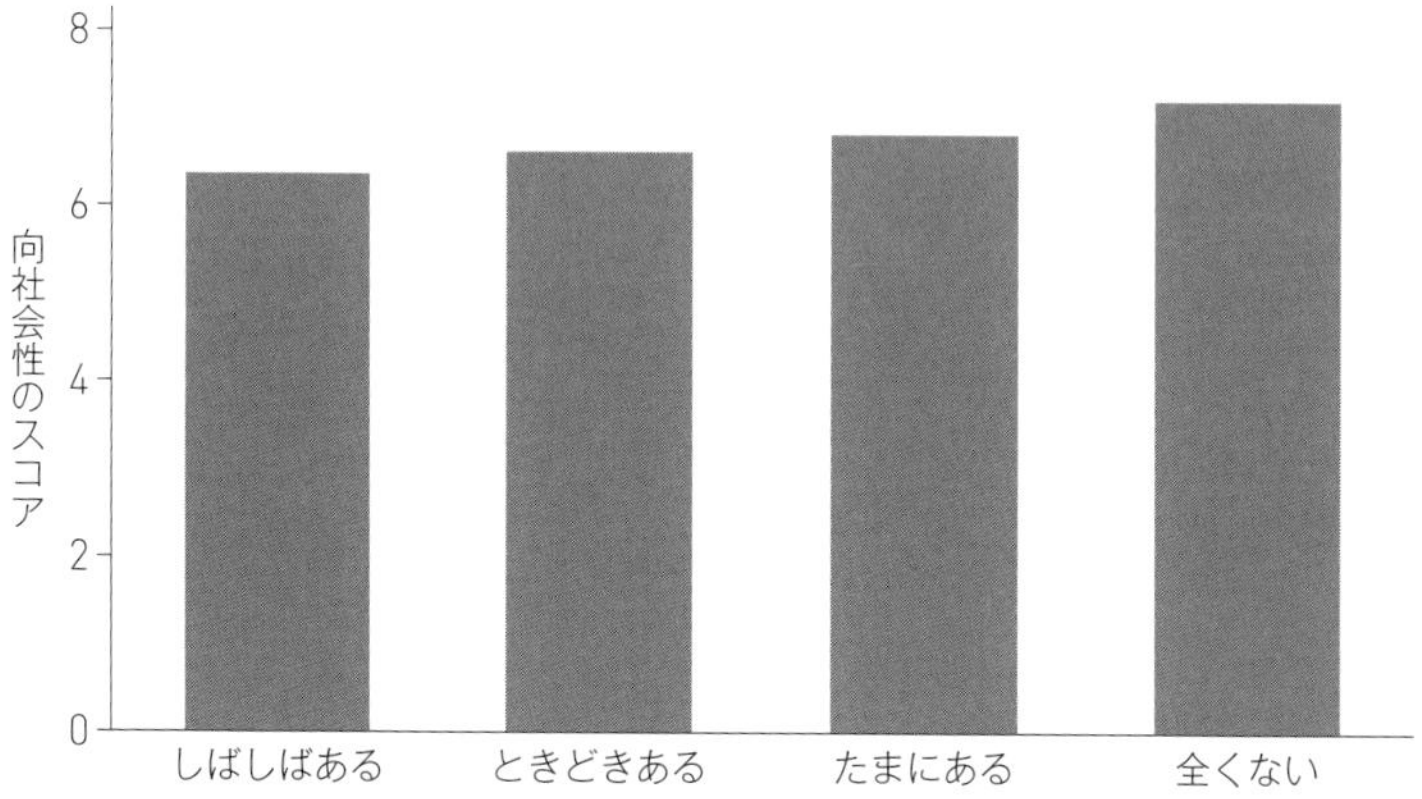

大声で叱る頻度が高いほど向社会性が低い。

図6-3　読書の量と向社会性との関係

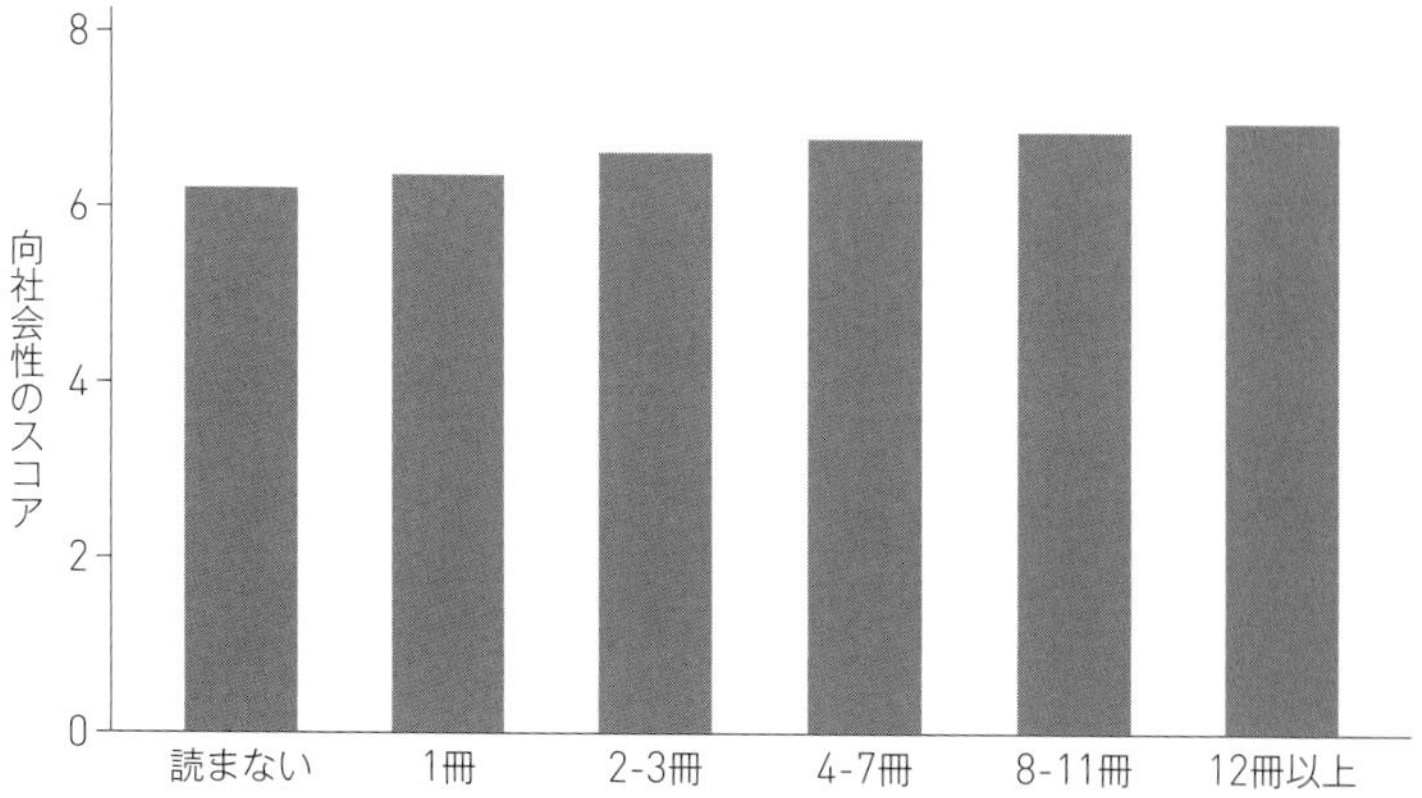

月に読む本（マンガ・雑誌を除く）の数が多いほど、向社会性が高い。

れたと考えてよいだろう。一方、「テレビや動画の視聴時間」については、まったく関連がなかった。ドラマや映画に限った視聴時間ではないので一概には言えないが、少なくともテレビや動画の視聴時間が長いことで向社会性が高まるとは言えず、テレビや動画の視聴時間が短いことで向社会性が高まるとも言えない結果であった。ちなみに、親と一緒にテレビを毎日見ている場合には、向社会性が高い傾向にあった。親と一緒に見ている場合には、視聴している内容などについて話し合ったりすることで共感力が高められる可能性はある。また、内容的なチェックもなされるだろう。やはり、どのような内容のテレビや動画を見るか、どう見るか、ということが重要なのかもしれない。

さらに、子どもが「運動」している場合に向社会性が高かった。運動によりうつ傾向などのメンタルヘルスが改善されるとする報告は多いが、向社会性にも影響するという点は重要である。特に、子どもの運動は鬼ごっこやかくれんぼ、ドッジボールなど集団の遊びが多い。仮に水泳など個人競技だとしても1人で泳ぐということはなく、集団の中で指導されることが多いだろう。その時に、仲間を信頼し大事にすること、あるいは敵（相手）が何を考えるだろうかと想像することなどを通じて共感力が育まれ、向社会性につながると思われる。

次に、小学6年生時点の向社会性が、小学2年生時点のどのような親の関わりによって決まるのかを検証してみた。ここでも、持って生まれた特性や未就学期までの親の関わりなどによる向社会性への影響を排除するために、小学1年生時点の向社会性の影響を統計的に除外して検討した。小学1年生時点の向社会性の影響を除いているため、小学校以降の環境要因の影響だけを見ていると考えてよい。向社会性を育む子どもへの関わりが未就学期にはできなかった場合に、小学校からでも取り戻すことができるのだろうか。

詳細な分析の結果、小学6年生時点の向社会性のために重要だったのは、やはり小学2年生の時の親の関わり、特に「他人に挨拶をさせる」であった。小学2年生からでも、きちんと挨拶をすることを学ばせることで、他者を意識すること、挨拶をすれば挨拶が返ってくること、社会の中に受け入れられることなどの経験から共感力と向社会性が育まれることを示唆している。また、「一緒に料理をする」についても同様であった。小学生になってからでも、一緒に料理といった家族のために何かをすることで子どもの向社会性が育まれるのかもしれない。一方、「学校の話をする」「ニュースの話をする」については関連が見られなかった。未就学期からいろいろな話をしていることが重要なのかもしれない。「叱る」については依然として負の影響が見られた。子どもを叱る理由は様々あると思われるが、その中に子どもが思いやりのない行動をしているからといって、「叱る」ことはむしろ子どもの思いやりのない行動を増長させてしまうことを示唆している。このような場合には、叱るという接し方ではなく、思いやりの行動がなぜ必要か、どのように実践すべきかを「教える」という接し方が必要だろう。

子どもの小学2年生時点の行動として、小学6年生時点の向社会性に影響があったのは「運動」であった。運動を月に数回などたまにしかしない子どもに比べて、週に数回、あるいはほとんど毎日している子どもの向社会性は高かった。一方、「読書」や「テレビの視聴時間」は関連がなかった。小学2年生の時の読書やテレビ視聴は内容が多岐にわたるため、単純な冊数や視聴時間では評価できていないことによると考えられる。

そして、小学4年生時点で「担任の先生が好き」である場合に、小学6年生時点の向社会性が高かった。担任の先生の存在が、子どもの向社会性を引き出す可能性を示唆している。向社会性は、小学校高学年ともなると学校の先生や友達の影響を受けるのだろう。「子どもにとって最大の教育環境は、教師自身」といわれるが、担任の先生の影響が高学年の子どもの共感力、向社会性に影響を与えていることが明らかになったことは重要である。

まとめると、子どもの共感力、その行動としての表れと見られる向社会性を高めるには、未就学期から挨拶をさせること、一緒に料理をすること、学校やニュースの話をすること、読書習慣をつけること、そして運動習慣をつけることが有効である。学年が進んでも効果的なものもあるため、もう間に合わない、などと思う必要はない。

A-CHILD研究では、どのような友達がいるかについては調査しておらず不明だが、発達心理学者のジュディス・リッチ・ハリスが『子育ての大誤解：重要なのは親じゃない』で述べているように、子どもの成長にはどのような友達に囲まれるかが大きな影響力を持つ(6)。どのような友達を持つかは、確かに偶然の要素があったり子どもが決めることではあるが、子どもの共感力、向社会性は親の影響を受けており、子どもの向社会性が接する友達の選択にも影響すると考えられることから、友達の影響が重要だとしてもハリスが言うほど親の関わりによる影響力が小さいわけではないだろう。まだ親にできることはあると思われる。

第7章

レジリエンス

——困難や逆境を乗り越えるスキル

レジリエンスとは何か

昨今、予測もしないことが現実として起こることを私たちは経験した。新型コロナウイルスのパンデミックにより行動が制限され、ウクライナ危機により物価高となり、私たちは自身の生活を変更せざるを得なくなっている。これらは外からの圧力であり、一般的にはストレスといわれるものである。一方、ストレスに対して元に戻ろうとする力「回復力」「復元力」をレジリエンスという。この不確実な時代において、予想もしないストレスが頻繁に、かつ強く降りかかる状況となっている中で、レジリエンスはこの時代を生き抜くスキルとして注目されている。

レジリエンス研究は、戦争や虐待など生死に関わるトラウマ（心的外傷）にうまく対処し、乗り越え、目的を持って生活を送っている人々の研究から生まれた。古くは精神科医のヴィクトール・フランクルが『夜と霧』で描いた、ナチスの収容所をどう生き延びたかについての研究がある。さらにそれを理論化したのがチャーニーとサウスウィックである。9・11のアメリカ同時多発テロの経験者や遺族、ベトナム戦争に従軍した退役軍人、性的虐待の被害者である一般の人が、なぜトラウマを乗り越えられたかについての詳細なインタビューから、レジリエンスとは何かを明らかにしている[1]。

アメリカ心理学会では、レジリエンスを「逆境または困難な人生経験にうまく適応する過程であり、その結果である。特に外的および内的な要求に精神的、情緒的、または行動的に

図7-1　ロバストネスとレジリエンスの概念図

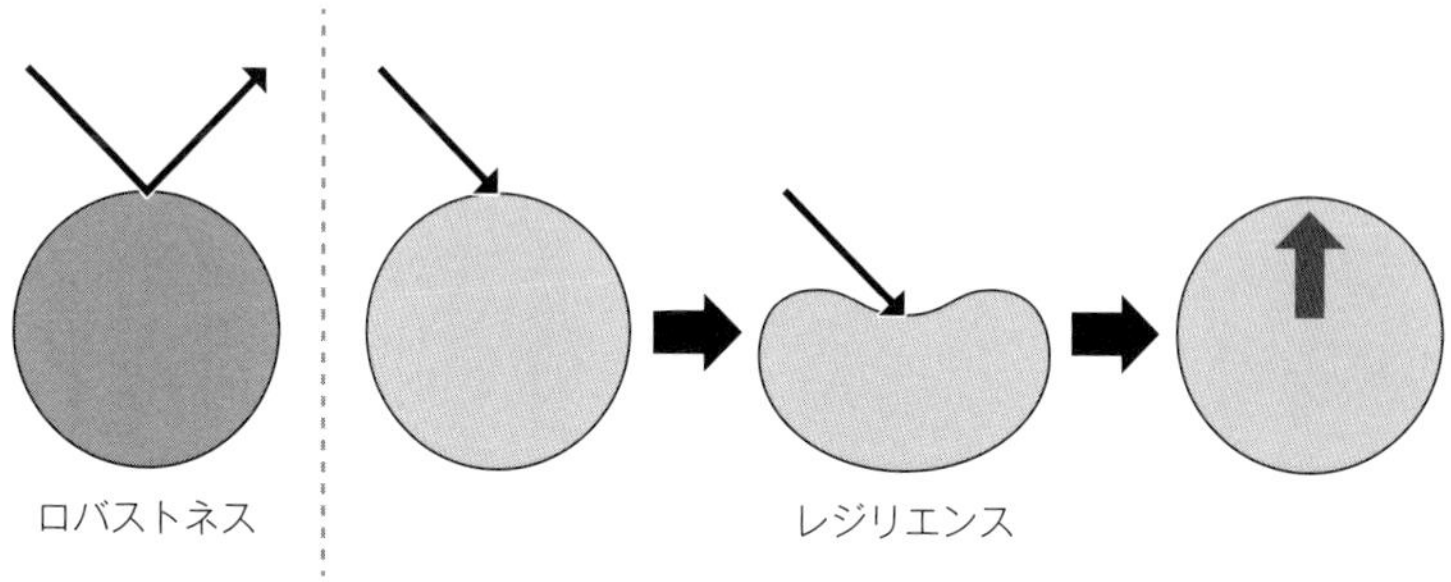

ロバストネスは硬いのでストレスを跳ね返す。レジリエンスはストレスにより変形するがしなやかに元に戻る。

柔軟に対処することで得られる」と定義している[2]。つまり、レジリエンスは「逆境または困難な人生経験」というストレスへの「適応」の過程なのである。原因は何にせよ、突然起こる逆境、ストレスに、人間はどうにかして対処しなければならない。どのように対処するかは人それぞれだ。受け止めて跳ね返すもよし、逃げるもよし、かわすもよし、それぞれの戦略があるだろう。要は、その逆境、ストレスによって自分自身が壊されない、負けないことが重要なのである。

ストレスにどのように対処するか、レジリエンスの中身についてもう少し丁寧に整理してみよう。まず、ストレスに対して「凹まない」という戦略がある。これを「ロバストネス（robustness）」という（**図7-1**）。ボーリングの球のような固い石、コンクリートをイメージするとよいだろう。相当な外力にも形を変えずにそのままでいる。頑として跳ね返す。このようなストレス対処の方法がまずある。しかし、ロバストネスは、より強い外力が加わればいつかは壊れる。

一方、レジリエンスは回復力であり、ロバストネスと比較するとその対処方法の違いがよくわかる。レジリエンスは、ゴムのように一度外力を受け止めて変形し、その後元に戻る力だ。あるいは、柳のように一度風を受けて変形しながらも元に戻ることに例えられることが多い。そのように、〝しなやか〟にストレスに対処するのがレジリエンスである。

レジリエンスと似た概念との比較

レジリエンスと似た概念として、「ハーディネス（hardiness）」と「首尾一貫感覚（sense of coherence：SOC）」がある。ハーディネスは、コミットメント（Commitment）、コントロール（Control）、チャレンジ（Challenge）の3つのCから始まる対処法であり、自分が自分の人生に関わり、それを支配できる、だからこそ困難も成長の機会と捉えられる感覚である。SOCも同様に、どのような状況にあっても一貫した自分でいる感覚である。これらは、先ほど柳に例えたレジリエンスの根っことなる部分と考えるとわかりやすいかもしれない。そしてこの根っここそ、アタッチメントで育まれる「自分が自分でいていい感覚」であろう。

また、「ネガティブ・ケイパビリティ」も、類似する重要な概念である。不確実なものや未解決のものを受容する能力、答えがすぐに見つからなくても諦めることなくじっと解決策を考え続けられる能力のことだ。耐える力、受け入れる力、とも訳される。これは詩人のキーツが1817年に書簡で述べたのが初めで、第二次世界大戦後に再び注目され、精神科医の帚木蓬生氏が著書で紹介していたところ、コロナ禍においてその重要性が再認識された。[3] このスキルは、創造力を必要とする詩人や芸術家において重要な概念とされているが、不確実な時代においては誰もが創造力を求められることから、芸術家に限らず必要となるスキルかもしれない。ネガティブ・ケイパビリティがレジリエンスと異なる点は、ネガティブ・ケイパビリティではじっくりと受け止めることに力点が置かれ、複雑な事態を解決しようとしたり、自分が回復することを主眼としない点だ。重要なのは、不確実な時代において〝常に〟ポジティブでいることは困難であり、ネガティブな事象をそっくりそのまま受け止めるスキルは、予測不能な時代を生き抜く人間力を高める上で役立つ可能性があるということだ。この能力を発揮するにしても、ハーディネスやSOCのような軸、あるいは土俵の俵のような、ここまでは下がっていいがこれ以上は下がれない、というラインは必要だろう。ネガティブ・ケイパビリティをどのように醸成するかについての知見はほとんどなく、子育てにおいて育むべき重要な要素というエビデンスはまだないため、ここではレジリエンスに似た概念として紹介するにとどめる。

さらに、災害後の復興計画における地域や組織のレジリエンスといった視点[4]も、個人のレジリエンスとして活用できる。「リダンダンシー（redundancy）」とは、柔軟に別の戦略を採用することである。個人においては、例えば受験で失敗しても別の道に切り替える、学校でのトラブルがあった場合には転校する、などがこれにあたるだろう。また、「リソースフルネス（resourcefulness）」と呼ばれる、十分な資源によって対処するという戦略もある。子どものレジリエンスにとっては、家族、祖父母、学校の友達、サードプレイスなど家や学校以外の大人や仲間などがそれにあたるだろう。また、十分に学力を蓄えておくことによって困難な状況に意味を与え、前向きに生きることもリソースフルネスと言える。さらに、自分で自由に使えるお金を蓄えておくことなども、今後は検討されるべきかもしれない。そして、「ラピディティ（rapidity）」という視点もある。いかに迅速に回復するか、という戦略である。子どもであれば、いかに早くいじめの兆候に気づき対処するか、いかに早くトラウマを受けた子どもにケアをするか、などである。これらの分類はお互いに関係し重複する部分もあるが、レジリエンスの中身を考える上で参考になる（**図7-2**）。レジリエンスは組織論としての研究が進んでおり、その理論を個人のレジリエンスに応用することで新たな視点が得られるかもしれない。

さらに、レジリエンスと似た概念に、ストレスコーピングがある。レジリエンスは長期的な回復力を意味するが、ストレスコーピングは短期的にストレスを減らしたり避けたりする対処スキルであり、必ずしも回復を意味しているわけではない。つまり、ストレスコーピングスキルはレジリエンスの1つの要素ではあるが、そのスキルが高いからといって、レジリエンス、回復力が高いわけではないことに注意する必要がある。

その上で、ストレスコーピングの中身を確認しておきたい。ストレスコーピングは、一般的に問題焦点コーピングと情動焦点コーピングに分けられる。問題焦点コーピングとは、ス

図7-2　組織におけるレジリエンスの様々な戦略の個人への応用

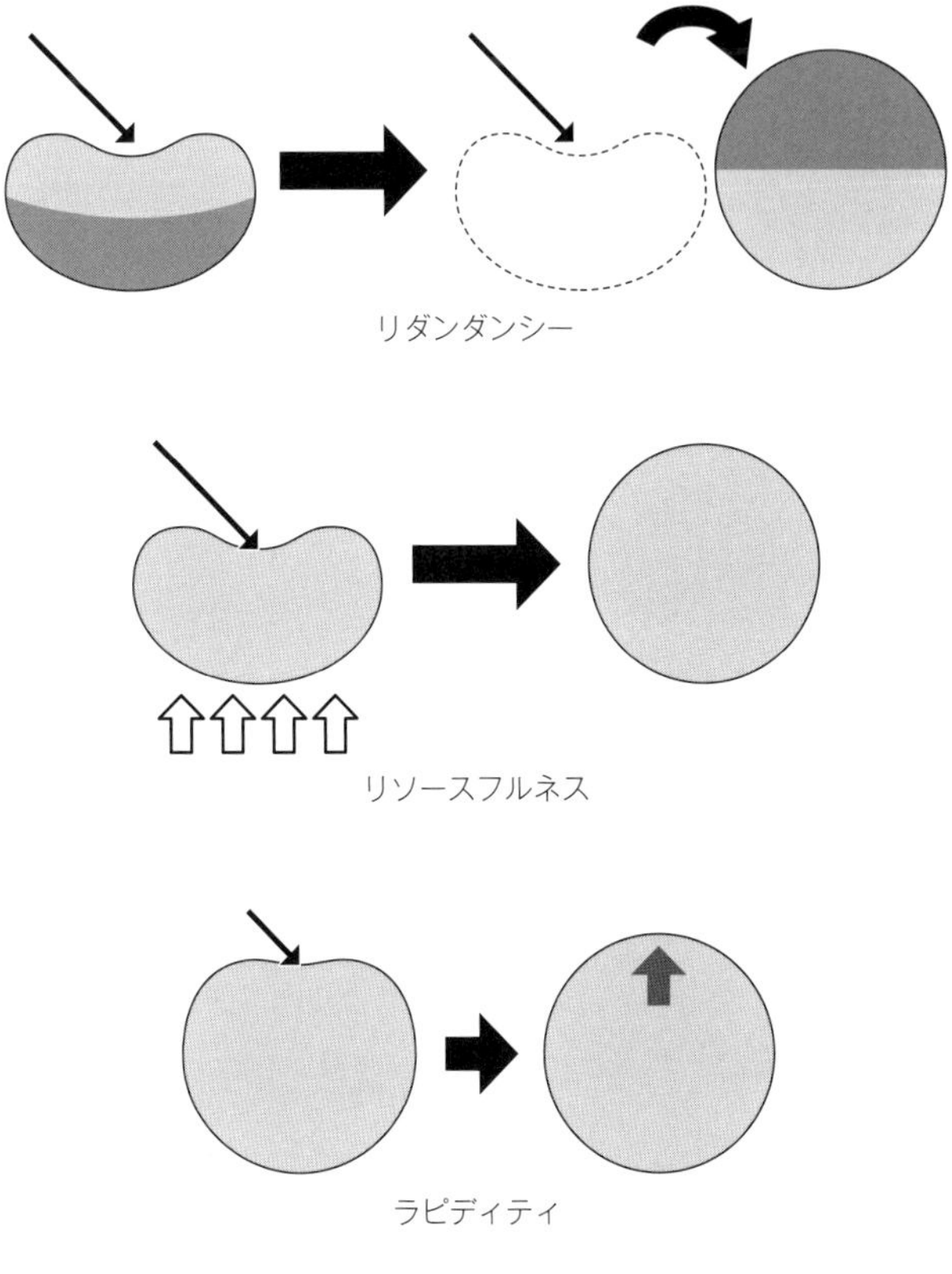

リダンダンシーは、ストレスを避けて別の戦略を採用することで元に戻る。リソースフルネスは、誰かに支えられて元に戻る。ラピディティは、ストレスを迅速に感じ取り反応することですぐに元に戻る。

トレスとなっている問題そのものの解決を図ろうとするコーピングである。例えば、ある科目の成績が悪いことがストレスの原因なのであれば、その科目に関して予習・復習の時間を増やす、塾に行く、家庭教師をつける、などの対処をすることで解決を図るといった行動が挙げられる。一方、情動焦点コーピングは、ストレスによる負の感情について、話を聞いてもらうなどして対処するコーピングである。例えば、友達との人間関係に悩んでいる場合に、親に話を聞いてもらう、といったスキルがこれにあたる。さらに、認知再評価型コーピング（受験というストレスを、〝点取りゲームだ〟と発想を変えるなど）、社会支援探索型コーピング（学校に行きたくない気持ちについてスクールカウンセラーに相談するなど）、気晴らし型コーピング（ゲームをして気晴らしするなど）がある。

このように、レジリエントな人はストレスコーピングスキルを発揮していると考えられるが、前述のように、これらのコーピングによって実際にストレスから「回復」しているかどうかは、また別問題である。より具体的に言えば、認知再評価型のコーピングによって逆境やストレスに意味を与え、乗り越えることはレジリエンスに近いと言えるだろう。そのコーピングは持続するだろうし、ストレスから回復する原動力にもなりうる。一方、気晴らし型コーピングは一時的なものであり、セルフコントロールの章で述べた「先延ばし」であり、状況は実際には何も変わっていない。回復の原動力そのものではない。気晴らし型コーピングを全否定するものではないが、その次に回復しようとするモチベーションが必要だ。問題解決型についても、直面する問題に執着し、レジリエンスにとって重要な柔軟性に乏しくなってしまう可能性もある。情動焦点型、社会支援探索型コーピングは、ソーシャルサポートという周囲のサポートを用いたレジリエンス、上記のレジリエンス理論で言うリソースフルネスと共通する点があり、本人を回復させると考えられることから、レジリエンスをもたらすストレスコーピングと考えられる。

このように見ていくと、レジリエンスはいわゆる非認知能力であり、IQでは測れない、学習や成功に関係するスキルそのものであることがわかる。OECD（経済協力開発機構）は、非認知能力を「Social Emotional Skill（社会情動的スキル）」とした。これはまさに、レジリエンスの要素である社会性と情動のコントロールのスキルである。この社会情動的スキルを学校や家庭で学習する仕組みとしての「Social Emotional Learning：SEL」という枠組みが近年注目されている。これは、自己認識・自己規律・他者への気づき・対人関係・責任ある意思決定の5つのスキルの醸成を目的としたもので、自分のことを理解しており、セルフコントロールができ、他者への気づきによる共感ができ、他者とコミュニケーションをとることができ、そして主体的な意思決定ができるということで、本書で扱っている内容のほとんどがカバーされていることがわかる。

不確実な時代という文脈に重ねるならば、ストレスを跳ね除けて成長するには、誰かに助けを求め、協力してもらう社会性が必要である。そして感情をコントロールし、我慢できるところは我慢し、気晴らしをするところは気晴らしをしながら、困難な状況に意味を見出して対処し、回復させる必要がある。セルフコントロールや共感性、モチベーションとも重なる総合的なスキルが、レジリエンスと言えるだろう。

ストレスとは何か

どのようにストレスに対処するかについては、ストレスの種類によって異なると考えられる。強烈なトラウマ体験もあれば、日常的なストレスも存在する。日常生活においてほとんど経験することのないトラウマ体験よりも、デイリーハッスル（Daily hassle）、つまり「日常の苛立ち事」の方が、子どもの成長には悪影響を与えるかもしれない。デイリーハッスルとは、ネガティブな感情を引き起こすような、日常生活において繰り返し経験されるストレスのことである。新型コロナウイルスのパンデミックを例にすれば、「マスクをしなければいけない」「思うように人と会えない」などのことである。このデイリーハッスルの方が、トラウマ体験よりも健康に悪い影響を与えるという報告もある。[5] これらを踏まえて、アメリカの心理学者、リチャード・ラザルスは、ストレスとなる出来事をカタストロフ、ライフイベント、デイリーハッスルの3つに分類した。[6] この分類は、危機が起きた時の状況分類にも役立つ。

カタストロフ（Catastrophe）とは、自然災害や戦争のような社会全体を巻き込む劇的な大事件で、それによって通常の診療などのインフラが機能しなくなる状況である。東日本大震災、新型コロナウイルスのパンデミック、ウクライナ危機によって引き起こされた非日常的な生活はこれにあたる。ライフイベント（Life event）は、結婚、家族の病死、解雇、倒産、死にそうになる事故など人生の大きな変化を意味する。子どもにとっては転居やそれにともなう転校、進学、あるいは入学式、卒業式、修学旅行、運動会などのイベントがなくなることも含まれるだろう。または家族、特に親しい祖父母や親戚の死は、最初に体験するトラウマ的なライフイベントとして認識されることが多い。そして、小学校から大学までの受験も重要なライフイベントだ。さらには、思春期における恋愛関係もライフイベントと考えられる。カタストロフやライフイベントとしての深刻なトラウマ体験は、およそ90％の人が人生で少なくとも一度は経験すると推定されている。(7) これから先の不確実な時代において、その割合が減ることはないだろう。実際に、新型コロナウイルスのパンデミックによる大規模な行動制限にともなうイベントの中止は、地球上のほぼすべての人が体験している。

デイリーハッスルは、日々の出来事によるストレスである。日々何気なく感じているイライラのため些細な出来事として気がつかない程度であるが、蓄積されていくため放置しておくと大きな心理的ストレスになる。デイリーハッスルには、心理的ストレス（朝起きるのがつらいのでイライラするなど）、社会的ストレス（友人との喧嘩など）、物理的ストレス（校庭が狭くて遊べないなど）、生物学的ストレス（アトピー性皮膚炎でかゆみがひどいなど）の4種類あることが知られている。新型コロナウイルスのパンデミックを例にすると、行動制限で自由な日常生活ができない、またはコロナ感染により自分自身が生死をさまよったなどのトラウマ体験は強烈であるが、毎日マスクを着けなければいけない煩わしさ、会いたい人に会えない寂しさなどはデイリーハッスルとして蓄積する。

レジリエンスは、これまでの研究ではカタストロフやライフイベントにおけるストレスへの回復力として考えられてきたが、デイリーハッスルについてもレジリエンスが発揮されることはあるだろう。むしろその場合は、前述の「グリット（GRIT）」と呼ばれる、粘り強さ、やり抜く強さとして、レジリエンスが発揮されると思われる。グリットは、日常のストレスがあってもびくともせずにやり遂げる、脇目も振らずにやり遂げる、日本語で言うところの「根性」と考えるとわかりやすいかもしれない。そして、デイリーハッスルに対して柔軟に対処するスキルの例として、ストレスコーピングの「気晴らし」が挙げられる。ポイントは、日常のデイリーハッスルは常に起きていることから、どれだけ早く回復して元に戻るかが重要であり、その意味では「気晴らし」に「ラピディティ」を加えたスキルが、デイリーハッスルに対するレジリエンスと考えられる。したがって、日常のストレス対処としての動画視聴やゲームなどは、気晴らしとしてはよいが、いかにその時間を短くし、やるべきことに戻ってこれるかが重要である。

レジリエンスを測定する

子どものレジリエンスはどのように測定できるだろうか。子どものレジリエンスは、前述のようにＩＱや学力などの認知能力とは異なる、いわゆる非認知能力である。ＯＥＣＤは前述のように、非認知能力を「Social and Emotional Skill（社会情動的スキル）」として、「長期的目標の達成」「他者との協働」「感情を管理する能力」の3つの側面に関する思考、感情、行動のパターンと定義している。[8] そしてSEL（Social and Emotional Learning）プログラムを実施するにあたり、子どもたちの現状把握、またプログラムの効果評価のための尺度の1つとして、子どもの社会情動的スキルを72問で測定する尺度（Devereux Student Strengths Assessment：DESSA）が開発され、アメリカ各地で学習支援が必要な子どものスクリーニングとして活用されている。

私の研究室では、DESSAを参考に、日本の文化に合うと考えられる8つの質問で構成される「子どものレジリエンスとコーピング尺度（Child Resilience and Coping Scale：CRCS）」を作成した。CRCSはDESSAがカバーするすべての領域をカバーしているが、それは以下の8つの領域である。

①Self-Awareness（自己認識）：自分の長所と限界についての現実的な理解と、自己改善への一貫した欲求があること。

②Social-Awareness（社会意識）：他者と交流する能力で、その中でも他者の考えや行動を尊重し、自分の影響を認識し、社会的状況において協力したり寛容であること。

③Self-Management（セルフマネジメント）：自分の感情や行動を制御したり、タスクを完了したり、新しい状況や困難な状況を乗り越えること。

④Goal-Directed Behavior（目標指向行動）：様々な難易度のタスクに取りかかることができ、完了するまで持続すること。
⑤Relationship Skills（人間関係スキル）：他者との前向きなつながりを促進し、維持し、社会的に受け入れられる行動をいつでも行うこと。
⑥Personal Responsibilitry（個人的責任感）：グループでの取り組みに貢献することを意識しており、頼りになる行動をしようとすること。
⑦Decision Making（意思決定）：問題解決のアプローチとして他人や自分の以前の経験から学び、自分の価値観に基づき自ら行動を決定し、自分の決定に対する責任を受け入れること。
⑧Optimistic Thinking（楽観的思考）：自分自身と過去、現在、未来の自分の生活状況に関して、自信、希望、前向きな考え方を持つこと。

CRCSもこの8つの領域を踏襲しており、**図7-3**の質問紙からなる。質問項目と8つの領域との対応については、

（1）：Optimistic Thinking（楽観的思考）
（2）：Goal-Directed Behavior（目標指向行動）
（3）：Social-Awareness（社会意識）

図7-3 子どものレジリエンスとコーピング尺度(CRCS)の質問紙

過去1か月の間のお子さんの様子にあてはまる番号を選んでください。

		まったくこのとおり	だいたいこのとおり	少し合っている	ほとんど合っていない	まったくちがう
(1)	将来《しょうらい》について、明るい面《めん》を言うことができる	4	3	2	1	0
(2)	自分のベストを尽《つ》くそうとする	4	3	2	1	0
(3)	馬鹿《ばか》にされたり、悪口を言われても、うまく対処《たいしょ》することができる	4	3	2	1	0
(4)	他人にきちんと挨拶《あいさつ》することができる	4	3	2	1	0
(5)	大人が指示《しじ》しなくとも、自ら学校の準備《じゅんび》、宿題、家の手伝いができる	4	3	2	1	0
(6)	必要な時には適切《てきせつ》にアドバイスを求めることができる	4	3	2	1	0
(7)	将来《しょうらい》よい結果となるように、今欲しいものをあきらめたり、嫌《いや》なことでも実行することができる	4	3	2	1	0
(8)	自分がわからなかったことを知るために、質問をすることができる	4	3	2	1	0

図7-4 子どものレジリエンスとコーピング尺度(CRCS)の分布図

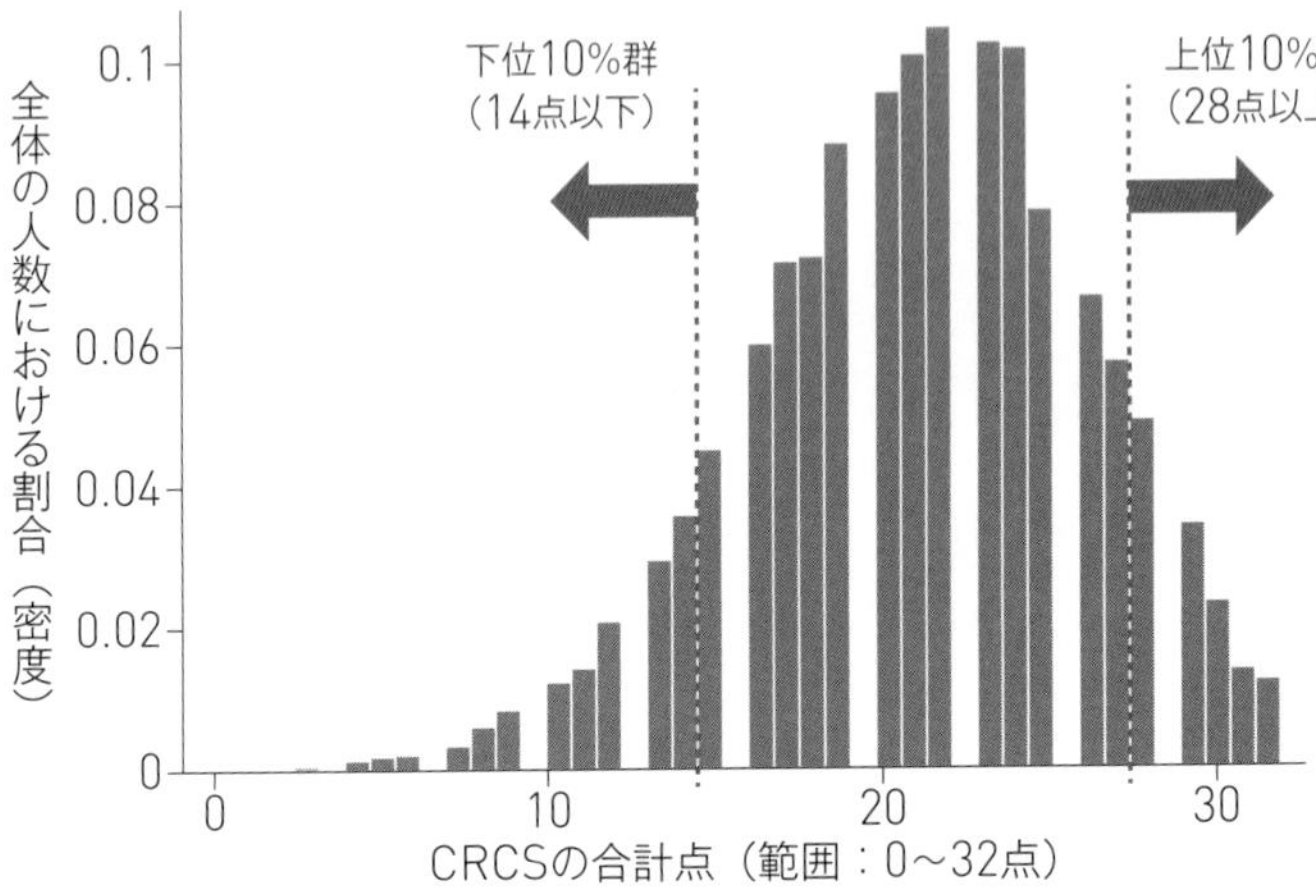

2015年、2017年、2019年、2021年の足立区の小学1年生、16,540人分のデータから作成。

（4）：Relationship Skills（人間関係スキル）

（5）：Personal Responsibility（個人的責任感）

（6）：Decision Making（意思決定）

（7）：Self-Management（セルフマネジメント）

（8）：Self-Awareness（自己認識）

であるが、例えば（6）や（8）は援助希求能力と解釈することもできるし、（7）はセルフコントロールとして第4章でも解析に用いたところである。また（2）や（5）も自立、自主性、モチベーションの指標と言えるかもしれない。（3）はコーピングスキルを持っているがゆえに実行できているとも考えられる。このように、CRCSの各項目について多面的に解釈することもでき、それゆえにCRCSは子どもの総合的なレジリエンスを表していると言える。

この8問の合計は0〜32点となる。CRCSは、A-CHILD研究で小学1年生を対象に本書執筆時点でこれまで4度（2015年、2017年、2019年、2021年）実施し、その平均値は21点、標準偏差は5・1点の、ほぼ正規分布をとることがわかっている（**図7-4**）。この傾向はどの年でもほぼ変わらなかった。ここから、CRCSを上位10%（28点以上）、中間位80%（15〜27点）、下位10%（14点以下）の3群に分け、レジリエンスの高低による子どものその後の幸福度や健康、学力への影響、さらにどのような子育て、地域社会をつくることでレジリエンスを高めることができるのかを検証することができる。

小学1年生時のレジリエンスで小学6年生時の幸福・不登校・学習意欲を予測できるか

レジリエンスについては、これまで述べたように、戦争や大規模災害、壮絶な虐待やレイプなどの経験を乗り越えた人々の語りから理論形成されてきた。しかし、それほど大きなストレス、トラウマ体験ではなくても、例えば新型コロナウイルスのパンデミックのような、劇的な生活の変化にともなうストレスも存在する。では、レジリエンスが高い場合には、コロナ禍を経験してもメンタルヘルスや幸福度を保つことができるのだろうか。

A-CHILD研究で、小学1年生時点のレジリエンスと、小学6年生時点での幸福度に

図7-5　小学1年生時のレジリエンスとコロナ禍を経験した小学6年生時の幸福度の関係

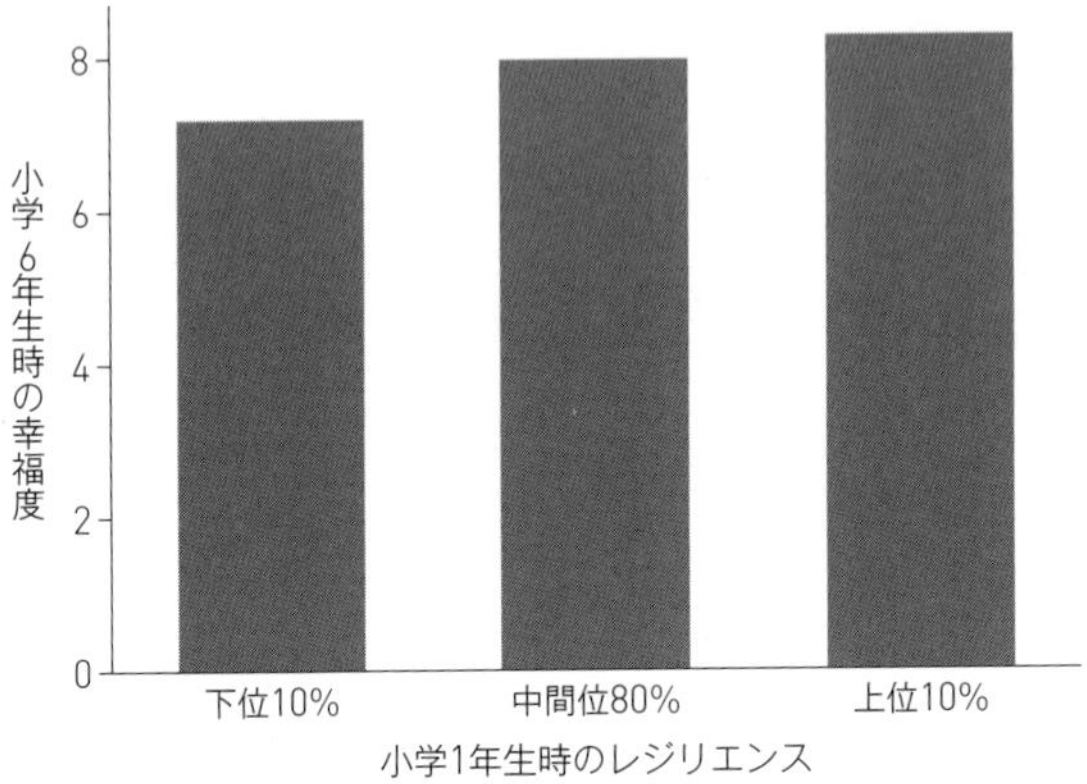

小学1年生時のレジリエンスが高いほど、コロナ禍を経験した小学6年生時の幸福度が高い。

ついて見てみよう。この学年は、2020年4月に小学6年生になっており、調査を実施したのは10月であることから新型コロナウイルスのパンデミックを経験している。レジリエンスが高い場合に、コロナ禍を経験していても幸福感は高いのだろうか。小学1年生の時点で親が評価したCRCSを下位群、中位群、上位群に分け、小学6年生時点での自己評価による幸福度（0〜10点満点）を比較すると、小学1年生時点のレジリエンスが高いほど小学6年生時点での幸福度が高いことがわかった（**図7-5**）。これは、性別や月齢、親の学歴、小学1年生時の家庭の年収による影響を排除しても、同様であった。さらに、コロナ禍によって家庭の年収が変化しうることを考慮し、小学6年生時の家庭の年収による影響を排除しても、同様であった。つまり、未就学期に培われたレジリエンスは、その後の小学生の時期に新型コロナウイルスのパンデミックほどのストレス状況があっても、幸せに生きていくことに寄与していた、ということを示唆している。

では次に、近年増加している不登校について見てみたい。不登校はコロナ禍以前から増加傾向にあったが、コロナ禍でさらに加速した。この調査では、不登校そのものではなく、学校に行きたくないと思ったことがあるか、すなわち「登校しぶり」として、小学6年生の子ども自身に聞いた質問で評価した。「あなたは、学校に行きたくないと思ったことがありますか。」という問いに、「よくある」「ときどきある」「たまにある」「ほとんどない」「まったくない」の5件法で回答してもらった。その結果、「よくある」は11%、「ときどきある」は13%で、合計24%、4人に1人の割合で「登校しぶり」があることがわかった。そして、小学1年生時点のレジリエンスとの関連を見ると、低群で28%、中群で23%、高群で20%と、小学1年生時点のレジリエンスが低いことが「登校しぶり」のリスクであることがわかった（図7-6、次頁）。

さらに、「登校しぶり」の理由別に見てみると、様々ある中で最も多いのが「朝起きるのがつらい」で17%、そして「何もやる気がしない」の16%、「朝の気分や機嫌が悪い」の14%、「勉強したくない」の13%と続いた。小学1年生時点のレジリエンスとの関連を見てみると、レジリエンスが低い場合は、高い場合に比べて「学校の授業がわからない」「勉強したくない」という理由で「登校しぶり」になるリスクが、それぞれ5・5倍、2・4倍と

図7-6　小学1年生時のレジリエンスと小学6年生時の「登校しぶり」の関係

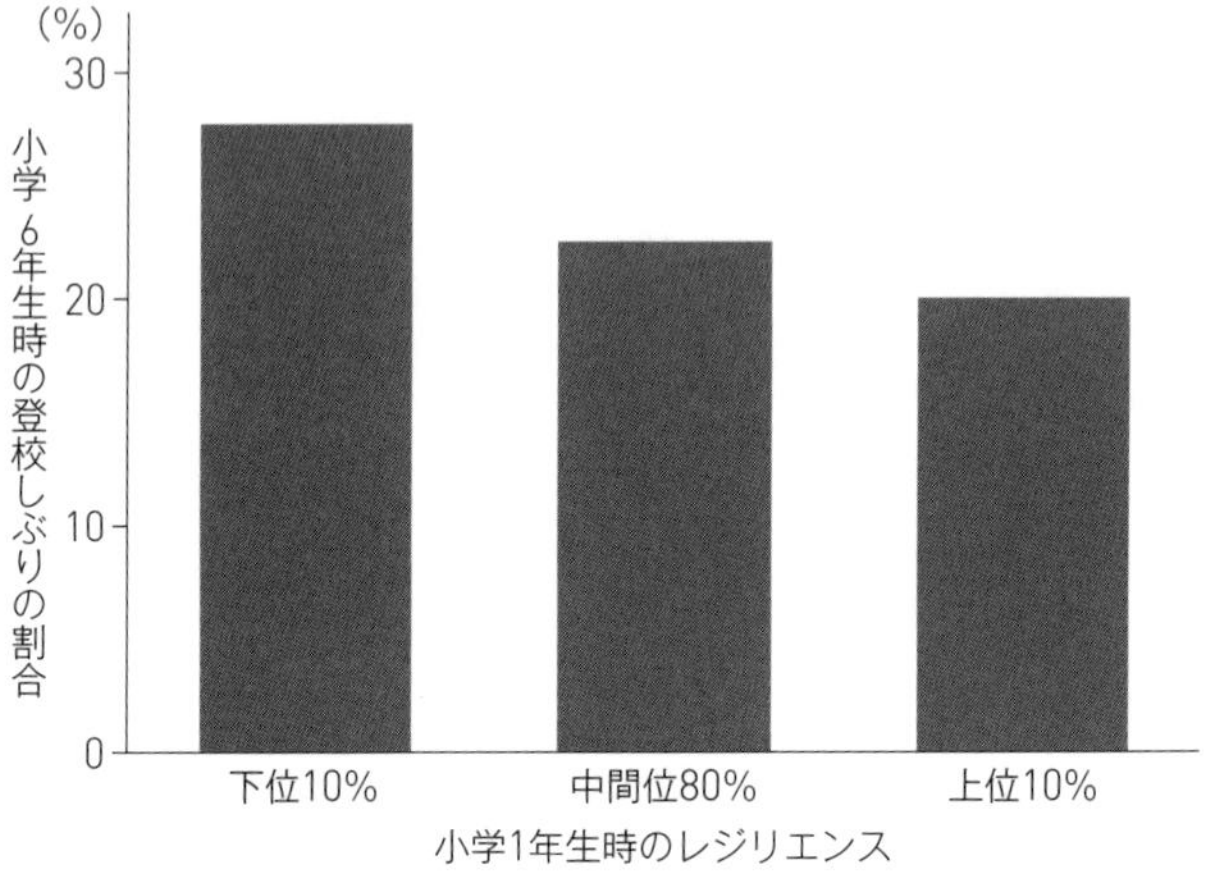

小学1年生時のレジリエンスが高いほど、小学6年生時での登校しぶりの割合は低い。

高い値で関連していることがわかった。また、「朝の気分や機嫌が悪い」ことで「登校しぶり」になるのが1・7倍で統計的に有意であった。一方、「学校が楽しくない」「クラスの雰囲気が悪い」「先生と合わない」「仲のいい友達がいない」「友だちにいじわるやイヤなことをされた」「他にしたいことがある」「特に理由はない」は、小学1年生時点のレジリエンスと関連がなかった。

ここからわかるのは、小学1年生時点のレジリエンスは、学校の勉強に〝ついていく〟ことにおいて極めて重要だということである。学校の友達関係や先生との関係などの社会性についてもレジリエンスは重要であるが、学校の主たる活動である勉強に遅れずについていき、理解し、面倒な勉強を「それでもやろう」と思い、頑張って朝起きて学校に行くという行動を起こすためには、レジリエンスがどうしても必要なスキルなのだ。

また、レジリエンスは健康にも寄与する。さらに、小学1年生時点のレジリエンスが高い場合、小学6年生時点での問題行動は少なく、共感力につながる思いやり行動が多かった。この関係は、小学1年生時点での問題行動の影響を除外しても見られることから、持って生まれた気質の影響を超えて、レジリエンスがコロナ禍を経ても問題行動を防ぎ、思いやりを伸ばす方向に寄与していると言える。

レジリエンスの育み方

では、どのようにすれば、未就学期などの早めの時期に子どものレジリエンスを育むことができるだろうか。レジリエンスの形成に重要な要因の1つと考えられるのは、周囲の人からの関わりである(9)。ここでは子どものレジリエンスを育む積極的な親の関わり方について、A-CHILD研究の小学1年生時点の、1万6000人分のデータから見えてくる結果を紹介したい。

まず「親子の関わり」に関して、A-CHILD研究で用いられている質問紙について整理しておきたい。この研究では、親子の関わりについて、「勉強をみる」「体を動かして遊ぶ」「コンピューターゲームで遊ぶ」「カード、ごっこ遊びで遊ぶ」「学校の話をする」

「ニュースの話をする」「テレビの話をする」「料理をする」「外出する」の9問で調査した。このうち「コンピューターゲームで遊ぶ」については、レジリエンスを高めないことがわかったため、これを除いた8つの質問項目について合計得点を算出して検討した（親子の積極的な関わり尺度［Parent-child Positive Interaction Scale：PPIS］）（**図7-7**）。回答は、「ほぼ毎日」「週に3～4回」「週に1～2回」「月に1～2回」「めったにない」の5つの選択肢を用意し、頻度が多い順に4点から0点とした。

4年分の小学1年生1万6000人のデータから、この「親子の積極的な関わり尺度」の結果は、**図7-8**（192頁）のようにほぼ正規分布することがわかった。0～32点満点で、平均点は18・6点（標準偏差4・2点）である。そこで5つのグループに分けた。親子の関わりが「多い」「やや多い」「中ぐらい」「やや少ない」「少ない」である。お子さんがいる方は、自分が何点かぜひチェックしてみていただきたい。

ここで、小学1年生時点でのレジリエンスがどのように形成されるかについて、ライフコース疫学の理論に基づいて考えてみたい。ライフコース疫学の考え方はシンプルで、人生においてその始まりにおける環境要因から順番に捉えていく、というものである。子どもの人生が最初に始まるのは受精の時であり、そこで性別が決まる。そして妊娠中の経過があり、出産によって就学時の月齢が決まる。生まれた家の経済的状態もすでに決まっている。親の教育歴はさらにその前に決まっており、レジリエンスに関する遺伝の影響も親の教育歴から類推できる。さらに、小学校に入る前の施設のタイプ（保育園か幼稚園かなど）があり

図7-7　親子の積極的な関わり尺度（PPIS）の質問紙

あなたのご家庭では、お子さんと次のようなことをすることがありますか。

		ほぼ毎日	週に3〜4回	週に1〜2回	月に1〜2回	めったにない
(1)	お子さんの勉強をみる	4	3	2	1	0
(2)	お子さんとからだを動かして遊ぶ	4	3	2	1	0
(3)	お子さんとカードゲーム、ごっこ遊びなどで遊ぶ（トランプ・ブロック遊び・オセロ・人形遊びなど）	4	3	2	1	0
(4)	お子さんと学校生活の話をする	4	3	2	1	0
(5)	お子さんと政治経済・社会問題などのニュースの話をする	4	3	2	1	0
(6)	お子さんとテレビ番組（ニュースをのぞく）の話をする	4	3	2	1	0
(7)	お子さんといっしょに料理をする	4	3	2	1	0
(8)	お子さんといっしょに外出をする	4	3	2	1	0

図7-8　親子の積極的な関わり尺度の分布と5段階の得点範囲

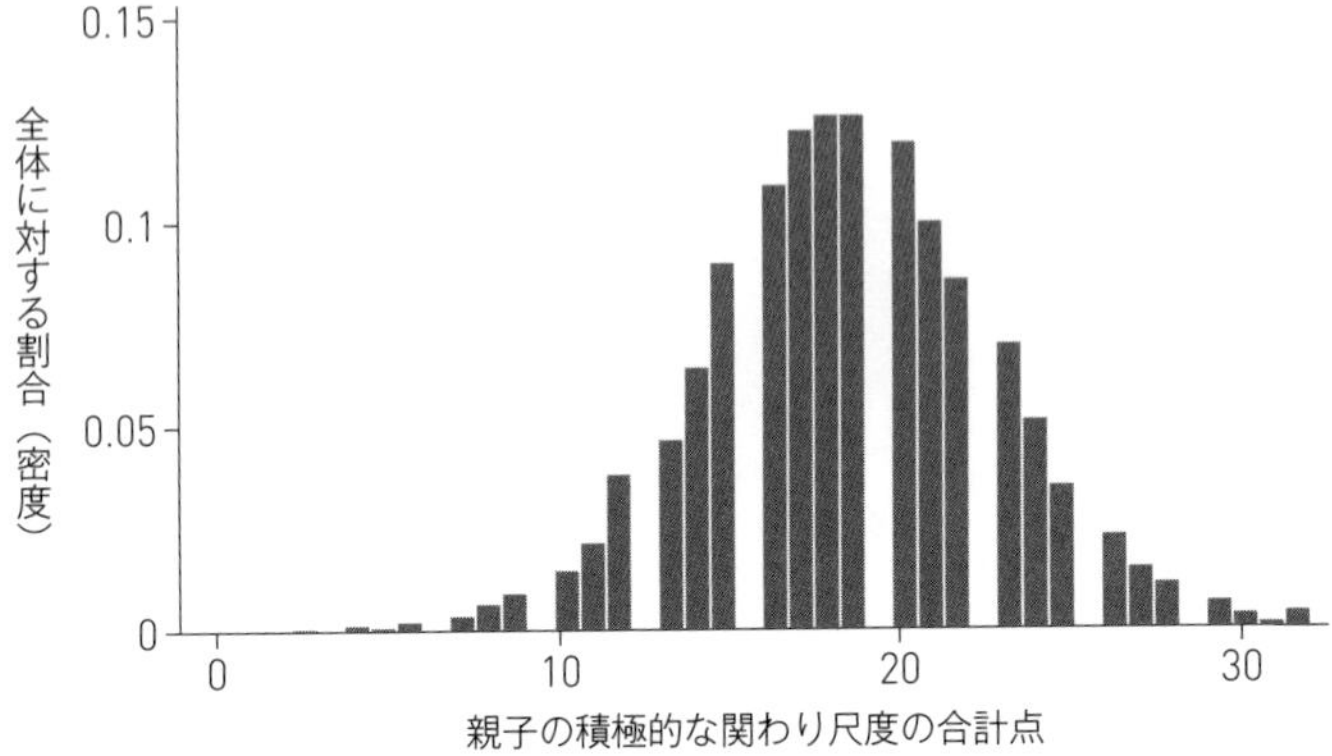

親子の関わり	得点範囲	全体に対する割合
多い	23～32	16.9%
やや多い	21～22	14.2%
中程度	18～20	28.4%
やや少ない	16～17	17.7%
少ない	0～15	22.8%

（親の就業状況はこの未就学期の施設で判断できる）、これらの影響を受けて親のメンタルヘルスや幸福感が決まり、そして親子の関わり方、子どもの生活習慣が決まってくると考えられる。これを図示したものが**図7-9**である。

　そして、高いレジリエンス（上位10%）をもたらす要因と、低いレジリエンス（下位10%）をもたらす要因を分けて考える必要がある。これは、実は重要である。悪くするものをなくせばよくな

図7-9　ライフコース疫学に基づくレジリエンス形成の概念図

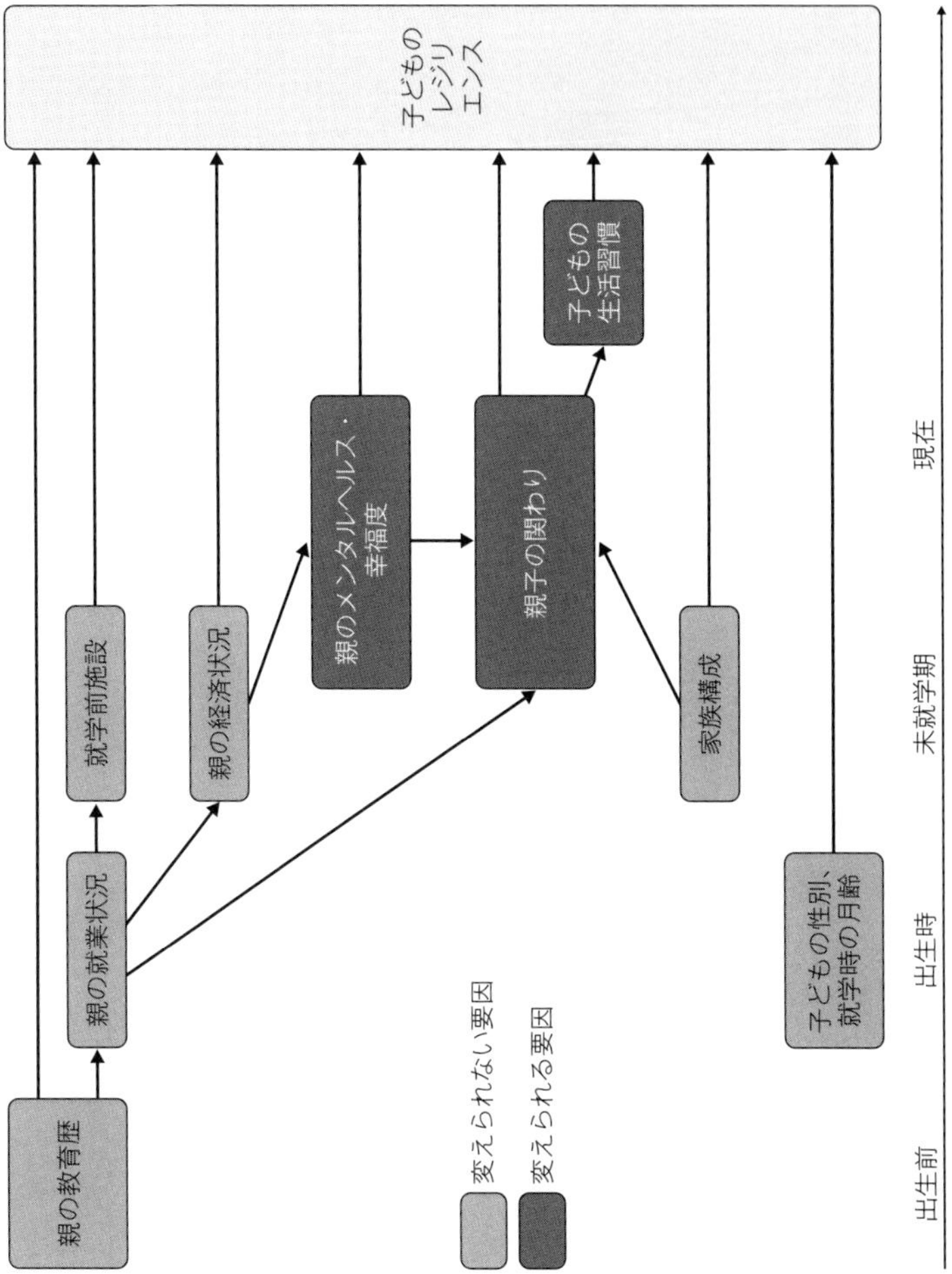

るというわけではないからだ。例えば、貧困は子どものレジリエンスを下げると考えられるが、貧困がなければレジリエンス高群に入りやすいかというとそうではない。子どものレジリエンスを低い群にする要因と、高い群にする要因は別々に調べる必要がある。また、直感的には関連すると思われる要因が、実は関係がないこともある。そして、当たり前と思われる要因（親の関わりなど）は、新規性が低く学術論文として出版されにくいことも多いため、ここでは幅広くこの調査で用いられた要因について検証した結果を述べる。多重検定（たくさんの要因を同時に検討する場合に、本当は関連がないのにもかかわらず、たまたま関連があるように見えてしまうこと）の影響があるため、関連があるかどうかを判断する基準（p値）は厳しくしている。また、他の隠れた真の要因があって見せかけの関係となっていないか、いわゆる交絡因子については前記の概念モデルに従って理論的に検討し、データがあるものについては統計的に調整した。

この枠組みを用いて解析した結果、小学1年生時点のレジリエンスに関連する重要な要因、関連がない要因として明らかになったものをまとめると、**表7-1**のようになる。例えば、「歯磨き」という面倒な生活習慣を身につけること、しかも1日1回よりは2回という、より面倒な習慣を身につけることは、虫歯の予防だけではなく、最低限のレジリエンスを維持することに役立っている。データで示すと、「歯磨きを毎日はしない」子どもではレジリエンス低群が29％いるが、「1日1回は歯磨きをする」だけでレジリエンス低群は14％と半減し、「1日2回以上」ではレジリエンス低群が9％とさらに半減する（**図7-10**、196

表7-1　レジリエンス低群、高群の促進要因と無関係な要因

レジリエンス	促進要因	無関係な要因
低群	親の幸福度が低い 親子の関わりが少ない 歯磨きをしない 運動をしない	母、父と同居 きょうだいがいる 母親の職業 就学前施設 留守番 遅い就寝時間
高群	親の幸福度が高い 親子の関わりが多い 週に5回以上運動する	性別 父と同居 きょうだいがいる 母親の教育歴 父親の教育歴 年収 生活困難 就学前施設 朝食欠食 歯磨き頻度 仕上げ磨き 留守番 遅い就寝時間

頁）。量反応関係があることから因果関係がありそうである。もちろん、因果関係を明らかにするためには実験的に歯磨きの回数を増やす介入を実施する研究が必要であるが、歯磨き回数をどのようにすれば増やせるのかについて明らかになっていないこともあり、まだそのような介入研究はない。

　また、運動習慣についても量反応関係が見られた。しかも、運動をすればレジリエンス

図7-10　小学1年生時の歯磨き頻度とレジリエンス低群の割合との関係

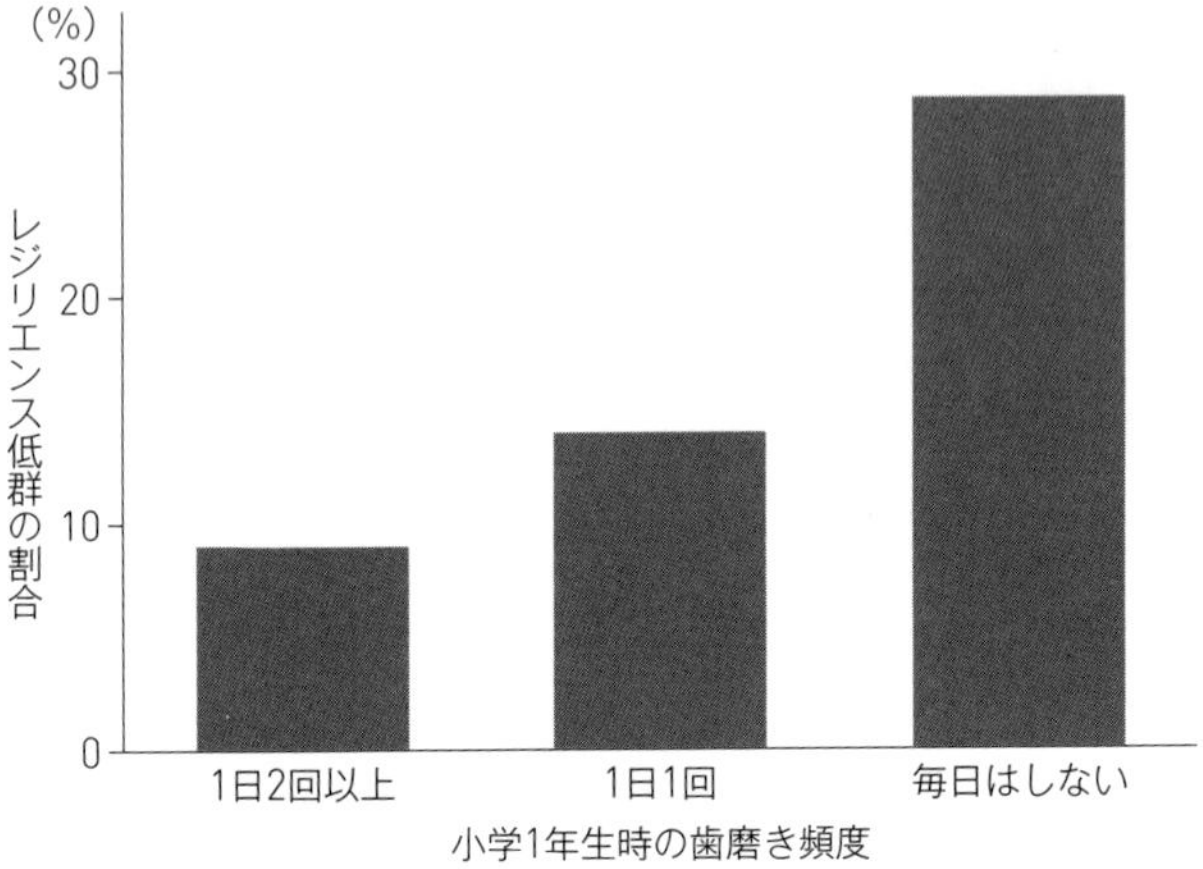

歯磨きを毎日はしない群で、レジリエンス低群は29%に上る。

低群になりにくく、レジリエンス高群になりやすくなることが明らかとなった。運動をまったくしない、あるいは稀にしかしない場合に、レジリエンス低群は21%であるのに対し、運動を週に1～2回でもすればレジリエンス低群は10%と半減し、さらに頻度が上がれば7%程度にまで下がる。それだけではない。レジリエンス高群に入る可能性も上がる。運動をまったくしない場合には6%しかレジリエンス高群に入らないが、週に6回以上となると、16%がレジリエンス高群に入る（**図7-11**）。しかも、ここで調査した運動とはボール遊びなどを含む「1回30分以上の運動」であり、習い事としての運動をさせなければいけないというわけではない。これまでの研究でも、子どもの運動はレジリエンスと関連がある

図7-11　小学1年生時の運動頻度とレジリエンス低群および高群の割合との関係

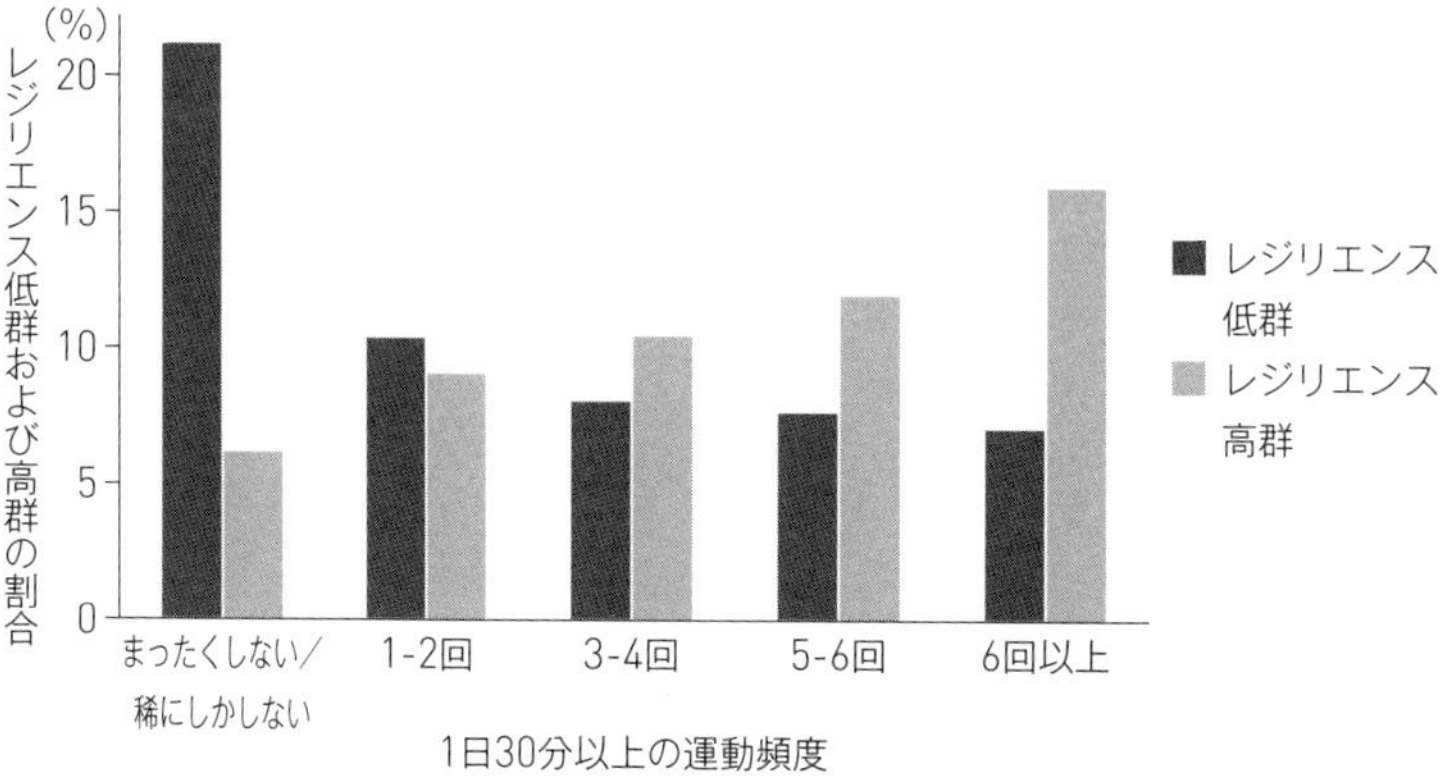

運動をするほどレジリエンス低群に入る割合は減り、高群に入る割合が増える。

図7-12　小学1年生時の親子の積極的な関わり尺度（PPIS）の5分位とレジリエンス低群および高群の割合との関係

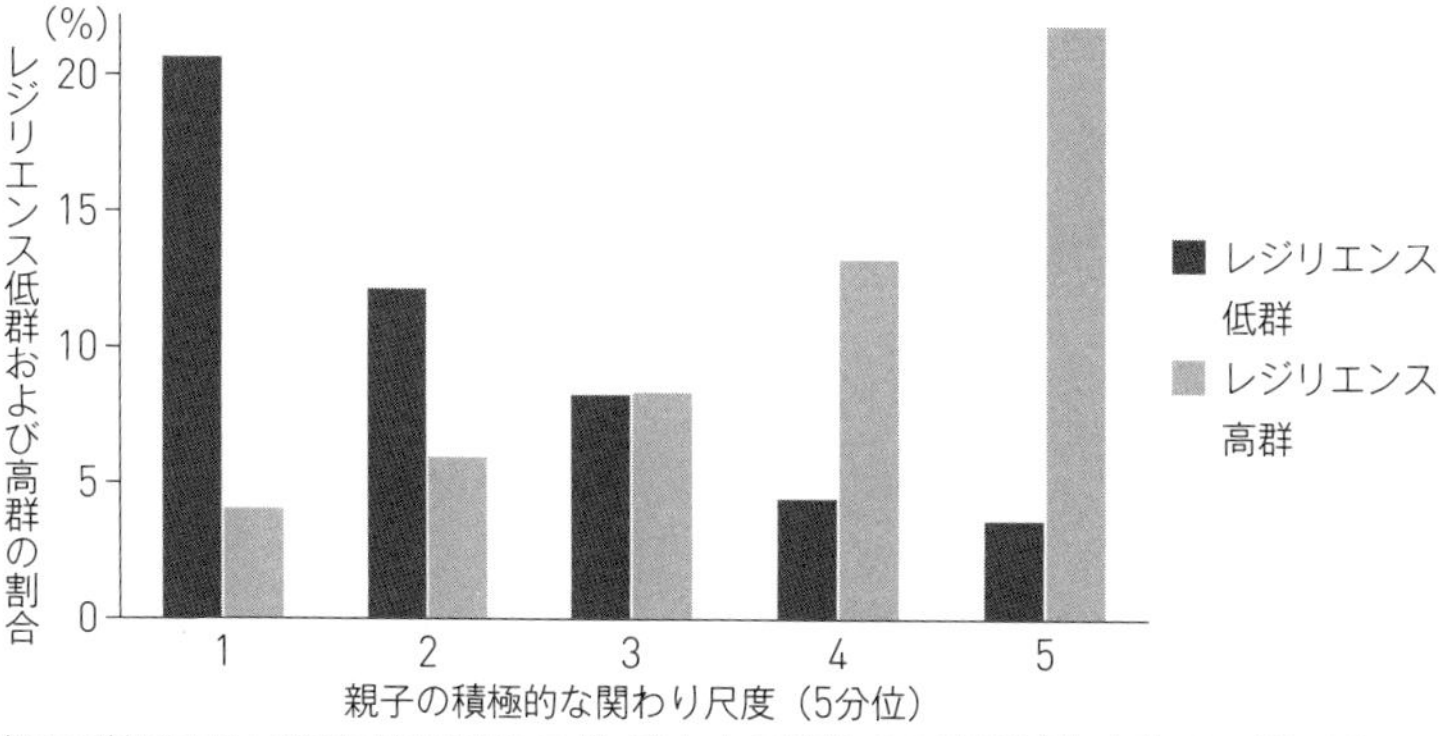

親子の積極的な関わり尺度の得点が高いほどレジリエンス低群に入る割合は減り、高群に入る割合が増える。

ことは報告されている。そのメカニズムとして、運動することによって個別のレジリエンスに関する脳領域だけでなく、感情や行動の調節を改善する大規模な神経回路の両方を強化することでレジリエンスを促進する可能性があると考えられている。[10] つまり、運動することは、レジリエンスと直接的な関連があると言ってよいだろう。

そして、「親子の積極的な関わり尺度（PPIS）」も、レジリエンスと強い関連を示した。「親子の積極的な関わり尺度」の得点が高ければレジリエンス低群には入りにくくなり、またレジリエンス高群に入りやすくなる（**図7-12**、前頁）。数字で見てみると、親子の関わりが「少ない」群ではレジリエンス低群に21％が入るのに対し、親子の関わりが「多い」群では4％と、約5分の1である。さらに、親子の関わりが「少ない」場合、レジリエンス高群には4％しか入らないのに対し、親子の関わりが「多い」群では22％がレジリエンス高群に入り、その差は5倍以上である。

ちなみに、家庭での調理頻度が多い場合にも、子どものレジリエンスが高くなることがわかっている。[11] この関連は、親子の関わりで40％程度が説明されたが、直接の影響も観察され、栄養素の面でも直接、子どものレジリエンスを向上させる経路があるかもしれない。

小学6年生時点のレジリエンスをアウトカムとした場合には、ここに小学校のソーシャルキャピタル、ロールモデル、サードプレイスの影響が出てくるだろう。また、親の社会性（多様なつながり）、地域のソーシャルキャピタルの影響もあるだろう。これらについては、第10章で詳しく述べたい。

第8章

健康・体力

――やりたいことをやりきるために必要不可欠な資本

不確実な時代を生き抜くには、資本である体が健康でなければならない。そして、レジリエンスを持って柔軟に逞しく環境に適応し、やりたいことをやりきるためには体力が必要である。本章では、どのように子どもと関わることで、子どもの将来にわたる身体的な健康や体力を高めることができるかについて述べる。健康には身体的健康と精神的健康があるが、精神的健康はこれまでに述べたセルフコントロール、モチベーション、共感力、レジリエンスと重なる部分が多いため、ここでは身体的健康に注目する。また、体力も身体的体力と精神的体力からなるが、体力とは何かを考えながら身体的な側面に着目し、どのように育むことができるかを見ていきたい。

身体的健康とは何か

そもそも、子どもにおける身体的健康とは何だろうか。WHO（世界保健機関）が定義するように、健康とは単に疾患がない状態ではない。とはいえ、まずは疾患がない状態として考えてみよう。子どもにおける疾患として代表的なものは先天性疾患、感染症、アレルギー、肥満、喘息、虫歯、近視、事故・ケガといったところであろうか。疾患について考える時、実は、どの疾患についても遺伝子の要素と環境の要素が影響している。奇形など先天性の疾患は遺伝子によって決まるが、その遺伝子の変異は突然変異かもしれないし、特定の環境要因に影響を受けた結果かもしれない。サリドマイドという、妊娠中のつわりを治療する薬を飲んだことで手足に重い奇形のある子どもが生まれた事例を想定するとよいだろう。つまり、偶然の遺伝子の突然変異と環境要因による遺伝子の突然変異の2種類の要因があるということである。

また、感染症や事故・ケガは環境要因でのみ発生すると考えられがちであるが、実際はそうではない。感染症は感染源であるウイルスや細菌、寄生虫に接触することがなければ罹患しない。しかし、体の免疫によっても罹患するかしないかが決まることはもとより、感染源に近づくかどうかの行動も遺伝子によって決まる。持っている遺伝子によって感染するかどうか、そして発症するかどうかも変わるのだ。同様に、事故・ケガについても、偶然の転落など環境要因と考えがちであるが、例えばADHD（注意欠如・多動症）傾向がある場合、子どもは事故・ケガをするリスクが高いことがわかっており（ADHDを有する場合、不慮の事故で死亡するリスクは2倍以上）[1]、ADHDの遺伝要因の強さを考慮すると、事故においても遺伝子は無視できないと言える。アレルギー、肥満、喘息、虫歯、近視についても、遺伝子と環境要因の両方が存在していることは容易に想像がつくだろう。つまり、子どもの疾患には遺伝子も環境の影響も両方あり、何か関与できる部分（環境要因）もある一方で、どうしようもない部分（遺伝子要因）もある。したがって、変えることができる環境要因にアプローチすることで、子どもの健康を守ることが必要である。

子どもの健康を守る環境要因

私は、子どもに関する疫学研究として、どのような環境要因、特に親の関わりが疾患を予防するのかについて多くの研究を行ってきた。例えば、A-CHILD研究だけでも、

・野菜から食べていると太り過ぎとなるリスクが3割減(2)
・家庭での調理頻度が週3回以下の場合、子どもの肥満リスクは2・2倍(3)
・家庭での調理頻度が少ない家の子どもは血圧が高く、善玉コレステロールが低い(4)
・朝食欠食は子どもの糖尿病リスクを高める
・受動喫煙への継続した曝露で子どもの肥満リスクは1・7倍(5)
・受動喫煙に曝露した男子は脂質異常症になりやすい(6)
・祖父母と同居している子どもは肥満リスクが低い(7)
・子どもが祖父母と同居していることは虫歯リスクとならない(8)
・セルフコントロールが低い子どもは虫歯が多い(9)
・ポジティブな親子の関わりが子のレジリエンスを育み、虫歯を予防する(10)
・地域のソーシャルキャピタルが低いと麻疹の予防接種を受けない人が多くなる(11)

などを明らかにしてきた。このリストからも、本書でこれまで述べてきた身につけたいスキ

ルが子どもの健康を増進させることに影響していることを実感できるのではないだろうか。

子どもの健康は胎児期から

実は、子どもの健康は未就学期よりももっと早い時点で決まる。妊娠中からだ。妊娠中の栄養状態が、その後の子どもの、そしてその子が大人になってからの健康状態に影響するという話は、どこかで聞いたことがある方も多いだろう。イギリスの疫学者、デイビッド・バーカーによる成人病胎児期起源仮説（Developmental Origins of Health and Disease：DOHaD仮説）である[12・13]。この仮説は、妊娠中の低栄養状態により、胎児は生まれた後も栄養状態がよくないと予測し、その状況に適応するために臓器や組織などの身体システムの構造および機能を〝プログラミング〟するが、実際には出生後に栄養状態が改善されている場合、むしろ肥満や心臓病などの成人病になりやすくなる、というものである。例えば、妊娠中に低栄養状態にさらされた、つまり出生体重が低く生まれた児は、成人時に肥満や2型糖尿病になりやすいことが様々な人種における研究で報告されている[14〜20]。つまり、成人病胎児期起源仮説は、成人病の原因を特定の遺伝子に求めるのではなく、遺伝子の発現が決まる胎児期にどのような環境に曝露されていたかによって、将来の成人病のリスクを説明しようというものである。

幼少期など特定の時期において環境要因の曝露がより強く作用する場合もあると考えられ

る。それが「感受期（Sensitive Period）」である。幼少期における言語の早い習得が最もわかりやすい。これは決定的ではなく、大人になってからでも言語を習得することはできるが、幼少期の方が圧倒的に早い。言語への感受性が高いからだ。この考え方を疾病にも応用できる。例えば、幼少期に虐待を受けた子どもは、そうでない子どもより反社会的な行動や精神症状を示しやすく、大人になってから虐待を受ける場合よりその影響は強い[21]。しかしそれは決定的ではなく、その後の治療で変化しうるものである[22・23]。

出生体重に影響するのは低栄養だけではない。社会環境も影響する。その1つが社会格差だ。厚生労働省が日本国内で実施している出生コホート研究である4万人規模の「21世紀出生児縦断調査」の2001年から2002年にかけて行われた調査のデータを用いて、収入による社会格差が出生体重に影響しているかを調べたところ、社会格差が大きい県では、小さく生まれるリスクが1・2倍であることを明らかにした[24]。しかも、その影響は父親が大卒である場合には見られず、短大卒以下の場合においてのみ見られたのである。母親の学歴はまったくこの関連に影響を与えていなかった。つまり、社会格差の影響を父親が受け、そのストレスを家庭の母親に持ち込み、そのストレスがさらに胎児の発育に影響し、子どもが小さく生まれていたと考えられる（**図8-1**）。

社会格差そのものは直ちに変えることは難しいが、親自身がレジリエンスを発揮し、胎児期から子どもの健康を守ることが必要かもしれない。

図8-1　社会格差が胎児の出生体重に影響するメカニズム（文献24より）

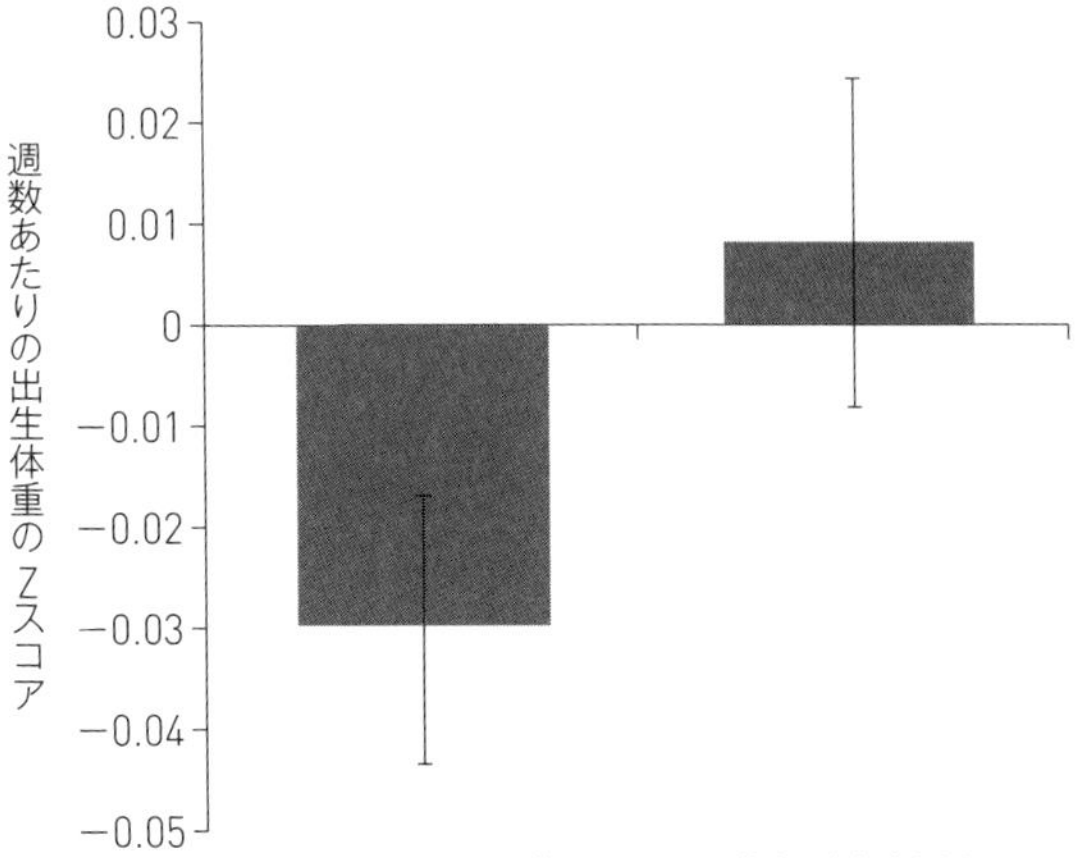

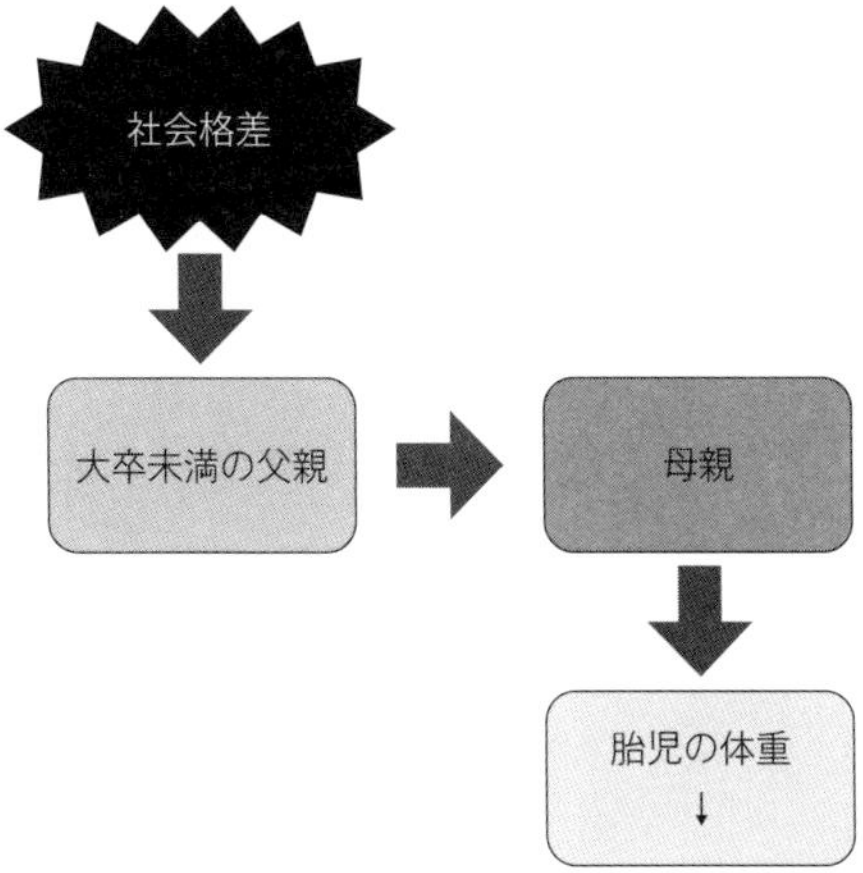

父親が大卒未満の場合にそのストレスが母親に持ち込まれ、胎児に影響し小さく生まれる。

父親の育児参加と事故予防

次に、子どもの死亡原因としても常に上位である事故の予防は優先順位が高いことから、父親の育児参加により1歳半までの子どもの事故を予防することを示した研究[25]を紹介する。この研究は、２００９年11月14日の読売新聞朝刊１面に大きく取り上げられ、父親の育児の重要性を喚起する研究として注目された。

用いられたデータは、先に述べた「21世紀出生児縦断調査」である。生後6か月の乳児の世話（食事を与える、おむつを交換する、お風呂に入れる、寝かしつける、遊ぶ、散歩する）に父親が関与することは、生後18か月までの幼児の負傷（転落、溺水、誤飲、火傷等）発生率にどのように影響するだろうか。研究の結果、生後6か月時点における父親の育児関与が高かった乳児が、生後18か月時点で不慮の事故を経験している可能性は、父親の育児関与の程度が低かった幼児よりも9％低かった。さらに、父親が子どもを散歩に連れて行く場合、すべての不慮の事故を防止する効果が高く、量反応関係が見られた（**図8-2**）。この結果から、生後6か月の時点で父親が育児に関わっていることは、生後18か月時点における外傷の防止につながっており、父親の育児関与によって子どもの事故を防ぐことができるかもしれない。

しかし、この研究はあくまでも父親が育児をしている家庭で子どもの事故が少ない、という関連を観察しているだけであり、父親の育児への関与を「高めた」場合に子どもの事故が

図8-2 父親が子どもを散歩に連れて行く頻度と子どもの事故リスクとの関係
（文献25より）

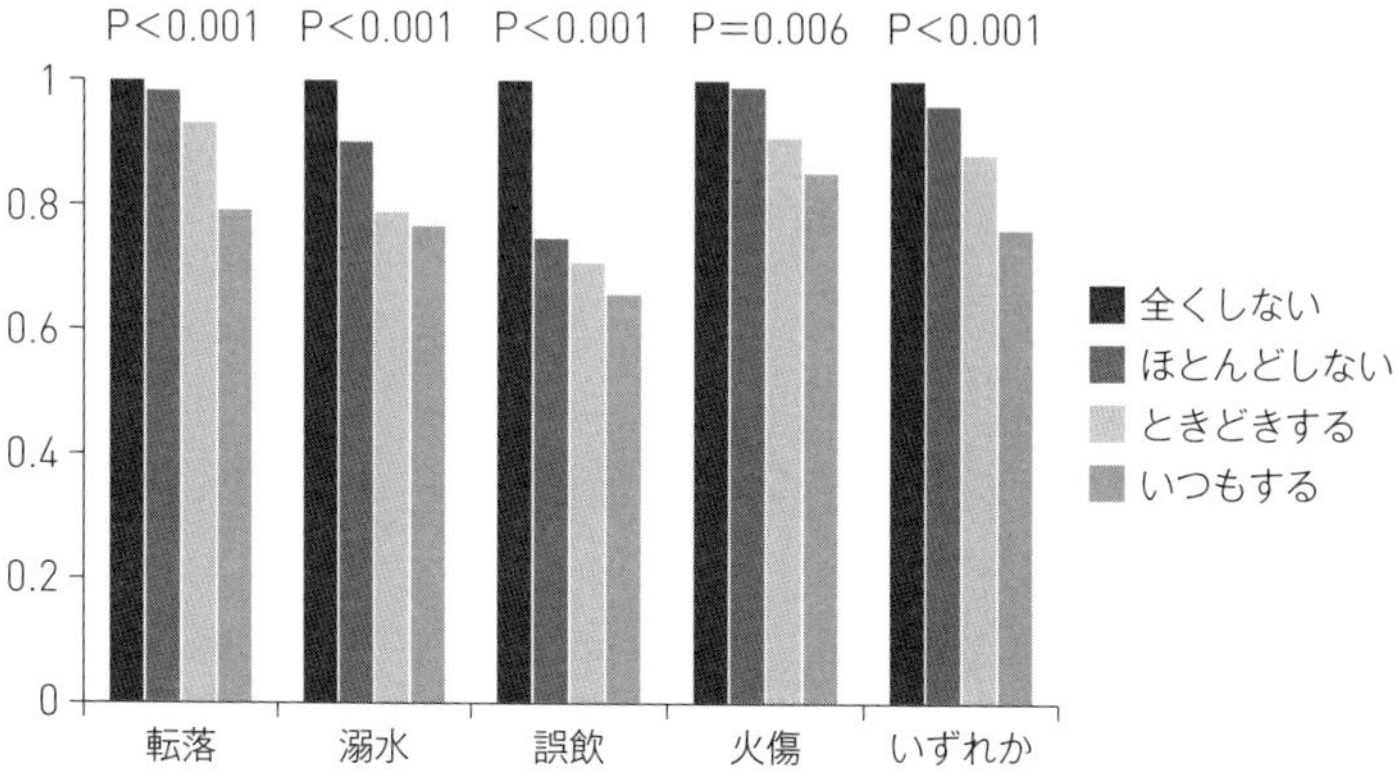

散歩に連れて行く頻度が高いと事故のリスクが下がる。

「減る」のかを明らかにしているわけではない。たまたま、事故を起こさないような気質の子どものお父さんが育児に関わっていただけかもしれないのだ。そのような見せかけの関係ではなく、本当に因果関係があるということを言うためには、実験をしなくてはならない。つまり、父親の育児への関与を高めるような教育的な介入を行うグループを設定し、介入を行わなかったグループの子どもの事故率と比較する必要がある。その際、介入を行うグループ（介入群）と行わないグループ（対照群）を無作為に決めることによって、子どもの気質や事故に関連する可能性のある遺伝子など正確に測定できない要因についての影響を排除することができる。なぜなら、そのような要因は介入群にも対照群にも同じ確率で存在するため、両群の事故発生率を比較した場合に、介入以外の要因で事故が起きる影響については相殺されるからである。

そこで、父親の育児参加を促す動画を作成し、東京都内の産科を有する2つの病院において約500人に参加してもらい、その半分である250人の介入群にこの動画のDVDを渡し、夫であり生まれてくる子どもの父親に見てもらうように促した。もう一方の250人の対照群については、これとは別の虐待予防（より正確には揺さぶられ症候群の予防）の動画のDVDを渡し、夫に見てもらうように促した。つまり、父親の育児参加が促されるものではない内容の動画である。そして、生後1か月、3か月、6か月、12か月、18か月の各時点において、質問紙により、家庭内でよく起きる事故でかつ危険と考えられる事故である転落、溺水、ドアに手を挟む、火傷があったかどうかを尋ねた。

その結果、父親の育児参加を促す動画を視聴した介入群で、父親の育児参加が高まることが確認された。(26) 特に高まっていたのは、「子どもと一緒に外出する」という育児参加であり、作成した動画でも最も注目したものである。さらに、動画視聴によって、1歳半である18か月までの事故が予防されていることが確認された（**図8-3**）。特に「火傷」と「ドアに手を挟む」については、統計的にも有意な減少があった。これらの結果から、父親の育児参加によって、何らかの子どもの事故予防につながることは言えそうである。

図8-3　父親の育児参加と事故リスクの関係（文献26より）

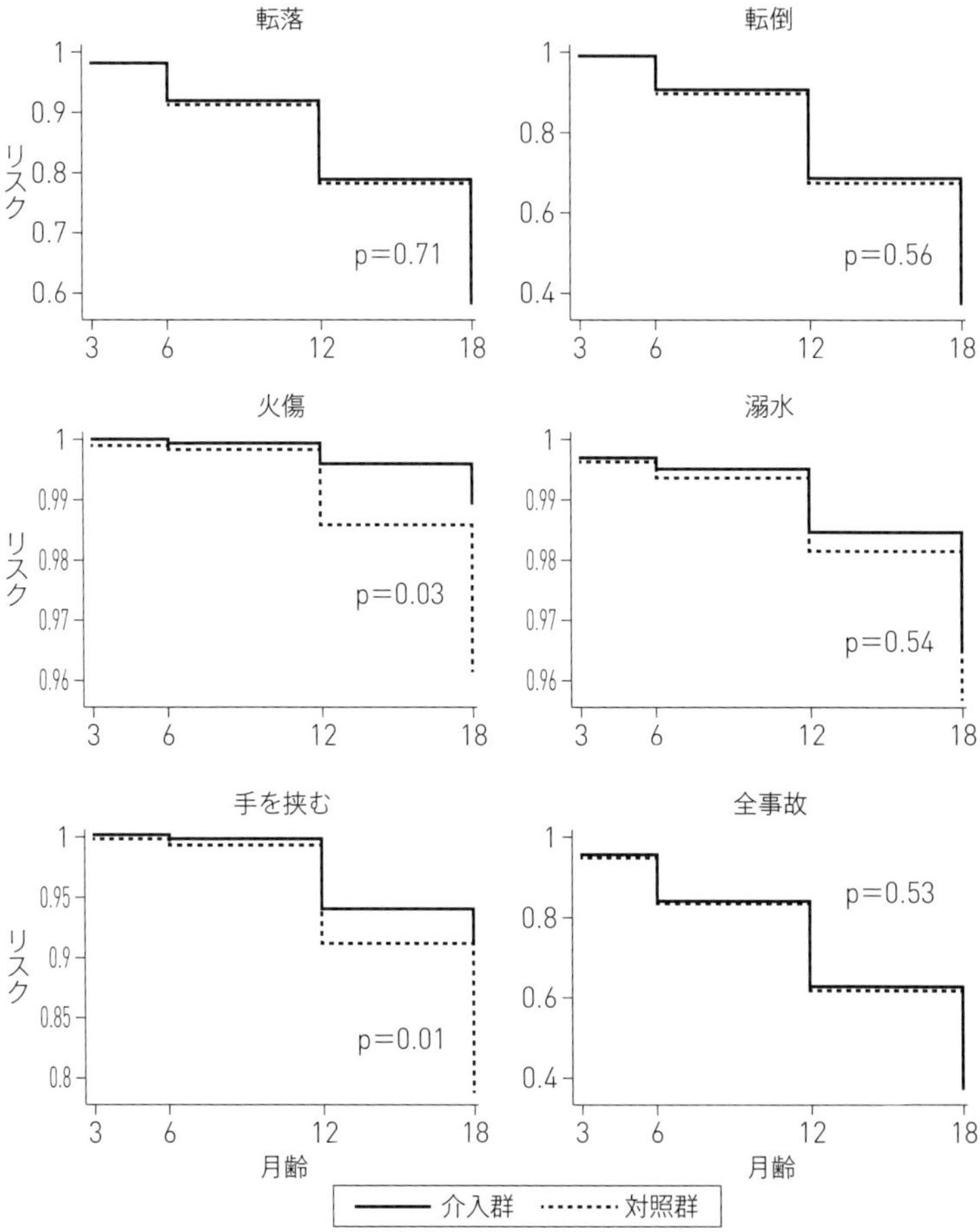

父親の育児参加を促す動画を視聴する群としない群のランダム化比較試験の結果。動画視聴群において、火傷と手を挟む事故の減少が確認された。

体力とは何か

続いて、健康から体力に拡げて考えてみたい。健康であっても、目標に向かってやり抜く体力がなければ、不確実な時代は乗りきれない。健康であっても、レジリエンスがあっても、机の前に座って勉強や仕事を辛抱強くやり抜くには、体力が必要なのだ。カリフォルニア工科大学教授の物理学者、大栗博司氏もその著書の中で、日本人と欧米人とでやっている研究の中身にはそれほど違いはなく、違っているのはずっと同じことをやり続ける体力だ、と述べている[27]。これは企業などでも通じる話であろう。

では、体力とは何だろうか。体力とは、古典的には、ストレスに耐えて生命を維持していく身体の防衛体力と、積極的に仕事をしていく身体の行動体力で定義されている[28]（**表8-1**）。すなわち防衛体力と行動体力であり、この防衛体力が健康のことである。また、肥満は、炎症を引き起こすことが知られていることから健康の要因でもあるが、体格として行動体力にも影響する。そして、行動体力の機能として持久性や筋力などが当てられ、子どもの体力テストで測定されている。

しかし、私は日本の体力テストで測定されている項目は、実感としての体力とは少し異なる気がしている。徹夜で仕事を仕上げるような体力のある人は、必ずしも持久走が速いわけではない。肥満は、健康上は問題となるが、寒い外で働き続けなければならない場合などの体力という面では有利になることもある。勉強も含めて単調な作業を繰り返しやらなければ

表8-1　体力の分類(文献28より)

体力	身体的要素	精神的要素
防衛体力	形態：器官組織の構造 機能：温度調節、免疫、適応	意志、判断、意欲
行動体力	形態：体格、体型、姿勢 機能：敏捷性、平衡性、筋力、協応性、パワー、柔軟性、持久性	精神的ストレスに対する抵抗力(レジリエンス)、やり抜く力(グリット)

いけない時には、姿勢を維持する筋力、そして集中力を長時間持続することが求められるが、これらは学校の体力テストでは測定されていないように思われる。

つまり体力とは、頑健性があり疲れにくいということと、積極的に取り組む行動力、バイタリティにあふれていることが同時に存在していなければならない。そこには、精神的なストレスに対する抵抗力としてのレジリエンス(逆境を乗り越える力)やグリット(やり抜く力)も関与するだろう。体力を考える際、身体的要素と精神的要素は切り離すことができず同時に重要であることがわかる。

そして、身体的要素と精神的要素の相互交流があることも踏まえなければならない。身体が疲れることで精神的にも追い込まれることもあれば(例えば、オーバーワークによる身体的な疲労から心理的な視野狭窄となり死にたいと考えてしまうなど)、精神的に疲れることで身体的にも悲鳴をあげることもある(例えば、ストレスで胃が痛くなる、湿疹が出るなど)。逆に、十分な睡眠をとって身体的な体力が回復した場合にモチベーションが湧くことは、朝にやる気が湧くことなどからも実感できる。また、誰かに応援してもらってモチベーションが高まった場合に、限界だと思っていた体力以上の行動ができることもある。これらを考えると、体力とは「身体および精神の相互交流に基づく頑健性とバイタリティ」と定義する方がよりよいのではないだろうか。これまでの体力の定義は、身体的側面と精神的側面のそれぞれを扱ってはきたが、それらが相互に関係し合ってダイナミックに頑健性とバイタリティを形作っているという点を強調しているという点で、体力に関する新しい考え方と言えるだろう。

子どもが不確実な時代を生き抜くために必要な体力を「身体と精神の相互交流に基づく頑健性とバイタリティ」と定義した場合、学校で測定されている持久走やボール投げとは違うものであることがよくわかる。持久走は一面的には身体と精神の頑健性を捉えているように見えるが、実際に求められているのは勉強や仕事など、やらなければならないことを継続して取り組まなければいけない時の身体と精神の疲れにくさなのであって、単に心肺機能や筋力としての持久力ではない。このように定義した体力を測定できるとしたら、野外でタスクを成し遂げるような負荷をかけた場合にどのぐらいの時間でできるのか、といったテストかもしれない。例えば、火起こしをどのぐらい早くできるか、あるいは50㎞程度の距離をどのぐらいの時間で歩けるか、などで測定できる可能性がある。

体力を高めるには

体力を高めるには、具体的にどのようなライフスタイルがよいのだろうか。体力についての新たな定義に基づく研究はまだないため、これまでの研究から類推すると、レジリエンスを高めることに関連していた運動、[29]そして睡眠に関連する環境要因を考えるとよいだろう。[30]とりわけ睡眠は、身体的体力にも精神的体力にも直結する。精神的体力と身体的体力の相互交流に基づく頑健性とバイタリティは、睡眠時間を自分にとって十分に確保すること、しかも規則正しくとること（いつも大体同じ時刻に寝ること、起きること）によって獲得されるだろう。そのメカニズムとして自律神経の働きが保たれること、免疫機能も活性化することなどが考えられるが、まだまだ未解明であり、今後の研究に期待したい。

適度な運動と規則的かつ十分な睡眠が健康に寄与することは当然と言えば当然であるが、この習慣を子どもの頃から身につけることが重要である。まだ未解決な課題は、どこから始めるかだ。運動するからよく眠れる、よく眠れるから健康になる・体力がつく、だから運動する、というサイクルは、よく眠ることから始めることがよい可能性もある。A-CHILD研究において、活動量計を用いて、いつ運動することが睡眠に寄与するかを調べたところ、早朝の始業前の軽い運動が早い就寝、つまり十分な睡眠につながっていた。[31]このことから、まずは早朝（学校が始まる前でもよいし、登校中でもよいし、登校してから授業が始まる前でもよい）の軽い運動から開始するのがよいかもしれない。とはいえまだまだ未解明の点が多く、新たな体力の定義に基づく測定の方法を確立し、親の関わりや学校環境、地域環境との関連について、さらなる研究が必要である。このように、どうすれば不確実な時代に求められる本当の体力を高めていくことができるかは、これから重要な研究テーマになると思われる。

第9章

虐待のライフコースにわたる影響

これまで、不確実な時代を生き抜くために、子どもにとって必要なスキルを育む子育てについて述べてきた。いわば「するべきこと：Do's（ドゥーズ）」である。一方、このようなスキルが育まれることを確実に阻害する関わり方がある。「してはいけないこと：Don'ts（ドンツ）」である。それが虐待とネグレクトだ。その影響は子ども期の健康や学力を阻むだけではなく、ライフコースにわたって高齢期まで影響することがわかっている。第7章ではレジリエンスを低くする要因としても虐待・ネグレクトが挙げられたが、本章では虐待・ネグレクトがいかに悪影響をもたらし、子どもの成長を阻むのかについて詳しく見ていきたい。

子ども虐待とは

「虐待」とは、狭義には子どもに脅威を与え攻撃することである。英語では「abuse」、語源をたどると「use（使う）」が「ab（離れた）」という意味で、「常識から離れた使い方」という意味になる。この「abuse」は、薬物乱用の「乱用」でも用いられている単語なので理解しやすいかもしれない。脅威を与え攻撃するだけではなく、何も与えない、というネグレクトもある。そのどちらも含む言葉として「maltreatment」、つまり「mal（悪い）」「treatment（扱い）」」、「不適切な養育」と表現する場合もある。いずれにしても、「子ども虐待」は「子どもへの不適切な養育」のことである。日本では、身体的虐待、心理的虐待、ネグレクト、性的虐待の4種類で定義される。欧米ではさらに、ネグレクトを心理的ネグレクト（子どもにまったく応答しないなど)、身体的ネグレクト(必要な食事を与えないなど)、医学的ネグレクト(治療が必要な状況にもかかわらず病院に連れて行かないなど)に分けることもある。アメリカの疾病予防管理センター(Center for Disease Control:CDC)は、子ども虐待を「親または他の養育者からのあらゆる行為、または作為(積極的に加害を仕向けること)または不作為(見て見ぬふり)で、子どもに危害を加える、その可能性がある、危害の脅威を与えるもの」と定義している。大事な点は、「子どもの視点」に立つことである。〝子どもにとって〟有害かどうかで判断するものであり、養育者の認識で判断するものではない。しつけ、特に体罰についての議論において、この視点は重要である。

虐待の実態

日本では子ども虐待がどのぐらい起きているのだろうか。まず確認すべきは児童相談所における相談対応件数である。2020年度の児童相談所における虐待相談対応件数は20万件を超えている。[1] 年齢別に見ると、0~2歳が4万件(19%)、3~6歳が5・3万件(26%)、7~12歳が7万件(34%)、13~15歳が2・8万件(14%)、16~18歳が1・5万件(7%)で、未就学期が45%を占める。また、虐待の発生率については、同年度の15歳未満の人口は1512万人であり、人口比では子ども100人あたり1人程度と算出される。虐待の種別で見ると、身体的虐待が24・4%、心理的虐待が59・2%、性的虐待が1・1%、ネグレクトが15・3％で、心理的虐待が多い。これは、家庭内暴力（domestic violence：DV）の目撃を心理的虐待とカウントするためである。

ところが、児童相談所の虐待相談対応件数は実態を反映していない可能性がある。なぜなら、市町村に相談されている虐待は把握されていないし、児童相談所にも市町村にも相談されていない虐待は相談件数の何倍もあると考えられるからだ。そこで、一般成人を対象に、子どもの頃の虐待歴を思い出してもらう調査をすることもある。これにより、虐待がどの程度の割合で存在するのかを把握することができる。世界精神保健調査（World Mental Health Survey：WMH）の一環として日本で実施された世界精神保健日本調査（World Mental Health Japan Survey：WMHJ）は日本の成人を対象にした調査で、この調査で子どもの頃の虐待経験を聞いたところ約10人に1人が「子どもの頃に身体的虐待を受けたことがある」と答えていた。(2) 児童相談所の相談件数で把握される実態と比べると、身体的虐待の把握はまだ不十分と思われる。ネグレクトはさらに把握が難しい。食事を与えないなどによる身体的ネグレクトは極端な痩せによる身体所見から把握できるが、子どもに愛情や関心を示さないなどの心理的ネグレクトは把握が困難であり、その実態を少なく見積もっている可能性が高い。性的虐待は欧米と比べて非常に少なく報告されており、アメリカでは10％程度に上るが日本では1％程度しか把握されていない。その理由として、日本では性のタブー視、性教育の遅れによって、被害を受けた子どもが告発するに至っていない状況が影響していると思われる。

図9-1　ブロンフェンブレナーのエコロジカルモデル（文献3より）

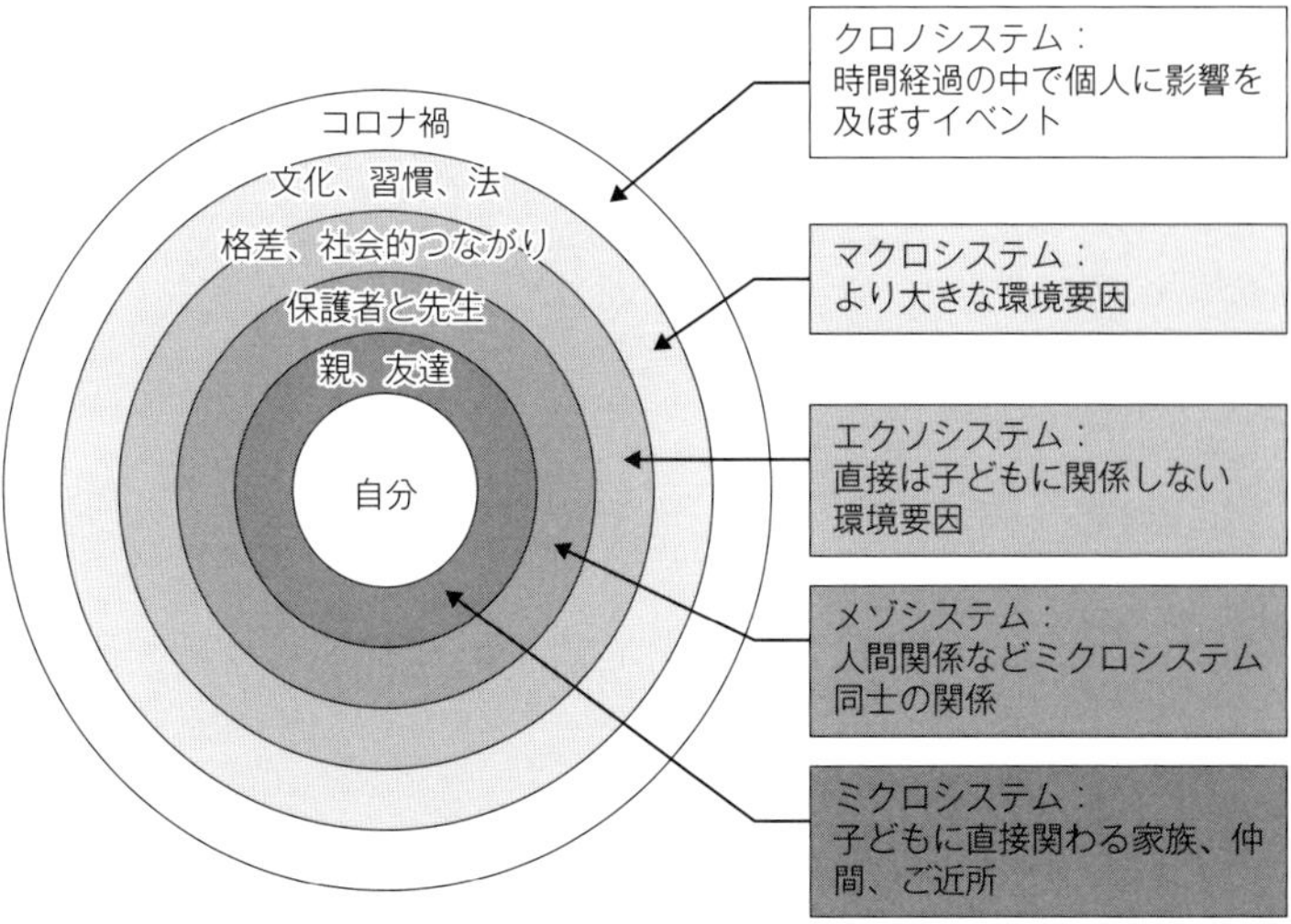

まとめると、少なくとも子どもの100人に1人は児童相談所に通告され虐待相談を受けており、把握されていない子どもも含めるとおよその10倍程度の、10人に1人程度は虐待を受けているというのが日本の現状であろう。

子ども虐待を考えるフレームワーク

子ども虐待など子どものウェルビーイングを脅かすものを考える際、ロシア出身でアメリカで活躍した発達心理学者、ユリー・ブロンフェンブレナーのエコロジカル（生態学的）モデルを用いる[3]（**図9-1**）。このモデルは、子どもを中心に、子ども自身の世界であるミクロシステム（親、友達、先生など）、そして子どもを取り巻く世界であるメゾシステム（親と学校の連携、学校の資源、地域の資源など）、より大きく間接的に子どもに影響を与える世界であるエクソシステム（社会格差、ソーシャルキャピタルなど）、より大きな文化や政策、社会状況などのマクロシステムに分けて捉える見方である。さらにその外側にあるのがクロノシステムで、時間経過の中で個人に影響を及ぼすイベントを指す。新型コロナウイルスのパンデミックがその好例と言える。

このフレームワークで考えると、子ども虐待の予防のためには、子ども自身の要因（先天性の疾患、発達障害など）へのアプローチや家庭への支援（経済的支援、ペアレントトレーニングなど）だけでは不十分であることがよくわかる。それら個別の子ども・家庭への支援だけではなく、家庭とどう保育園や幼稚園・学校が連携するのか、そこには子どもを支える資源があるのか、福祉との連携はどうか、そもそも子どもを大事にする社会的規範、風土があるのか、といったより根源的な〝原因の原因〟に目を向けることで子ども虐待を予防できると考えるのだ。

子ども虐待の長期的・次世代への影響

虐待を受けた子どもはその後、どのような人生を送るのだろうか。子ども虐待は、その後の人生に影響がないとしても許容できるものではない。しかし、虐待の影響が長期的に残ることを知ることで、虐待の加害性をより理解できると考えられる。

近年、子ども虐待は、その背景にある家庭内暴力（DV）や親の精神疾患、親の薬物中毒、親の犯罪歴、親の死亡、親の離婚、貧困なども含めた「子ども期の逆境体験（adverse childhood experience：ACE）」として捉えられることが多い。このACEに関する研究は、1985年にアメリカの医師、ビンセント・フェリッティが自身の肥満専門クリニックで半数以上の肥満患者が通院を途中でやめてしまう原因を探るため、通院をやめてしまった患者へのインタビューを行ったことから始まった[4]。その結果、通院をやめた患者の多くが、子どもの頃に性的虐待を受けた経験を持っていたことがわかった。

その後、CDCによる大規模な疫学調査により、ACEを数多く、特に4つ以上持っている場合に、中高年になってから肥満、心臓病、糖尿病、自殺念慮などを発症するリスクが極めて高くなることが明らかになった[5]。この研究は、欧米を中心に行われた37の研究を対象にシステマティックレビューおよびメタ解析を行った研究でも再現性が確認されている。ACEが4つ以上ある人は、ACEがない人に比べて、成人になってから生活習慣が悪くなる。例えば、喫煙や過度の飲酒を行うリスクは2～3倍、危険な性行動（性感染症、複数の性的パートナーを持つこと、10代での妊娠など）が起きるリスクは3～6倍、薬物乱用のリスクは7倍以上であることが報告されている[6]。そして、メンタルヘルスへの長期的影響として重要なのは自殺リスクである。ACEが4つ以上ある場合、自殺未遂のリスクは30倍以上だ。これら生活習慣の悪化、メンタルヘルスの悪化から、身体的健康にも影響することがわかっている。肥満や糖尿病となるリスクは1・5倍程度、循環器疾患や呼吸器疾患、がんは2～3倍なりやすいことが明らかにされている。[6]

日本人でも同様の影響が確認されている。前述のWMHJのデータを用いた研究では、ACEがある場合にうつ病、不安障害のリスクが高まることを確認している。[2] さらに、高齢者を対象とした大規模な研究である日本老年学的評価研究（Japan Gerontological Evaluation Study：JAGES）では、ACEの数が1つでもある場合、ない場合に比べて、日本の高齢者における不健康意識、がん、糖尿病、喫煙、肥満、高次機能、残存歯数、認知症のリスクを高めていることが確認されている。[7～10] その影響による高齢者の医療費の増加分は、少なく見積もっても年間3330億円にも及ぶことがわかっている。[11]

その生物学的経路として、ACEによるストレスが脳に直接インパクトを与えて脳梁や海馬を小さくさせたり、ストレスホルモンのシステムである視床下部-下垂体-副腎系（ストレスを脳が認識すると、脳の視床下部［Hypothalamic］からのホルモンが脳の下垂体［Pituitary］に届き、そこからさらにホルモンが放出されて副腎［Adrenal］に届き、副腎からストレスホルモンが放出されること。各臓器の頭文字からHPA軸と呼ばれる）を常に活性化させることによって炎症反応、免疫系の悪化などの影響をもたらすことが指摘されている（**図9-2**）。特に重要なのは、ACEによって生じるストレスに対処するために依存性が高まり、不健康な生活習慣（喫煙、飲酒、過食、リスクのある性行動など）をとってしまうことで疾患を発症しやすくなると考えられている。[12]

図9-2　視床下部-下垂体-副腎系（Hypothalamic-Pituitary-Adrenal：HPA軸）の概要

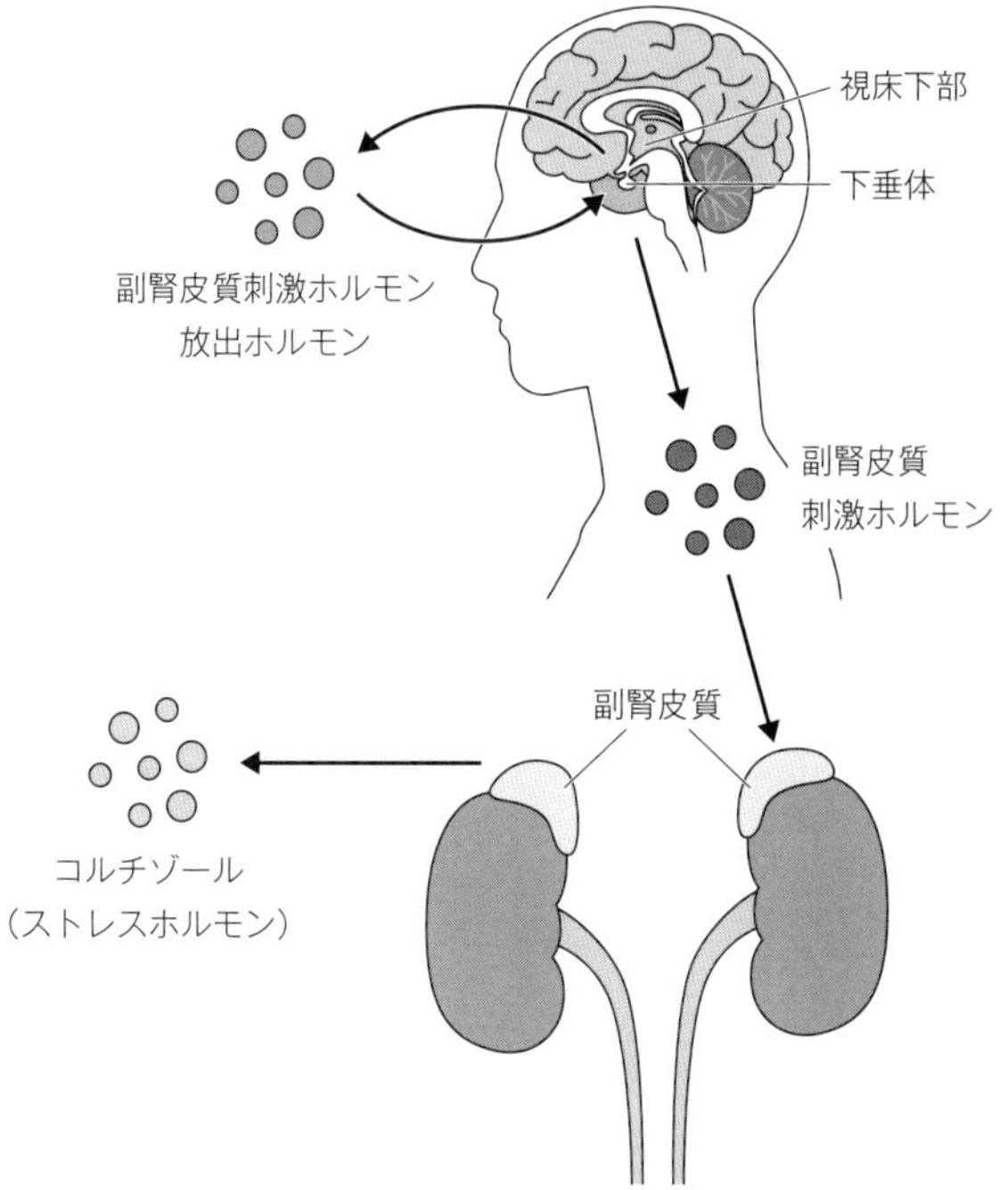

虐待を受けた場合の脳への影響に関する最初の報告は、イェール大学のJ・ダグラス・ブレムナーらの研究である。身体的虐待、性的虐待を経験し、PTSD（心的外傷後ストレス障害）を発症している成人の患者のMRI画像から、記憶に関係する左脳の海馬の体積が12％小さくなっていることが明らかにされた[13]。これは、忌まわしい記憶を消すた

めに、海馬の体積が小さくなることで適応をしているとも考えられる。また、ハーバード大学の精神科医、マーティン・タイチャーらは、ネグレクトを受けた場合に、左右の脳をつなぐ脳梁と呼ばれる神経繊維の体積が小さいことを発見した[14]。これは、ネグレクトを受けた場合に、左右の脳を統合していくことが難しくなっていることを示しており、アンバランスな行動をとることを説明する重要な知見である。また、思春期前の虐待は扁桃体の感情刺激に対する反応を鈍化させる一方、思春期以降にいじめを経験すると、扁桃体の感情刺激に対する反応が過剰になることも報告している[15]。そして、虐待を受けた場合にはドーパミンの報酬系が反応しにくくなっていること[16]、PTSDや自殺、依存症、うつ病などにならないように脳の過剰な反応を抑える指示を出す内側前頭前野の体積が10%以上小さくなっていることがわかっており[17]、これらが虐待によるメンタルヘルスの悪化を説明するものと考えられている。

さらに、子ども虐待の長期的影響として、次世代、つまり子ども虐待を受けた人が親となり自分の子どもに虐待を繰り返す、いわゆる虐待の連鎖、さらにその子どもの健康被害についても多くの知見が得られている。例えば、84の研究をまとめたメタ解析によると、幼少期に虐待を受けた親が自分の子どもを虐待するリスクは、被虐歴のない親に比べて約3倍高いと報告されている[18]。もちろん、虐待を受けた子どもが大人になって親になった時に、必ず生まれた子どもを虐待するわけではない（詳細は後述）。あくまでもリスクが高まるということである。また、虐待を子どもの頃に受けた場合に、たとえ生まれてきた子どもに虐待をしなくても、子どものメンタルヘルスや学力に対して母体を通じた直接の影響があることもわかっている。高知県における小学生、中学生、高校生を対象にした研究で、母親に子どもの頃に虐待など逆境体験があったことを確認し、そしてその母親の子どものメンタルヘルスへの影響について調べた結果、うつ状態、問題行動のリスクが高かった。しかも影響はそれだけではなく、子どものレジリエンスや自己肯定感などのポジティブな精神的健康状態の悪化にまで及んでいた。そしてなんと、学校の成績も悪いことがわかったのである[19〜20]。

新型コロナと子ども虐待

前述のエコロジカルモデルにおけるクロノシステムの例として、新型コロナウイルスのパンデミックを挙げた。子ども虐待は、コロナ禍においてどのように変化したのかを丁寧に観察することによって、子ども虐待がなぜ起きるのかについて理解を深めることができる。児童相談所が把握する虐待相談対応件数は、コロナ禍の2021年度は20万7660件で、これまでの増加傾向からすると微増であった[22]。しかし、**図9-3**（次頁）に示すように、コロナ禍前から子ども虐待は年々増えており、年次の増加傾向を考慮した上でもコロナ禍の影響によって増えたのかどうかについては疫学的により丁寧な解析が必要となる。

A-CHILD研究では、コロナ禍による虐待の増減について精緻に検討できるデータを提供できる。すなわち、コホートAはコロナ禍前の2016年に小学4年生時の虐待を調査し、同じ集団を追跡してその2年後の2018年に小学6年生時の虐待を調査した。コホー

図9-3　児童虐待相談対応件数の推移(文献22より)

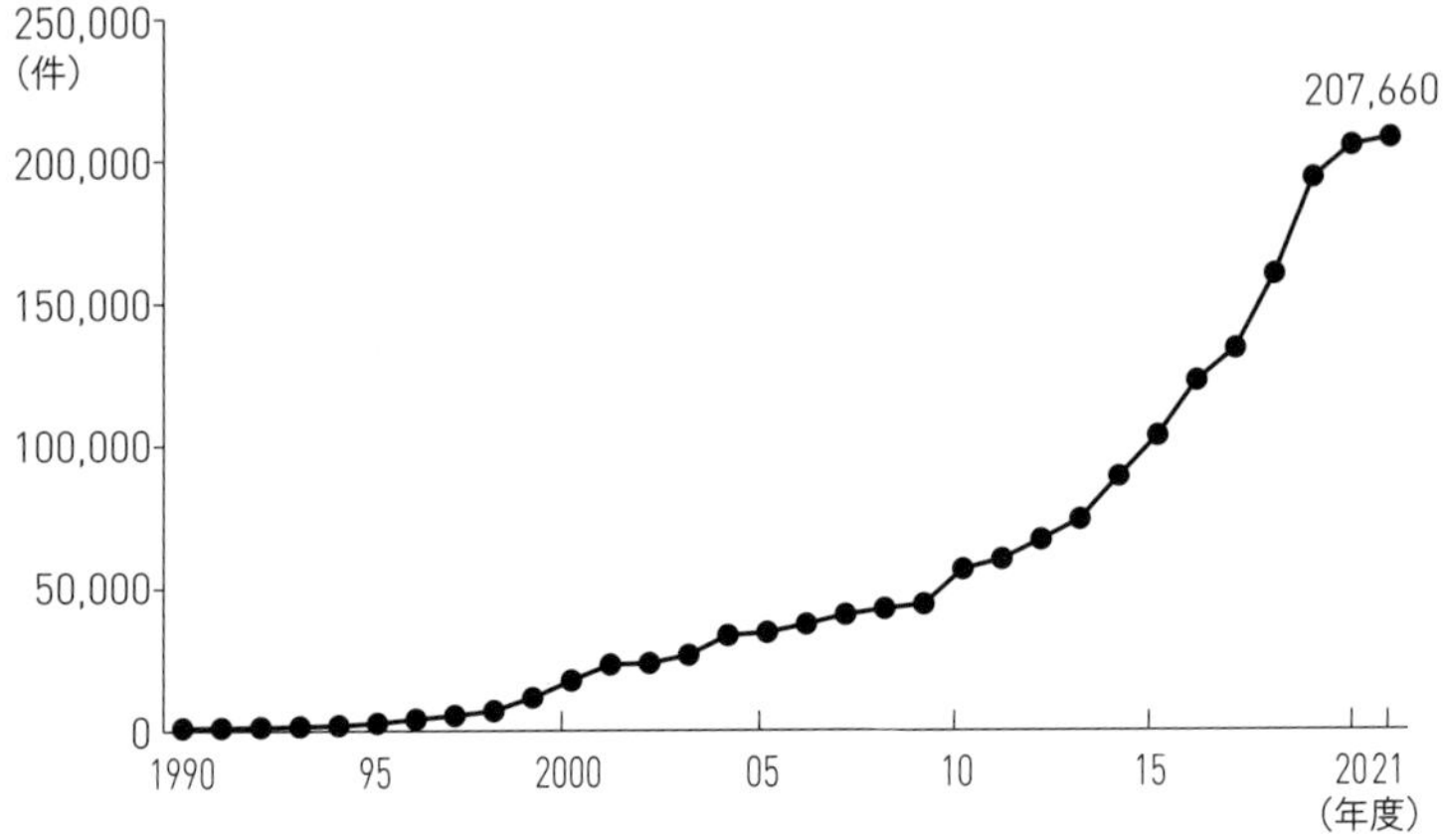

コロナ禍により上昇傾向は頭打ちになっている。

トBはコロナ禍前の２０１８年に小学４年生時の虐待の調査をし、同じ集団を追跡してコロナ禍が起きた２０２０年に小学６年生時の虐待の調査をした。コホートAとBを比較することで、コロナ禍前の集団である「コロナ非曝露コホート：コホートA」における小学４年生時点から小学６年生時点における「虐待の変化」と、コロナ禍を経験した集団である「コロナ曝露コホート：コホートB」における小学４年生時点から小学６年生時点における「虐待の変化」とを比較することで、コロナ禍による虐待への影響を正確に見ることができる。これを「差分の差分析」という。２０２１年にノーベル経済学賞を受賞したカード博士らが開発したことで知られる手法である。

　その結果、小学校高学年では、コロナ

禍による虐待の増加はなかった。むしろ減少していた。身体的虐待では変化がなく、心理的虐待、ネグレクトは減少傾向にあった。男女に分けてみても増加を示す根拠はなかった。一方で、コロナ禍が起きた時、世界中の虐待研究者は虐待が増加すると予想した。実際に、私も参加した「国際子ども虐待ネグレクト防止学会」の非公式会議においてそのような意見が相次いだ。想定されたコロナ禍による虐待増加のメカニズムは、以下のように説明される。まず、コロナ禍によって普段は家にいない父親が、テレワークのために家にいる。あるいは仕事がなくなって家にいる。すると、親と子、夫婦が普段とは違う距離感になり衝突が増える。さらに、コロナ禍によって収入が減り、その経済的ストレスが直接家庭に持ち込まれ、最も脆弱な立場にある子どもに虐待という形で向けられる。したがって、コロナ禍によって子ども虐待も増えるだろうと考えるのは当然であった。

そこで、国際的なネットワークを活かして、世界中の20か国においてコロナ禍による虐待への影響を検証した。その結果、多くの国でコロナ禍によって児童相談所の活動が制限され、子ども虐待の把握が減ったということが明らかになった[23]。つまり、児童相談所など虐待対応施設が把握する相談ケースの数は減っていた。特に、学校の閉鎖によって子ども虐待の発見が遅れていることが指摘された。

これらの結果からわかることは、まず、子ども虐待は家庭だけではなく、学校や福祉施設などに子どもが行かないと発見されにくい、ということである。子どもは家庭だけで生きているのではない。子どもは社会の中で生きていることについて、もっと重要視すべきであろう。次に、子ども虐待を考える上での家庭の重要性である。A-CHILD研究からは、家庭における虐待について直接聞いても、増加は確認できなかった。日本では、コロナ禍により自殺率、特に若い女性の自殺率が上昇したことから[24]、親も子どももコロナ禍によりメンタルヘルスへの影響を大きく受けていると言えるだろう。それでもなお、虐待への影響がなかった理由として、日本においてはコロナ禍によって親が家庭にいる時間が増えたことで家族機能が強靭化され、虐待が増えなかったのではないかと私は考えている。もちろん、小学4年生から6年生という年齢では、子どもの居場所は学校が中心となっており、家庭における虐待自体が発生しにくくなっていたことも影響していると思われる。同様の調査を小学校低学年または未就学児で実施した場合には、異なる結果が得られたかもしれない。

ともあれ、コロナ禍の経験から子ども虐待を考える場合に重要であるとあらためてわかったのは、家族機能の重要性、学校・地域などの社会環境の重要性である。家族機能とは、家庭に誰が、いついるのか、どのような関わりがあるのか、子どもにとって必要なものがあるのか、子どもが安心して過ごすことができるのか、という視点である。そして、学校・地域の社会環境とは、問題を抱えている子どもを把握し支援するシステムが機能しているのか、という視点である。コロナ禍によって運動会や修学旅行など子どもにとって大事なイベントがなくなったが、そのことで子どものメンタルヘルスが大きく阻害されたというよりも、対面でのコミュニケーションなどが阻害されることによって孤独感を抱き、メンタルヘルスを悪化させていたことによる影響の方が大きい。むしろ、楽しいイベントがなくとも、子どもはレジリエンスを発揮してうまく対応し、乗り越えたと言える。それでも、学校や地域社会においてどうしても対応が必要な子どもを見出し、支援を差し伸べるシステムを崩してはならない。

なぜ子ども虐待は発生するのか、そしてなくならないのか

これらの現状を踏まえた上で、なぜ子ども虐待は発生するのかについて考えていきたい。なぜ自分の子どもを痛めつけたり、放置したりするのか。この議論においてまず踏まえなければならないのは、第1章でも述べたように、進化論的な視点である。リチャード・ドーキンスが言うように「利己的な遺伝子」の乗り物である肉体ならば、自分と同じ遺伝子を持たない連れ子の場合は、虐待する可能性が高いということだ。しかし、利己的な遺伝子論ですべてを説明することはできない。すべての継父や実母の交際相手が、母親の連れ子を虐待するわけではない。

では、なぜ虐待に至るのか。そのヒントを、第3章のアタッチメントのところでも述べたオキシトシンというホルモンの働きを例に考えてみたい。オキシトシンは子どもが生まれると自然に母親の体内で多く分泌され、授乳を促し、子どもへの関わりを増やすことで、子どもの生存確率を高める戦略をとってきた。このように述べると、オキシトシンは母親の体内でしか分泌されないように思われるがそうではない。父親の体内でもきちんと産生され、子

どもへのアタッチメント行動を高めることがわかっている。

このオキシトシンが働くか否かで、虐待するかどうかが決まるのだろうか。実際にはそれほど単純ではない。確かに、産後うつの母親はオキシトシンが分泌されず、それによって子どもへの働きかけがなく、ネグレクト状態になることが報告されている。[25] しかし、オキシトシンだけでネグレクト傾向が決まるわけではない。産後うつそれ自体がネグレクトの原因であって、オキシトシンはたまたま関連していた可能性もある。また、オキシトシンが高い場合に、自分の仲間内ではない者、〝よそ者〟に対する攻撃性、特に自分の仲間が危険にならないようにするための攻撃性が増すことがわかっている。[26] つまり、もし親が自分の子どもを〝よそ者〟と認識するようになった場合は、オキシトシンによって虐待のリスクが高まってしまうとさえ言えるのだ。

それでは、なぜ自分の子どもを〝よそ者〟と考えてしまうのだろうか。私は、親の〝自己実現〟を是とする社会の影響があると考えている。つまり、親が自分自身の〝自己実現〟を追求することを是とする社会において、子どもは自分のやりたいことをやる上で邪魔な存在、あるいは自分の自己実現の手段と化してしまっているのではないだろうか。この場合、子どもそれ自体をありのままに受け入れ、大事にするという視点が欠けてしまうことになる。私が実施した、赤ちゃんの事故予防に関する調査で、出産直後の母親の自己実現について「満たされない自己尺度」で測定し、生後3か月の赤ちゃんを可愛いと思えない傾向との関連を見たところ、正の関連が見られた。そして、その関連は1歳半まで続いた。さらには、虐待とも正の関連が見られた。やはり、親の満たされない自己実現が子どもを〝よそ者〟と認識させる方向に作用し、虐待やネグレクトにつながっている可能性は高いと考えられる。

とはいえ、親の自己実現それ自体を否定するものではない。自分のやりたいこと見つけ追求することは、親自身も不確実な時代を生き抜くために必要なことだ。これは、第5章におけるモチベーションの重要性で述べた通りである。ところが、社会として各自の自己実現を追求することを是とした場合に、それはやがて「自己責任」という言葉で返ってくることになる。そのような社会においては、ゆとりがなく、子どものことを考える余裕がなく、子どもが生まれても、子どもの立場に立つことができなくなってしまっているのではないだろうか。社会からあまりにも早い速度で物事を処理することを求められるため、子どもの側に立つことができなくなってしまっている。そう考えると、過度に自己実現、自己責任を是とする社会のあり方を変えていかないといけないのではないかと思われる。

さらに、ライフコースの視点で見た場合に、どのように育てられたか、という視点も考察しておく必要がある。すでに述べたが、被虐歴がある場合に、自分の子どもに虐待をするリスクが高まることが報告されている。しかし、子どもの頃に虐待を受けたすべての親が、生まれた子どもを虐待しているわけではないことに注目すべきである。虐待を受けた場合に自分の子どもにも虐待をしてしまうのは約3割で、残りの7割は世代間連鎖をせず虐待の連鎖を断ち切っているのだ[27]。どのように育てられたかで、生まれた子どもをどのように育てるかの〝すべて〟が決まるわけではない。

私は、世代間連鎖よりも同世代連鎖の影響の方が大きいと考えている。例えば戦争である。どのように育てられても、戦争という、暴力が肯定される時代に生まれた場合に、暴力をもって子どもをしつけることが是とされれば、親から虐待を受けていなくても子どもに手をあげてしまうだろう。実際に、高齢者の研究から、父親が戦争に行き、戦死した場合と帰還した場合で、その後の子どもの健康状態が異なることがわかった。つまり、親が戦死した場合には、戦争によって父親が経験した暴力が家庭内にもたらされることはなく、その子どもは70年経った高齢期においても健康に暮らしているが、父親が戦争から生きて帰ってきた場合には、家庭内暴力や身体的暴力を子どもが受けることになり、高齢期における不健康リスクが高まることがわかっている[28]。

発達障害、問題行動と虐待

さて、虐待の要因として子どもの側の要因があり、子どもが育てにくい、発達障害があること、などが挙げられることがある。私自身は、この考え方に強い違和感を持っている。なぜなら、育てにくいと感じたり、発達障害がある場合には虐待をしても仕方がない、と捉えられかねないからだ。もちろん、育てにくい場合にイライラしてしまうのは理解できる。しかし、それをもって虐待をしてよいことにはならない。むしろ、虐待をすることによって、発達障害によく見られる問題行動が多くなると考えている。

私の研究室では、問題行動によって虐待が起きるわけではなく、虐待をすることで問題行動が悪化することを調査研究し、報告してきた。例えば、2011年の東日本大震災を子どもが未就学期に経験した親子の調査である。この親子を追跡していくと、震災後に虐待があった場合に、震災から5年経った時の問題行動が顕著に悪化していた[29]。さらに、2001年に日本で出生した約5万人を追跡した「21世紀出生児縦断調査」のデータを用いて、3歳半の時に軽度の体罰である「お尻ぺんぺん」をした場合に、5歳半での問題行動が悪化することも明らかにした[30]。これは3歳半の時点での体罰について、統計的にあたかも無作為に体罰を行うグループとそうでないグループに実験的に割り振った実験をしているかのような解析を実施し、子どもの生まれつきの気質による影響がほとんどないように工夫して分析を行ったものであり、虐待による問題行動への影響があることを示したものである。

そしてこの関係性をさらに精緻に明らかにすべく、A-CHILD研究のデータを用いて分析を行った。これは、小学1年生から2年生、4年生までの3時点において、虐待の状況の変化と問題行動の変化について解析した研究である。個人のそれぞれの変化（差分）をとることによって、個人の持つ遺伝子や性格、家庭環境、地域環境などの影響を排除し、純粋に虐待と問題行動の関係を取り出すことのできる解析手法を用いたのである。子ども本人の遺伝子や性格など、持って生まれたものの影響を排除できるため、発達障害傾向などの要因ではなく、虐待によって問題行動が増えていることが確認できると言える。その結果、虐待が少しでも多い場合に、問題行動は増えることが明らかになった。さらに、レジリエンスは下がり、思いやりで表される向社会的行動は減少することがわかった[31]。

発達障害や問題行動のある子どもを育てるのは辛抱がいるものだ。しかし、「厳しいしつけ」という虐待的な関わりによって問題行動を低減させることはできない。むしろ悪化させる可能性の方が大きいということは、確かな事実である。

子ども虐待を乗り越える

子ども虐待を防ぐために必要なことは様々挙げられるが、ポイントとして今の日本社会で決定的に欠けているのは「子どもの視点」「子どもの権利」である。子ども自身が何をしたいと思っているのか、自己決定できているのか。社会のための子どもから、子どものための社会に転換しなくてはならない。

ルソーが言うように、子どもには子ども固有の世界があり、子ども固有の成長を助ける関わりが必要だ[32]。子どもであることの重要性、そしてより根源的には生まれてきたことの意味、使命を持っているという思想を社会の中に根付かせることが、社会として子ども虐待を乗り越えるための方途であると考えられる。そして、そのような思想を持って子どもを育む、見守ることは、コロナ禍やウクライナ危機、気候変動など先の見えない不確実な時代においても、のびのびと自分らしさを発揮して対応していける子どもを育んでいくことにつながると思われる。

第10章

地域社会にできること、思春期からできること

これまで、未就学期から小学校低学年、つまり思春期前の子どもにどのような子育てを提供することで、不確実な時代を生き抜く大人へと成長させることができるかを述べてきた。そこには、するべきこと（アタッチメント、セルフコントロール、共感力、レジリエンス、健康・体力）と、してはいないこと（虐待・ネグレクト）があることを紹介してきた。このような話をすると必ず、「地域でできることはないか」、また「もう子どもは思春期だがまだ間に合うのか」といった質問を受ける。そこで本章では、不確実な時代を生き抜けるように、地域で、また思春期から子どもにどのような関わりをすればよいのか考えてみたい。

地域でできること：人々のつながりを強める

まず、地域でできることとは、自分が住んでいる地域、あるいは属しているコミュニティの人々同士のつながりを強めることである。人々のつながりの重要性は、東日本大震災でもコロナ禍でも実感した人は多いと思われる。では、人々のつながりとは一体何だろうか。実はこのつながりには、3つの種類がある。

1つ目は、社会的ネットワークである（**図10-1**）。誰かとつながっているという状態を「必要があれば連絡がとれる」と定義し、何人とつながっているのかを聞くことにより数字で量的に評価したり、誰と、どのような種類の人とつながっているのかを聞くことで質的に評価することが行われてきた。これは、社会的ネットワーク・インデックスとして数値化されて

図10-1　社会的ネットワークと社会的サポートの概念図

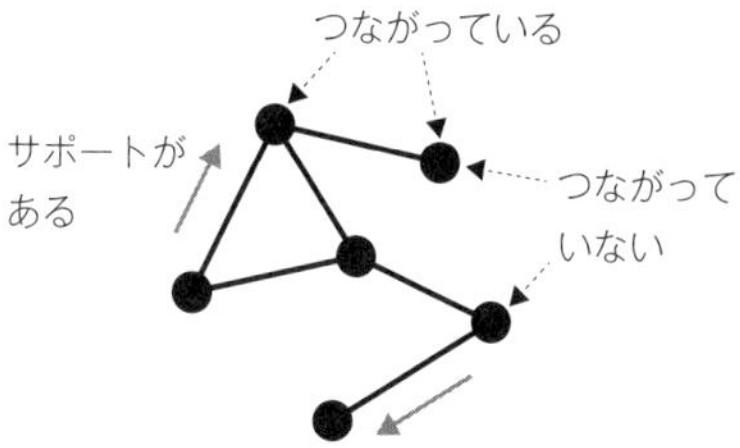

・情緒的サポート
（例：相談に乗ってくれる）
・手段的サポート
（例：車を出してくれる、金銭的援助）
・情報的サポート
（例：健康によい食べ物を教えてくれる）
・評価的サポート
（例：自分の行動や意見を肯定してくれる）

つながりという社会的ネットワークの上をサポートが流れる。

きた。私の研究室で実施した日本人を対象にした研究で、親の社会的ネットワーク・インデックスが高い、つまり多様な社会的つながりがある場合に、子どものレジリエンスが高まることを明らかにしている[1]。これはおそらく、親に多様なつながりがあることで、子どもにも多様な価値観に触れることができる、または様々なロールモデル（目標となる人）やサードプレイス（家でも学校でもない第三の居場所）を得る機会が増えるためではないか、と考えている。

2つ目は、社会的サポートである（**図10-1**）。社会的サポートは、誰かとつながっていないと受けることができないし、与えることもできない。すなわち、社会的ネットワークの上を流れるものである。そして、方向性があり、提供する人と受ける人がいる。また、社会的サポートを望めば受けることができる、つまり自分の周りには自分を助けてくれる人がいると知覚しているかどうかという側面（知覚された社会的サポート：perceived social support）と、実際にどの程度の社会的サポートを受けているのか、提供しているのか（受領された社会的サポート：received social support）という側面がある。[2]この区別は、社会的サポートの受け手の心理的ストレスに影響するため重要である。社会的サポートを受けることで助かる面もあるが、常にサポートを受けていると「申し訳ない」「自分は1人では何もできない」といった主体性の阻害になる場合がある。常にサポートがある場合には、主体性は育たないし、行動のモチベーションも湧かない。この視点は、子どもに対して地域に何ができるかを考える上でも重要である。子どもにとって、社会も「必要があればいつでも助けてくれる」存在であるかどうかが重要で、子どもに常に与え続けていくようなサポートはむしろ有害かもしれない。

さらに、社会的サポートは以下の4つに分類される。[3]

①情緒的サポート：他者に話を聞いてもらったり、共感してもらうこと。子どもの話を否定せず受け入れて傾聴する、などが挙げられる。

②手段的サポート：問題を解決するために物理的な支援をもらうこと。金銭的な援助、移動のために車に乗せてもらう、などが挙げられる。

③情報的サポート：有益な情報をもらうこと。健康情報、よい習い事の情報、などが挙げられる。

④評価的サポート：行動や考えに対する客観的な評価をしてもらうこと、つまり褒めてもらう、励ましてもらうこと。「頑張ってるね！」と言ってもらう、などが挙げられる。

このようなサポートが、子どもに対して社会でなされる状況を想像してみてほしい。子どもがいつでも自分の思いを誰かに聞いてもらえる。やりたい習い事のために必要な道具をいつでも揃えてくれる。やりたいことをするために必要な情報に誰もがアクセスできる。見知らぬ大人からも自分の頑張りを褒めてもらえる。そんな社会が実際にあれば、子どものレジリエンスは育まれるだろう。

3つ目は、ソーシャルキャピタルである。ソーシャルキャピタルは、これまでに述べた社会的ネットワーク、社会的サポートとは異なり、自分が所属している集団（地域や学校）の中でどれだけの人とつながりがあり、つながっている人が持っている資源にどれだけアクセスできるか、という概念である。どういうことかと言うと、集団としてのつながりが強い場合には、自分が直接知らない人であっても、必要な情報を持っている人を紹介してもらうなどの方法でアクセスすることができる。そのためには、自分が所属する集団においてお互いが信頼し合っていなければならない。また、お互いに助け合う社会的規範が必要である。そうでなければ、「ただ乗り」をする人が出てきてしまい、集団での信頼関係が崩壊してしまう。

ソーシャルキャピタルの要素として重要な概念は、グループで何か行動を起こせるという感覚、集団的効力感（collective efficacy）である。例えば、地域で落書きが多いと感じた場合に住民で話し合ってみんなで落書きを消す、あるいは高架下が殺風景だと思い住民で花壇を作る、などの行動を起こすことである。次に、社会的規範（informal control）を強める

図10-2　ソーシャルキャピタルの概念図

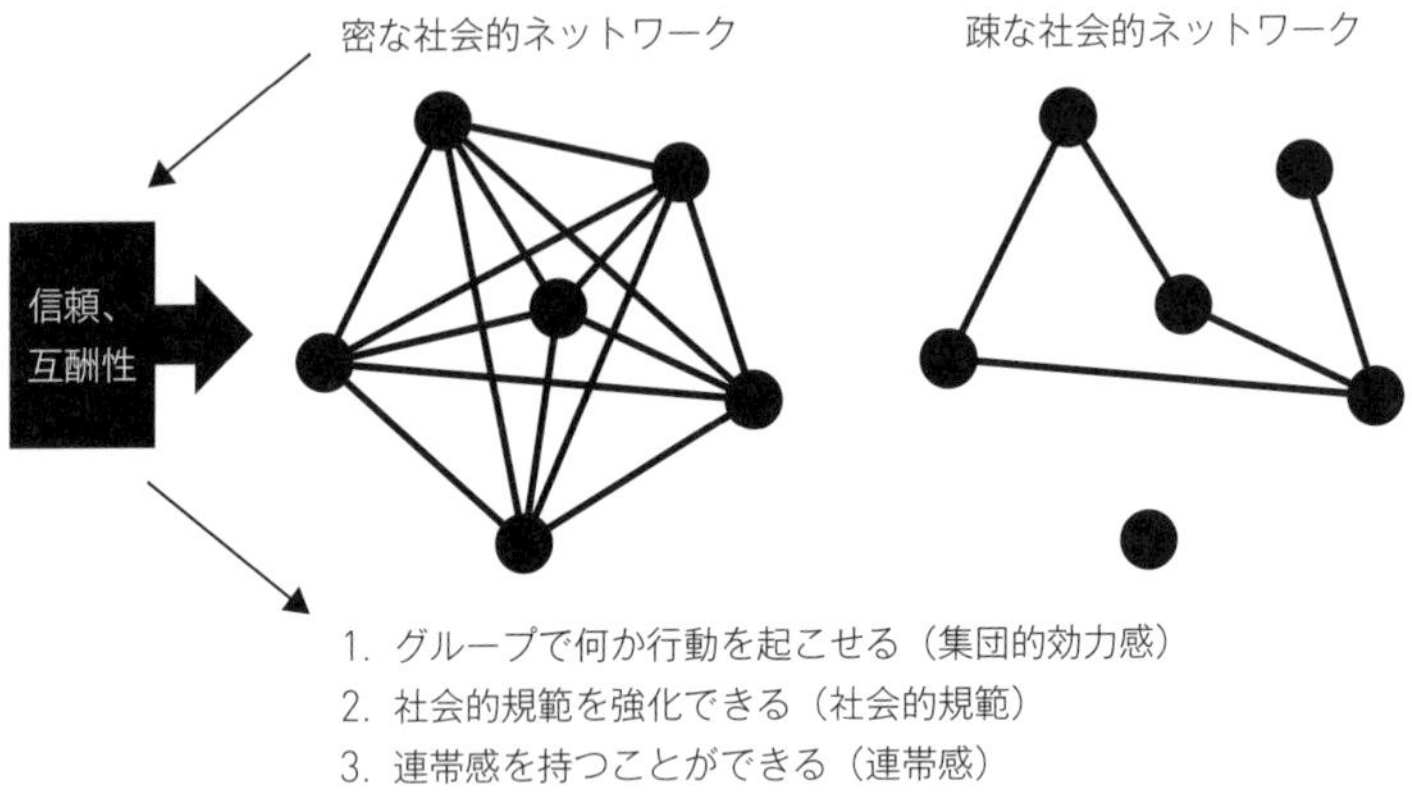
密な社会的ネットワーク
疎な社会的ネットワーク
信頼、
互酬性
1. グループで何か行動を起こせる（集団的効力感）
2. 社会的規範を強化できる（社会的規範）
3. 連帯感を持つことができる（連帯感）

信頼と互酬性を基盤とし、密な社会的ネットワークで社会的サポートがある場合には、集団的効力感、社会的規範、連帯感が生まれる。

ことである。その集団内の暗黙のルールと言ってもよいだろう。そして、連帯感（social cohesion）である。同じ地域の住民を仲間だと思い、何かあったら他人事ではないと感じる気持ちである。この根底にあるのが前述のお互いの信頼であり、お互いに助け合う、相互扶助が行われていることである（**図10-2**）。

ハーバード大学の社会学者、ロバート・サンプソンらは、シカゴで行った研究で、地域住民のソーシャルキャピタル（論文では集団的効力感で測定）が高い場合に、地域の暴力犯罪が抑制されることをサイエンス誌に発表している。[4] これは、ソーシャルキャピタルの高い地域に住んでいるだけで、住民は社会的規範、連帯感をまるで〝空気感染〟のように感じ取り、暴力が抑制されたと考えることができる。これを文脈効果（contextual effect）という。暴力は思春期に多い問題でもあり、社会のあり方、地域のあり方が思春期の子どもに影響を与えうるということを示唆する研究と言えよう。

では、この知見は日本にも通用するのだろうか。より低年齢の子どもにも適用できるのだろうか。また、ソーシャルキャピタルは暴力の抑止だけでなく、共感力など子どものよい部分を伸ばすこともあるのだろうか。そこで、A-CHILD研究を用いて、地域のソーシャルキャピタルがどの程度、子どもの問題行動、または思いやりを示す向社会的行動に影響するのかを調べた[5]。この調査は追跡調査として実施したもので、小学1年生の時の地域のソーシャルキャピタル、学校のソーシャルキャピタルが、小学2年生の時点での問題行動、向社会的行動にどのような影響を与えるのかを検証したものである。

この研究を紹介するにあたり、集団レベルのソーシャルキャピタルと、個人レベルのソーシャルキャピタルという2つの概念があることを説明したい。集団レベルのソーシャルキャピタルとは、まさにこれまでに述べてきた集団においての効力感、社会的規範、連帯感があり、それを醸成する信頼関係、相互扶助関係があることを意味する。一方、個人レベルのソーシャルキャピタルとは、地域や学校といった集団において「自分が」どれだけその集団のメンバーを信頼しているのか、その集団の中に相互扶助があると感じているのかを測定することで、その集団における資源、つまりソーシャルキャピタルにどの程度アクセスできるかという側面を見るものである。その実態は、社会的ネットワークの上を流れる社会的サポート、特に知覚された社会的サポートに他ならない。

ではA-CHILD研究に戻ろう。この集団、つまり地域レベル（ここでは小学校区）のソーシャルキャピタルと、個人レベルのソーシャルキャピタルを分けて、個人がどれだけ地域とつながってサポートを得ているのか、あるいは地域の信頼や相互扶助によって育まれた雰囲気による集団的効力感、社会的規範、連帯感が子どもに直接影響し問題行動を抑制するのかを検証した。すると、シカゴで見られたような地域のソーシャルキャピタルの文脈効果はなく、個人レベル、具体的には親の地域社会とのつながりとしてのソーシャルキャピタルが、問題行動を減らすことに影響していることがわかった。この研究結果は、子どもの問題行動を抑制するためには、地域につながりのない家庭に対していかにアプローチし、地域とつなげていくことができるかが重要であることを示している。実際に、コロナ禍においても地域のお祭りなど地域活動を実施している場合に子どもがお祭りに参加していると、子どもの問題行動は少なかった[6]。

一方、向社会的行動については、シカゴの研究と同様に文脈効果が認められた。地域のソーシャルキャピタルが高い場合に、その雰囲気を子どもも感じ取って、思いやりのある、共感力のある子どもに育つ傾向にあることがわかった。この知見は重要である。子どもは地域の大人を見ている。地域の大人が信頼し合い、お互いに助け合うというロールモデルとなれば、その影響は直接子どもに届くということを示唆する。

まとめると、子どもの問題行動を減らすためには、孤立した家庭をなくすような地域活動が必要だ、ということである。そして、子どもの共感力を育むためには、地域の大人自身が助け合う見本を示せばよい。子どもは親の背中だけを見ているわけではない。地域の大人の背中も見ているのだ。

さらに、地域のソーシャルキャピタルが高いことによって、親は子どもの麻疹の予防接種をより受けるようになること、[7]また虐待を予防できることもわかっている。[8]これは地域の社会的規範による影響が大きいと思われる。このように、地域の住民が何らかの形でつながり合い、活動をすることなどを通して信頼関係や相互扶助の雰囲気を醸成することによって、子どもの健康を守り、虐待から守ることができるということである。

このような地域のソーシャルキャピタルを育む場として、公民館や図書館がある。子どもにとっては図書館が身近であろう。実は、日本のデータを用いた研究で、図書館が自分の住んでいる地域に多くあることで、子どものモチベーション、内発的動機づけが高まることがわかった。[9]とりわけその効果は貧困層で大きかった。人口あたりの図書館の数が多いということは、図書館がより近くにあるということだ。図書館が近くにあることで、将来に関する情報に接しやすい、勉強に集中できる環境にアクセスしやすい、など様々な理由が考えられる。都市計画などにおいて物理的環境が直接、子どものモチベーションにまで影響することは重要である。

学校のソーシャルキャピタル

子どもにとってのもう1つの大事な集団は学校である。では、学校のソーシャルキャピタルは、子どものレジリエンスにどのような影響を与えるだろうか。とりわけ、虐待を経験した子どもでも、学校のソーシャルキャピタルが高ければ、レジリエンスを高めることができるのだろうか。

そこで、A-CHILD研究で、小学1年生の時点で虐待を受けたことのある子ども789人を小学4年生まで追跡し、小学4年生の時点での学校のソーシャルキャピタルがレジリエンスを高めているかを検証した。学校のソーシャルキャピタルについては、**図10-3**に示した項目で測定し、合計点を算出して検討した。これは、既存の職場のソーシャルキャピタル尺度を参考に、クラスの雰囲気、担任への信頼感、友人との関係性、学校行事への参加度などで測定するように開発したものである。

その結果、小学1年生の時点で虐待を受けたことがあったとしても、学校のソーシャルキャピタルが高い場合、レジリエンスを高めていることがわかった。ロールモデルの存在も正の関連を示しており、学校の先生がロールモデルとなっている可能性は十分にある。一方、相談できる友達の数やサードプレイスについては関連がなく、子どもにとって信頼できる友人の数を増やすことや居場所づくりで、虐待を受けた子どものレジリエンスを高められるわけではないこともわかった[10](**図10-4**、246頁)。担任の先生やクラスの友達を含むク

図10-3　学校のソーシャルキャピタル尺度

		全くそう思わない	あまりそう思わない	どちらでもない	まあそう思う	とてもそう思う
(1)	クラスの雰囲気《ふんいき》が好きである	1	2	3	4	5
(2)	担任の先生が好きである	1	2	3	4	5
(3)	学校が楽しいと思っている	1	2	3	4	5
(4)	学校の先生やクラスの友だちに挨拶《あいさつ》をしている	1	2	3	4	5
(5)	担任の先生を信頼《しんらい》している	1	2	3	4	5
(6)	クラスの友だちを信頼している	1	2	3	4	5
(7)	学校の行事に積極的《せっきょくてき》に参加《さんか》している	1	2	3	4	5

ラス全体の信頼感が、虐待を受けた子どもにとってはアタッチメントを築き直し、それを基盤としてレジリエンスが醸成されると考えられる。

親子の関わりか、地域か、学校か

レジリエンスを解説した第7章で、親子の関わりの重要性を述べた。では、学校や地域のソーシャルキャピタルも含めて比較した場合、レジリエンスを育む上でどの影響力が強いのだろうか。この疑問に答えるために、小学2年生、4年生、6年生のそれぞれの学年において、

図10-4　虐待を受けた子どものレジリエンスが高まる要因（文献10より）

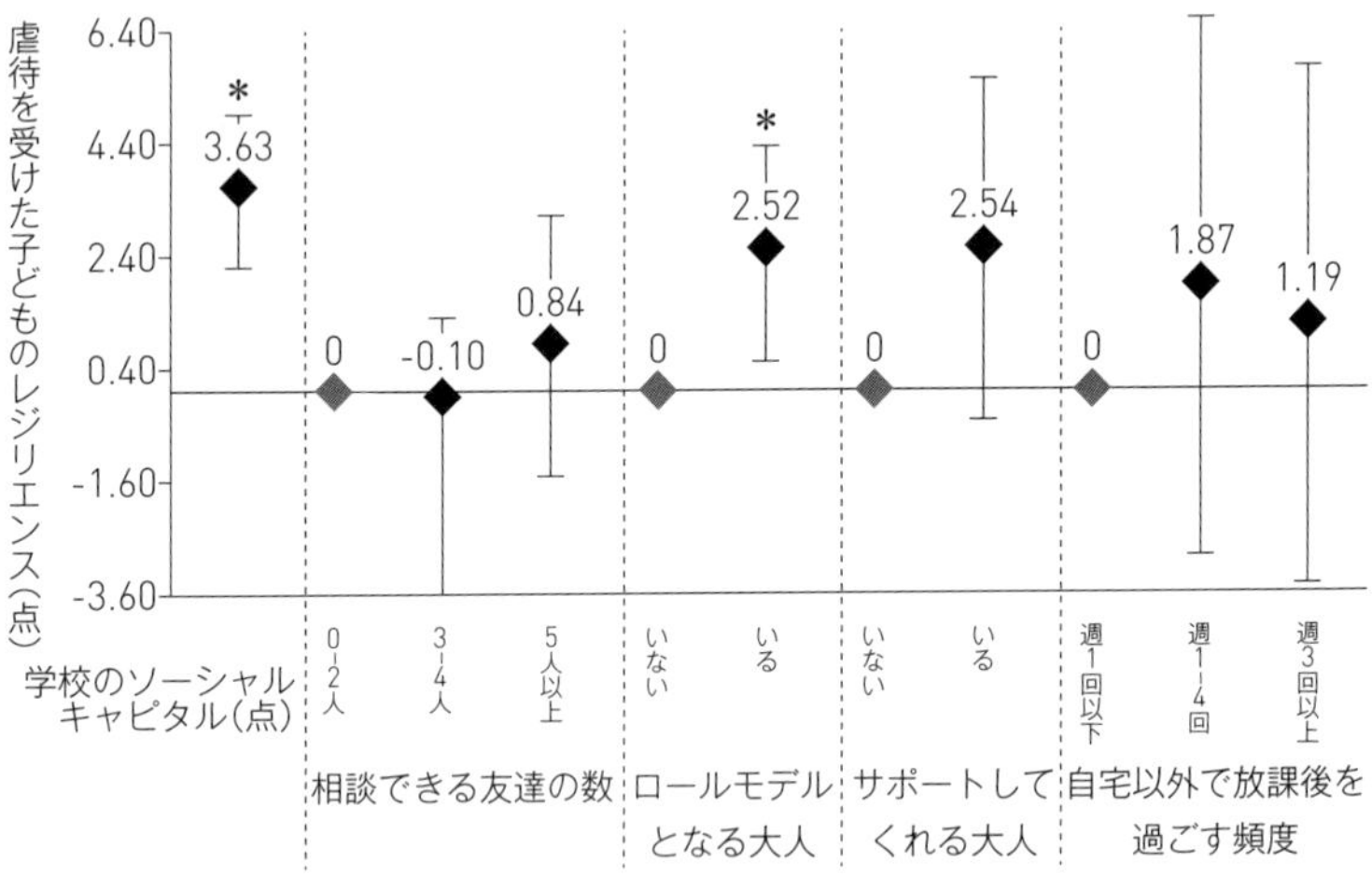

学校のソーシャルキャピタル、ロールモデルとなる大人の存在が特に重要であることがわかった（＊：P<0.05）。

3つの要因とレジリエンスとの関係性を検討した。この解析は、同じ子どもを追跡して調査した結果である（**図10-5**）。したがって、生まれ年が異なることによる違いの影響はない。一方、小学6年生のデータは2020年に実施した調査であり、コロナ禍の影響を受けている点は注意して解釈しなければならない。

一般的には、未就学期から小学校低学年においては親の影響が強く、学年が上がるにしたがって学校の影響を受ける、と考えるであろう。ところが結果は異なり、どの学年においても、レジリエンスに対して最も影響が強いのは、その学年における親の関わりであっ

図10-5　親の関わり、学校のソーシャルキャピタル、地域のソーシャルキャピタルとレジリエンスとの関連の強さ

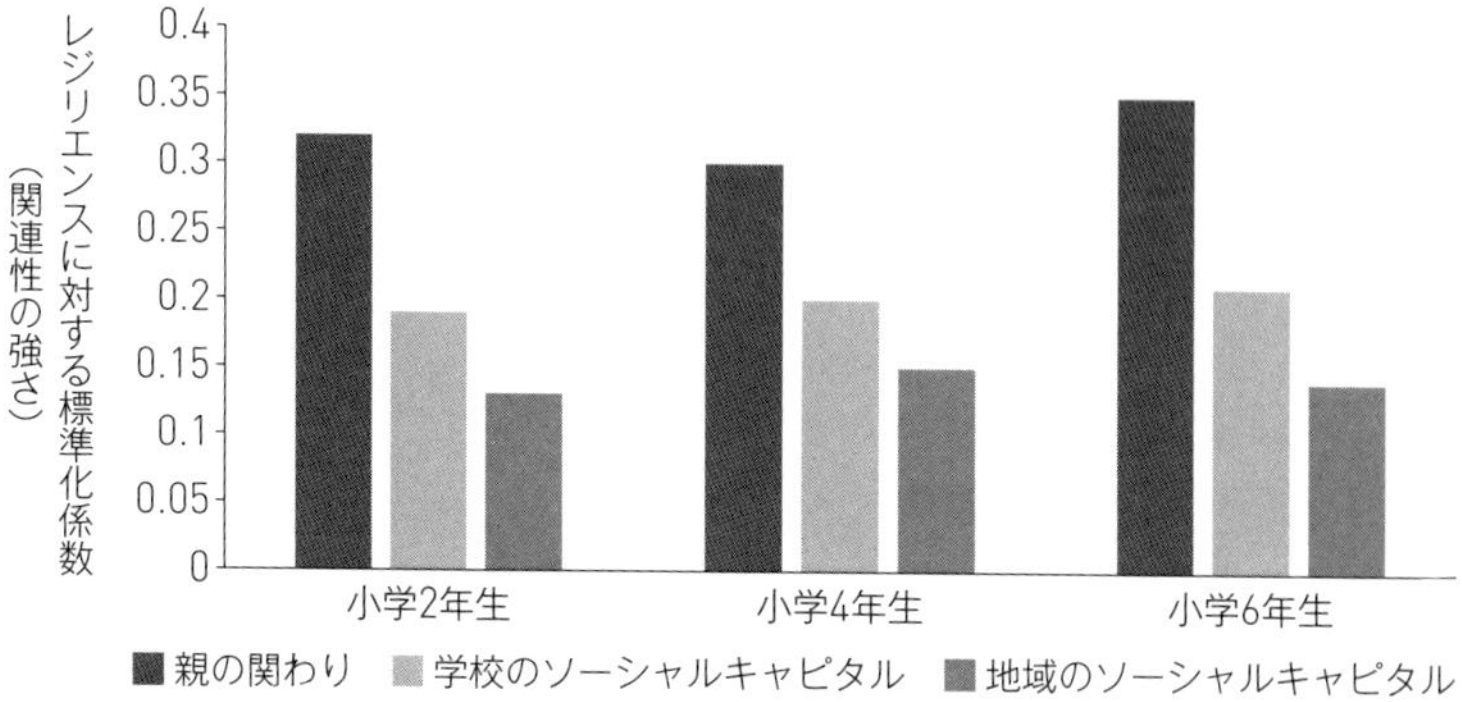

＊それぞれ合計点に関するIQRあたりの標準化回帰係数。性別、月齢は補正している。すべてp<0.001。

どれも統計的には有意に関連しているが、親の関わりが最も強く、次に学校、そして地域のソーシャルキャピタルの順である。その傾向は小2、小4、小6のどの時期でも変わらない。

た。そして、学校のソーシャルキャピタルと地域のソーシャルキャピタルによる子どものレジリエンスへの影響の強さは、それぞれ親の関わりの強さの3分の2、3分の1程度であることがわかった。これは、思春期が始まる小学校高学年においても、やはり親の関わりが重要であることを示している。小学校高学年だからといって、子どもと距離をとるのはよいが、放置してはいけないということだ。また、小学校低学年においても、学校のソーシャルキャピタルが家庭の影響力の3分の2の影響力を持っていることも重要である。小学校低学年における学校の取り組みはなかなか子どもの成長として見て取ることは難しいが、確実に影響していることは重要だろう。さらに、地域のソーシャルキャピタルも、無視できない大きさで子どものレジリエンスに関係していたと言ってよい。親自身が地域に関わっていることの重要性の表れでもあるだろう。地域づくりによる住民同士の信頼関係の醸成は、着実に子どもの〝皮膚から吸収されて〟レジリエンスを育んでいると言える。

ロールモデル、サードプレイス

最後に、思春期の子どものために、地域でさらにできることを考えてみたい。子どもの頃に貧困状態であったり、親からの虐待やネグレクトがあったりすることでアタッチメントが形成されず、自己肯定感が低い子どもが自分の住んでいる地域にいたとしよう。その子が、親との関係がうまくいかないまま思春期に入ってしまうと、もはや親とのアタッチメント形成は難しい。それでも、別の大人や恋人がアタッチメント対象となることで、アタッチメントを形成することは可能である。未就学期にアタッチメント形成を行うよりはるかに時間がかかり難しいが、できうることである。

また、地域の大人がロールモデルとなり、虐待やネグレクトがあった子どもに希望を与えることもできる。そして、安全基地、逃げ場としての、家でも学校の教室でもない〝第三の居場所〟、サードプレイスを持たせることが有効である。A-CHILD研究によって、小学4年生、6年生、中学2年生の思春期世代において、ロールモデルがいること、サードプレイスがあることで、低い自己肯定感である「自分なんていない方がいい」といった感覚を持たなくなるようにすることができることがわかっている。[11]このような低い自己肯定感は自殺リスクを高めるため、このエビデンスは日本の子どもの自殺対策としても重要だ。特にロールモデルの存在の影響は大きく、ロールモデルがいない子どもは、いる場合に比べて自己肯定感が低い状態となるリスクが2・8倍にもなることがわかっている。

では、ロールモデルとは具体的にどのような存在だろうか。A-CHILD研究では、「信頼できる人」「尊敬できる人」「目標となる人」「自分のことを大切にしてくれる人」「相談できる人」「道で挨拶をしてくれる人」として調査した。すると、「このような大人が親以外にいない」と答えた子どもが、小学1年生で5・5%、2年生で7・3%もいたのである。それも学校ごとにばらつきがあり、低いところでは2%程度であるが、高いところでは14%近くにも上った。地域で子どものためにできることとして、地域の大人をもっと子どもに知ってもらうことが有効かもしれない。

地域社会にできることといっても、大げさな政策を打つことではない。子どもを1個の人格として認めるような地域社会をつくる、ということだ。それによって、この不確実な時代を生き抜いていかなければいけない子どもを成長させることができる、と私は考える。そしてその影響は思春期の子どもでも、ゆっくりだが確実に届く。遅くはないのだ。不確実な時代は、大人も多忙過ぎて子どもが視界に入らないのかもしれない。スマホを見ることを少しやめて、視野を広げて、子どもがいたら挨拶をしてあげて、声をかけて、話を聞いてあげて、大人の自分の経験を話したりして、そんなつながりが息づく地域社会をつくることができれば、本当の意味で「社会で子どもを育てる」と言えるのではないだろうか。

終章　確実な子育てとは

不確実な時代を生き抜くことができる子どもに育てるために、これまでにわかっているエビデンスに基づく確実な子育てについて考えてきた。公衆衛生学、疫学は、ミクロとマクロの視点を持つ。ミクロには遺伝子や栄養、マクロには学校や地域、社会環境も包含する。そして時間軸を大事にする。原因は必ず結果よりも前にあるからだ。ライフコース疫学では、人生の終末期まで影響する胎児期から幼少期の重要性も検討してきた。世代を超えた影響についても検討してきた。これらはいわば〝原因の原因〟にアプローチする手法とも言える。確実な子育てによって子どもの成長、健康を守ることは、次世代の社会を構築する上でも最も根本的な対策であると私は考えている。

必要なスキル同士の関係性

ここでは、これまで述べた「すべきこと」としてのアタッチメント、セルフコントロール、モチベーション、共感力、レジリエンス、健康・体力の形成と、「してはいけないこと」としての虐待・ネグレクトについて、相互の関係性を見ながらまとめていきたい。また、本書では章立てをしなかった認知能力との関係性についても確認しておこう。

まず土台となるのはアタッチメントである。生まれてから1歳半ぐらいまでの間に形成されることから、乳児期に赤ちゃんが求めることに敏感に応答する、サーブ・アンド・リターンは必須である。アタッチメントが欠落した場合には、子どもの認知能力にも影響が出る。そして、リターンをするアタッチメント対象は、親でなければいけないわけではない。一定したアタッチメント対象、子どもにとって安全基地として機能する人がいることが必要なのだ。したがって、保育園で担当保育士が頻繁に変わることは避けなければならない。また、乳児期にアタッチメント形成がうまくいかなくても、その後の関わりを頑張れば子どものアタッチメントは形成される。大事なことは、アタッチメントという土台を作らなければ、その上に構築する認知能力も非認知能力（社会情動的スキル）も育たないということだ。シーゲルらの例えで言うところの、脳の1階部分がアタッチメントである。認知能力、非認知能力は、大脳皮質つまり脳の2階部分であるため、土台となる脳の1階部分が脆弱だと、その上に十分な認知能力、非認知能力を構築することは難しい（**図3-2**、75頁参照）。

非認知能力としてまず身につけたいのは、セルフコントロールだ。不確実な時代において、思い通りにならないこと、面倒なことをやりきるスキルは必須であり、他者との協力関係なしにはこの時代を乗りきることはできず、そのためには自分の気持ちをコントロールできなければならない。それによってあまり面白くない勉強などもやりきることができ、認知能力の成長にもつながるだろう。ただし、あまりにもセルフコントロールが強過ぎると、子ども自身のウェルビーイングにつながらない可能性もある。自分のやりたいこと、考えていることを主張することについてまで抑制をかけるべきではない。

そこで重要なのがモチベーションである。自分が何を感じ、考え、それを言葉にし、実行していくか。この作業を子どもの頃から行っていくことで主体性が形成され、何のために生きるのか、自分の使命は何かというより大きな目標に向かっていくモチベーションが形成される。そのモチベーションに裏打ちされた学習は、認知能力を飛躍的に高めると考えられる。私の好きな言葉に「英知を磨くは何のため　君よそれを忘るるな」という箴言があるが、持続的幸福でも重要な要素になっている「意味づけ」を持つことで、モチベーションが湧いてくるのだ。

そしてモチベーションがあるからこそ、レジリエンスも鍛えられる。モチベーションを持って主体的に生きているからこそ、困難を乗り越える力が育まれると言える。レジリエンスを育むために親の関わり、学校、地域の関わりの重要性を考えてきたが、そのような関わりを通じて本人のアタッチメントの強化、モチベーションの強化、そして多様性の理解が進む。

その多様性の理解こそ、共感力である。世の中にはいろいろな人間がいること、そして多様性を知ることにより自分自身を相対化でき、自己中心性のコントロールにつながる。多様性を理解するには、一度自分の靴を脱いで他者の靴を履いてみなければならない。それはしんどい作業である。だからこそ、共感力を育むことはレジリエンスの形成にも重要なのだ。

図11-1　不確実な時代を生き抜く子どもに育てるために必要なスキルとそれらの関係に関する概念図

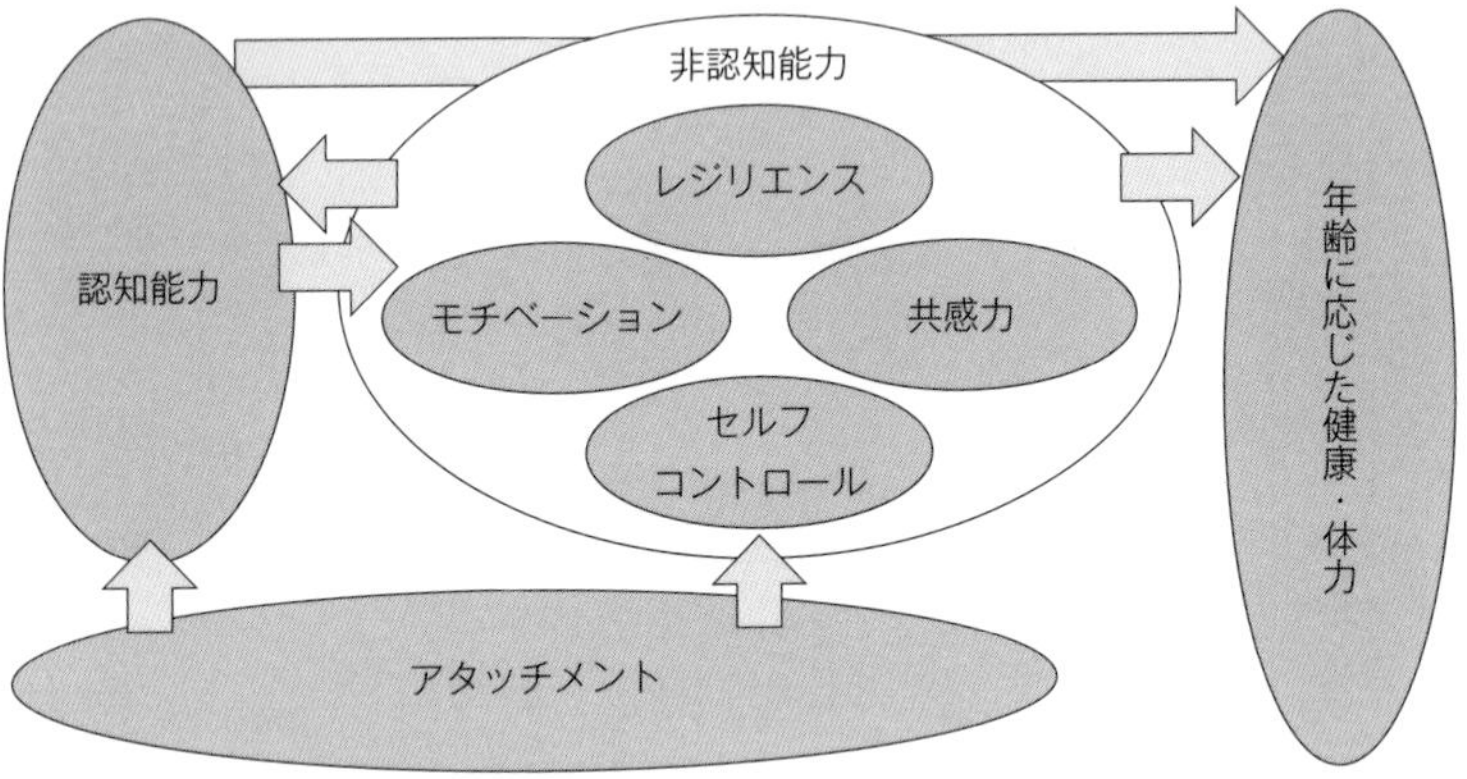

これらのスキルを発揮させることを可能にするのは、身体的な健康と体力である。特に子どもに多い事故については回避しなければならない。とはいえ、子どもをまったく危険のない箱の中で育てるべきだということではない。多少のリスクをとる遊びをすることで、どこまでが安全で、どこからは危険かを自然に学んでいく。要は、親や学校、地域が子どもの遊びをきちんと見守ることである。このような経験を重ねなければ、子どもの身体的な成長もない。リスク回避のための認知能力、非認知能力も育たないだろう。

A-CHILD研究で示された、子どものレジリエンスを高める健康行動で確かなエビデンスは、適度な運動と規則的な睡眠、野菜から食べること、1日2回

図11-2　ポピュレーション・アプローチとハイリスク・アプローチの概念図
（文献1より）

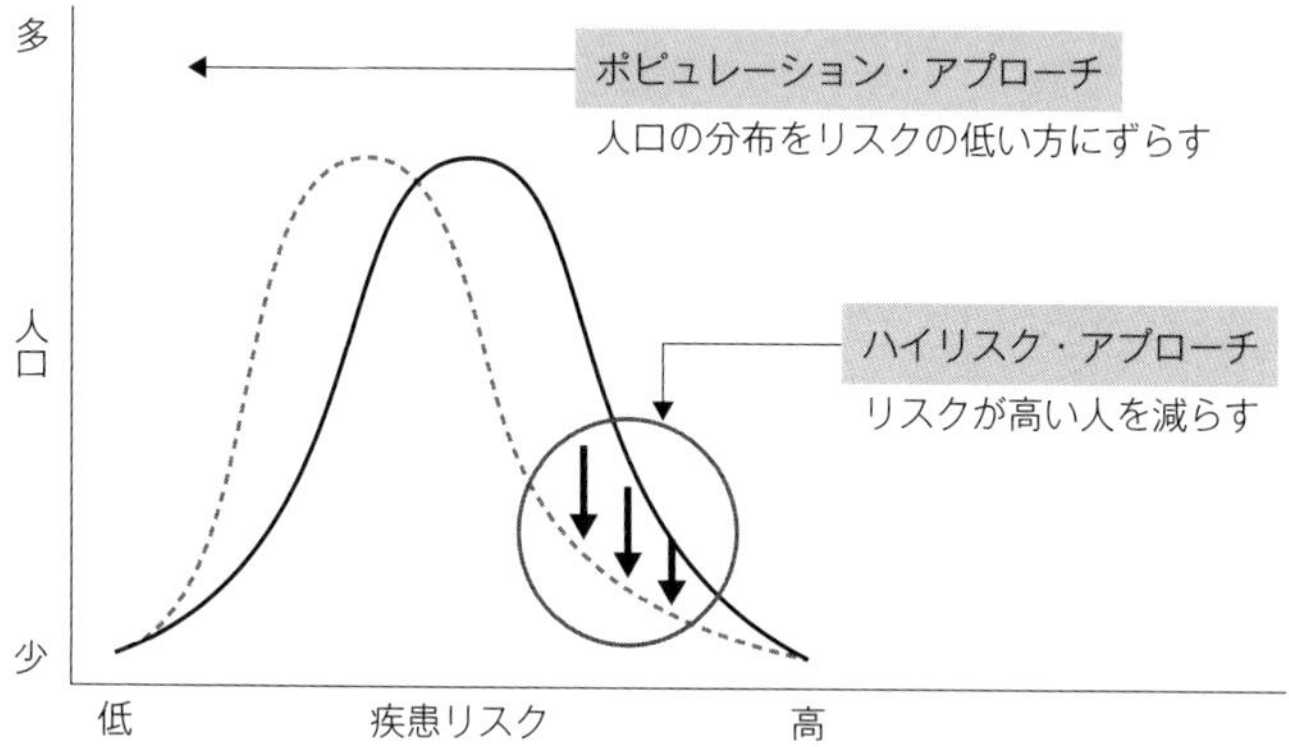

以上の歯磨きをさせることである。このような健康行動を子どもが実行するためには、その意義を理解する認知能力と、また面倒に思うことも我慢して実行できる非認知能力が必要である。これらによって健康・体力も向上する。以上を概念図的にまとめたものが**図11-1**である。

さて、ここで公衆衛生学の視点に再度戻って、確実な子育てを社会としてどのように推進すべきかを考えてみたい。イギリスの疫学者、ジェフリー・ローズは、公衆衛生の政策には集団全体に影響を与えるポピュレーション・アプローチと、リスクの高い人だけに関与するハイリスク・アプローチがあると分類した[1]（**図11-2**）。

ポピュレーション・アプローチは、集団の全員に影響を与え、全員をリスクが低い方向にシフトさせることでリスクが高い人を減らすという手法である。例えば、シートベルトの着用だ。シートベルトの着用を義務化することで、全員の自動車乗車中の死亡リスクが下がる。しかし、実際には若者の交通事故リスクが高いので、全員がシートベルトをする必要はないかもしれない。その場合には、何歳までを義務にするのか、どのようにチェックするのかなど問題が残る。そこで全員シートベルトを着用しなければいけないというルールにすることで、リスクの高い集団の死亡を確実に減らすことができるのだ。

一方、ハイリスク・アプローチはリスクが高い人にのみ関わり、そのリスクを下げることで死亡や疾患の発症を減らすという手法だ。法制化による全員へのアプローチが難しい場合や予算に限りがある場合には、このような方法がとられる。例えば、職場の健康診断で血圧を測定したり採血をしたりして、基準値に引っかかった人のみを対象に食事や運動についての保健指導をするという手法は、ハイリスク・アプローチである。ただし、リスクが高い人ほど健診を受けない、健診を受けたとしても保健指導を受けないなどの〝抜け道〟が存在すること、またある年には健診で引っかからなかった人がその翌年には引っかかってハイリスク群に入ってくるなど、それまでは基準値以下だった集団からハイリスク群にどんどん供給されてくるために、結果的にはモグラ叩きのようにいつまでも集団としてはハイリスク群が減らない可能性もある。

この考えを子育て政策に当てはめてみたい。その際に、子育てに関して「すべきこと(Do's)」と「してはいけないこと(Don'ts)」に分けると考えやすいため、子育て政策を以

表11-1　確実な子育てのための公衆衛生学的アプローチの分類

	"すべき"子育てを推進	"してはいけない"子育てを防止
ポピュレーション・アプローチ	・栄養やアタッチメントなど具体的な子育て内容に関する情報提供 ・子ども自身の多様性の尊重 ・学校、地域社会のソーシャルキャピタルを醸成	・子ども虐待やネグレクトをしないための情報提供
ハイリスク・アプローチ	・スクリーニング手法の確立 ・社会的支援が必要な家庭への社会的支援（子育て情報、経済的支援、メンタルヘルス支援、保健師との連携）	・スクリーニング手法の確立 ・DV、虐待を防止する具体的な支援 ・個人情報保護法を考慮したデータ共有

下の4つに分けて考えてみたい（**表11-1**）。

❶「すべき」子育てをポピュレーション・アプローチで推進

前述した適度な運動、規則的な睡眠、野菜から食べる、1日2回以上の歯磨きをする、について、保育園や幼稚園など未就学期から実施させる政策をとることである。実際に、足立区では野菜から食べる習慣をすべての公立保育園で実施し、2021年には約25％の子どもが「野菜から食べる」習慣を小学1年生の時点で身につけている。そして、小学校でもこれらの習慣を推進している。

また、子ども自身の権利、多様性を尊重する社会的規範をつくることも、「すべき」子育てのポピュレーション・アプローチと言えるだろう。子どもの権利については、最近、「子どもの声を聞く」運動が注目されている。そのような活動が全国的に広がることで、子どもの権利、多様性の尊重に関する風土が醸成されていくと考えられる。

アタッチメントの形成を含む具体的な「すべき」子育てを進めるために、私の研究室では、東京都による大学連携事業の一環として「もし、あなたが子育てに悩むおとぎ話のプリンセスだったら（通称もしプリ）」というウェブサイト（https://moshipri.jp/）を作成した。これは、自分の置かれた社会的環境のタイプによってどのような子育てスキルが必要かをおとぎ話のプリンセスに例えて教えてくれるもので、執筆時現在において東京都の足立区、八丈町、日野市で活用されている。

さらに、学校・地域社会のソーシャルキャピタルを高めていくことも、学校・地域の子どもすべてに影響を与えるポピュレーション・アプローチである。学校や地域のソーシャルキャピタルをいかに高めるかについてはまだ研究途上の部分が多いが、高齢者の研究においては憩いの場をつくることで地域のソーシャルキャピタルが高まることがわかっており（2）、子どもにとっての居場所づくりなどは効果的かもしれない。これも子どもの声を聞きながら、子どもと一緒に考えていく方法がとられるべきだろう。

❷「してはいけない」子育てをポピュレーション・アプローチで防止

これは、子ども虐待やネグレクトを防止するための情報提供を、国や自治体などがすべての親、子どもにアプローチできる媒体で実施することだろう。私は、致死性の高い虐待として知られる「乳幼児揺さぶられ症候群」を予防すべく厚生労働省と共同して動画（タイトルは「赤ちゃんが泣き止まない」）を作成した経験がある。乳幼児揺さぶられ症候群の引き金になるのは赤ちゃんの泣きであることから、赤ちゃんが泣き止まない時にどう対処すべきかについて解説したものである。この動画は様々な自治体の両親教室、パパママ教室で活用されている。また個人的にも視聴できるようにYouTubeにもアップし、厚生労働省のホームページからリンクを貼ってもらうことで信頼度の高い情報源として発信している（「厚労省泣き止まない」でウェブ検索するとヒットする）。ただし、赤ちゃんを産んだすべての母親、そして父親、また関わる養育者が視聴するシステムとはなっていないため、完全なポピュレーション・アプローチとはなっていない。

それから、東京都が実施している子育て支援「東京OSEKKAI化計画」（https://www.fukushi.metro.tokyo.lg.jp/osekkai/）も、体罰を防止するためのポピュレーション・アプローチと言えるだろう。同じロゴで保育園や幼稚園、図書館など未就学期の子どもを持つ親の目に触れるところに、ポスターやパンフレットを配布している。

さらに、体罰の防止が法制化されたことは、まさにこの「してはいけない」子育てをポピュレーション・アプローチで防止する第一歩である。しかし、スウェーデンのように、公共の場で子どもを叩いた場合に逮捕されるような罰則規定はない。罰則がないため、どこまで体罰の予防効果があるかは検証が必要である。

❸「すべき」子育てをハイリスク・アプローチで推進

子育てに関するハイリスク・アプローチを推進するためには、ハイリスク群をスクリーニングで特定するシステムが必要である。私も分担研究者として参画した大阪母子医療センター病院長の光田信明氏の研究班において、社会的ハイリスク妊産婦を特定する質問紙[3]（Social Life Impact for Mother Scale：ＳＬＩＭ尺度）を開発した。産科において妊娠がわかった場合にこの質問紙に答えてもらうことで、妊娠期から社会的支援につなげることができる。特にアタッチメントの形成には、親のメンタルヘルス支援が必須である。また、親に子育ての時間を確保するためにも、就労時間を短くすべく経済的支援策を見出さなければならない。地域の保健師を通じて、子育てに関する情報を提供することはもちろん、メンタルヘルスへの支援や経済的な支援に関する情報提供をすることもできる。

❹「してはいけない」子育てをハイリスク・アプローチで防止

こちらも同様に、まずスクリーニングする手法の確立が大前提である。ＳＬＩＭ尺度でも社会的ハイリスク群を捉えることができるが、妊娠中のＤＶといった「してはいけない」子育ての高いリスクを持つ（ハイリスク）群を把握できる尺度も開発されている[4]。これらを用いることで、虐待やＤＶといったリスクの高い群を把握できる。

スクリーニングで把握した後は、具体的な支援である。ＤＶについては、自治体において一時的に避難できる場所を紹介してくれる場合がある。虐待・ネグレクトについては、各自治体の要保護対策協議会などで関係者が情報を共有することにより対策を検討することが多い。それでも、個人情報保護法などにより情報共有が遅れ、結果として悲惨な結末になってしまうことも多くあった。この点については、個人情報保護法においては生命に関わる場合には個人情報を共有してもよいことが明記されている点を、関係者は銘記すべきである。また、関係する組織での情報の電子化、データ化が進んでいないことも、情報共有を妨げている。今後の子どもに関する政策ではこれらが解決されるべきであろう。

これまで子育てについて様々述べてきたが、本質的には、その目的は「子どもが自分で成長できるようになること」と集約できるだろう。想像してみてほしい。自分の子どもが、自分が感じて自分で決めたやりたいことを、生き生きとやり抜いている。多様な周りの人々のサポートを得ながら、どんな困難があっても、目標に向かって進み続けている。そのような子どもは、先が見通せない不確実な時代においても確実に生き残る人間に成長すると思われる。遺伝子や友達の影響ももちろんあるだろう。しかし、親にできること、学校ができること、地域社会ができることも確実にある。それは子どもの人生の早い時期が望ましいが、思春期以降でも遅くはない。いつだって、誰にだって、希望はあるのだ。

謝辞

本書は、結果的にこれまでの私の研究を総括するものとなり、多くの方々に支えられてきたことを実感しながらの執筆であった。これまで関わって下さった方々に心より御礼申し上げたい。

研究者としてまったくの駆け出しながら拾っていただいた奥山眞紀子先生にまず御礼申し上げる。先生の机の隣で必死に国立成育医療センターの虐待疑い症例のデータベースを構築させていただいたことが懐かしい。その中で発達心理学、虐待医学について多くを教えていただいた。

そしてハーバード大学のイチロー・カワチ先生には、一人の日本から来たＭＰＨ学生だったにもかかわらず、メールのやりとりだけで多数の論文指導をいただいた。特に、ソーシャルキャピタルの健康影響について、双子のデータを使うことをご提案いただき、遺伝子の影響を除いた環境影響についてまとめることができたことは、今でも自分の疫学研究の基礎となっている。

さらにお世話になったのはカナダのブリティッシュ・コロンビア大学のロナルド・Ｇ・バー先生である。ポスドク先を探している時にまったく面識もなく飛び込んだ自分を受け入れて下さり、貴重な乳幼児揺さぶられ症候群予防のためのランダム化比較試験のデータ解析をさせて下さり、またその現場も見せて下さり、研究者としてどのように生きていくべきかも教えて下さったアドバイスは、今でも耳朶から離れない。

日本に帰るきっかけを下さった国立保健医療科学院生涯保健部（当時）の加藤則子先生、そして栄養疫学を教えて下さった瀧本秀美先生、須藤紀子先生にも感謝したい。本当に自由に研究をさせていただき、本書の中核部分はこの時にできたと言っても過言ではない。

その後に異動した国立成育医療研究センターでは、オキシトシンの測定や妊産婦の栄養測定、東日本大震災での追跡調査など新たな疫学調査に挑戦することができたが、その実施にあたり多くのメンバーに助けられた。左勝則先生、伊藤淳先生、保田裕子先生（当時）、水木理恵先生、越智真奈美先生、三瓶真紀子先生、森崎菜穂先生、加藤承彦先生、三木崇裕先生、本多由紀子先生、被災地での心理面接やロジスティクスを担当して下さった心理士の方々、特に大澤万伊子さん、長沼千加子さん、平本有理さん、磯久代さんは、その次の勤務先である東京医科歯科大学でもずっと助けていただいた。心より感謝申し上げたい。

この頃に始まった足立区の大規模追跡調査を可能にして下さった足立区の近藤弥生区長、秋生修一郎部長、馬場優子部長をはじめ足立区の職員、教育委員会、教員、調査対象学年の参加者の皆様に、心より御礼申し上げたい。

東京医科歯科大学に移ってからはさらに、科学技術振興機構（ＪＳＴ）や東京都のファンドによる子育て支援の介入研究も始まった。それには、足立区など自治体や参加者とのまさにレジリエンスを発揮しての調整が必要であり、それを担ってくれた伊角彩先生に心より感謝申し上げる。そしてA-CHILD研究の参加者の追跡調査の膨大なロジスティクスを担当してくれている谷友香子先生にも深く感謝申し上げる。歯科の観点からA-CHILD研究を用いて精力的に論文を執筆してくれた松山祐輔先生、相田潤先生にも感謝申し上げる。高齢者や労働者の視点をくれた森田彩子先生、木津喜雅先生にも感謝したい。また、医療政策の面で実際にどのようなプロセスで政策化されるかを教えてくれた岡田就将先生にも感謝申し上げる。それから、医学生の頃から真摯に藤原研の様々なプロジェクトを手伝ってくれ、論文化してくれた小山佑奈先生、片桐碧海先生、柏原朋佳先生をはじめプロジェクトセメスターで藤原研に来てくれた皆さん、さらに博士課程の大学院生としてラボに来てくれ、ゼミでの活発なディスカッションからいつも刺激をくれ、論文化を頑張ってくれている西村久明先生、花房真理子先生、Yu Par Khin先生、河原智樹先生、寺田周平先生、前田裕斗先生をはじめ大学院生（当時含む）の皆さんにも心より感謝申し上げたい。

スタッフの中でも、本書の執筆にあたり子育て関係の膨大な著書を読み込み適切な書籍を紹介してくれた山岡由依先生、モチベーションをはじめ心理学の基本から教えてくれた土井理美先生、遺伝子関係の文献解釈についてアドバイスをくれた那波伸敏先生には特に感謝申し上げる。

さらに、山梨県立大学の西澤哲先生には日本において子どもがどう扱われてきたかの歴史を教えていただき、東京大学の鎌田真光先生には運動、体力についての考え方をご教示いただいた。衷心より感謝申し上げたい。本書の執筆にあたり大変に参考にさせていただいた。

本書の出版にあたり、企画を社内で通して下さり、原稿を忍耐強く待って下さった大修館書店の笠倉典和氏には本当に感謝の言葉しかない。心より御礼申し上げる。

最後に、本書はこれまでの私のすべてを支えてくれた妻・華子、そして常に子育て研究の着想を与えてくれ、生きるモチベーションを与えてくれ、希望を与えてくれる三人の子どもたちに、そして本書に示した内容通りの子育てをしてくれた両親に、さらに、本書執筆中に逝去された、何のために生きるのかを教えて下さった人生の師匠に、最大の感謝の証として捧げたい。

2023年　12月　サバティカル先のボルチモアにて

藤原武男

7. Nawa N, Fujiwara T. Association between social capital and second dose of measles vaccination in Japan: Results from the A-CHILD study. Vaccine. 2019; 37(6): 877-881.
8. Nawa N, et al. Community-level social capital, parental psychological distress, and child physical abuse: a multilevel mediation analysis. Soc Psychiatry Psychiatr Epidemiol. 2018; 53(11): 1221-1229.
9. Matsuyama Y, Fujiwara T. Role of Libraries in Human Flourishing: Adolescents' Motivational Orientation for Occupation. Int J Environ Health Res. 2021; 18(21): 11209
10. Isumi A, et al. School- and community-level protective factors for resilience among chronically maltreated children in Japan. Soc Psychiatry Psychiatr Epidemiol. 2023; 58(3): 477-488.
11. Fujiwara T, et al. Association of Existence of Third Places and Role Model on Suicide Risk Among Adolescent in Japan: Results From A-CHILD Study. Front Psychiatry. 2020; 11: 529818.

終章　確実な子育てとは

1. ジェフリー・ローズ.（曽田研二, 他監訳）. 予防医学のストラテジー：生活習慣病対策と健康増進. 医学書院. 1998.
2. Ichida Y, et al. Does social participation improve self-rated health in the older population? A quasi-experimental intervention study. Soc Sci Med. 2013; 94: 83-90.
3. Okamoto Y, et al. Development of Social Life Impact for Mother (SLIM) scale at first trimester to identify mothers who need social support postpartum: a hospital-based prospective study in Japan. Int J Gynaecol Obstet. 2022; 159(3): 882-890.
4. Fujiwara T, et al. Detecting Intimate Partner Violence During Pregnancy Using Municipal Pregnancy Registration Records: An Administrative Data Analysis. J Interpers Violence. 2023; 38(7-8): 5682-5698.

conflict among humans. Science. 2010; 328(5984): 1408-1411.
27. Kaufman J, Zigler E. Do abused children become abusive parents? Am J Orthopsychiatry. 1987; 57(2): 186-192.
28. Fujiwara T, et al. "What Did You Do in the War, Daddy?": Paternal Military Conscription During WWII, Economic Hardship and Family Violence in Childhood, and Health in Late Life in Japan. J Interpers Violence. 2023; 38(13-14):8114-8135.
29. Miki T, et al. Impact of Parenting Style on Clinically Significant Behavioral Problems Among Children Aged 4-11 Years Old After Disaster: A Follow-Up Study of the Great East Japan Earthquake. Front Psychiatry. 2019; 10: 45.
30. Okuzono S, et al. Spanking and subsequent behavioral problems in toddlers: A propensity score-matched, prospective study in Japan. Child Abuse Negl. 2017; 69: 62-71.
31. Isumi A, et al. Child Maltreatment and Mental Health in Middle Childhood: A Longitudinal Study in Japan. Am J Epidemiol. 2022; 191(4): 655-664.
32. ルソー.（今野一雄訳）. エミール（上）. 岩波書店. 1962.

第10章　地域社会にできること、思春期からできること

1. Koyama Y, et al. Association of parental social network diversity with behaviour problems and resilience of offspring in a large population-based study of Japanese children. BMJ open. 2020; 10(10): e035100.
2. Tardy CH. Social support measurement. Am J Community Psychol. 1985; 13(2): 187–202.
3. House JS. Work Stress and Socal Support. Boston: Addision-Wesly Publishing Company. 1981.
4. Sampson RJ, et al. Neighborhoods and violent crime: a multilevel study of collective efficacy. Science. 1997; 277(5328): 918-924.
5. Funakoshi Y, et al. The association of community and individual parental social capital with behavior problems among children in Japan: results from A-CHILD longitudinal study. Soc Psychiatry Psychiatr Epidemiol. 2021; 56(1): 119-127.
6. Yamaoka Y, et al. Association between Children's Engagement in Community Cultural Activities and Their Mental Health during the COVID-19 Pandemic: Results from A-CHILD Study. Int J Environ Health Res. 2021; 18(24): 13404.

14. Teicher MH, et al. Childhood neglect is associated with reduced corpus callosum area. Biol Psychiatry. 2004; 56(2): 80-85.
15. Zhu J, et al. Association of Prepubertal and Postpubertal Exposure to Childhood Maltreatment With Adult Amygdala Function. JAMA Psychiatry. 2019; 76(8): 843-853.
16. Dillon DG, et al. Childhood adversity is associated with left basal ganglia dysfunction during reward anticipation in adulthood. Biol Psychiatry. 2009; 66(3): 206-213.
17. Tomoda A, et al. Reduced prefrontal cortical gray matter volume in young adults exposed to harsh corporal punishment. Neuroimage. 2009; 47(Suppl 2): T66-71.
18. Assink M, et al. The intergenerational transmission of child maltreatment: A three-level meta-analysis. Child Abuse Negl. 2018; 84: 131-145.
19. Doi S, et al. Association between maternal adverse childhood experiences and child resilience and self-esteem: Results from the K-CHILD study. Child Abuse Negl. 2022; 127: 105590.
20. Doi S, et al. Association between maternal adverse childhood experiences and mental health problems in offspring: An intergenerational study. Dev Psychopathol. 2021; 33(3): 1041-1058.
21. Doi S, et al. Association between maternal adverse childhood experiences and child's self-rated academic performance: Results from the K-CHILD study. Child Abuse Negl. 2020; 104: 104478.
22. 子ども家庭庁. 令和3年度 児童相談所での児童虐待相談対応件数. https://www.cfa.go.jp/assets/contents/node/basic_page/field_ref_resources/a176de99-390e-4065-a7fb-fe569ab-2450c/1cdcbd45/20230401_policies_jidougyakutai_07.pdf.（Accessed：2023年7月20日）
23. Katz I, et al. One year into COVID-19: What have we learned about child maltreatment reports and child protective service responses? Child Abuse Negl. 2021: 105473.
24. Horita N, Moriguchi S. Trends in Suicide in Japan Following the 2019 Coronavirus Pandemic. JAMA Netw Open. 2022; 5(3): e224739.
25. Feldman R, et al. Oxytocin Pathway Genes: Evolutionary Ancient System Impacting on Human Affiliation, Sociality, and Psychopathology. Biol Psychiatry. 2016; 79(3): 174-184.
26. De Dreu CK, et al. The neuropeptide oxytocin regulates parochial altruism in intergroup

Psychiatr Res. 2011; 45(4): 481-487.

3. Bronfenbrenner U. Ecological systems theory. In: Vasta R. (ed.). Six theories of child development: Revised formulations and current issues. Jessica Kingsley Publishers. 1992.
4. Stevens JE. The adverse childhood experiences study —The largest, most important public health study you never heard of —Began in an obesity clinic. https://acestoohigh.com/2012/10/03/the-adverse-childhood-experiences-study-the-largest-most-important-public-health-study-you-never-heard-of-began-in-an-obesity-clinic/. Published 2012.（Accessed：2023年7月20日）
5. Felitti VJ, et al. Relationship of childhood abuse and household dysfunction to many of the leading causes of death in adults. The Adverse Childhood Experiences (ACE) Study. Am J Prev Med. 1998; 14(4): 245-258.
6. Hughes K, et al. The effect of multiple adverse childhood experiences on health: a systematic review and meta-analysis. Lancet Public Health. 2017; 2(8): e356-e366.
7. Amemiya A, et al. Association between adverse childhood experiences and adult diseases in older adults: a comparative cross-sectional study in Japan and Finland. BMJ open. 2019; 9(8): e024609.
8. Amemiya A, et al. Adverse Childhood Experiences and Higher-Level Functional Limitations Among Older Japanese People: Results From the JAGES Study. J Gerontol A Biol Sci Med Sci. 2018; 73(2): 261-266.
9. Matsuyama Y, et al. Experience of childhood abuse and later number of remaining teeth in older Japanese: a life-course study from Japan Gerontological Evaluation Study project. Community Dent Oral Epidemiol. 2016; 44(6): 531-539.
10. Tani Y, et al. Association Between Adverse Childhood Experiences and Dementia in Older Japanese Adults. JAMA Netw Open. 2020; 3(2): e1920740.
11. Isumi A, et al. Assessment of Additional Medical Costs Among Older Adults in Japan With a History of Childhood Maltreatment. JAMA Netw Open. 2020; 3(1): e1918681.
12. al'Absi M, et al. Neurobiological mechanisms of early life adversity, blunted stress reactivity and risk for addiction. Neuropharmacology. 2021; 188: 108519.
13. Bremner JD, et al. Magnetic resonance imaging-based measurement of hippocampal volume in posttraumatic stress disorder related to childhood physical and sexual abuse—a preliminary report. Biol Psychiatry. 1997; 41(1): 23-32.

thrifty phenotype, or surviving small baby genotype? BMJ. 1994; 308(6934): 942-945.
20. Phillips DI. Birth weight and the future development of diabetes. A review of the evidence. Diabetes Care. 1998; 21 Suppl 2: B150-155.
21. Kaplan SJ, et al. Adolescent physical abuse: risk for adolescent psychiatric disorders. Am J Psychiatry. 1998; 155(7): 954-959.
22. Stein DJ, et al. Efficacy of sertraline in posttraumatic stress disorder secondary to interpersonal trauma or childhood abuse. Ann Clin Psychiatry. 2006; 18(4): 243-249.
23. Deblinger E, et al. A follow-up study of a multisite, randomized, controlled trial for children with sexual abuse-related PTSD symptoms. J Am Acad Child Adolesc Psychiatry. 2006; 45(12): 1474-1484.
24. Fujiwara T, et al. Income inequality, parental socioeconomic status, and birth outcomes in Japan. Am J Epidemiol. 2013; 177(10): 1042-1052.
25. Fujiwara T, et al. Paternal involvement in childcare and unintentional injury of young children: a population-based cohort study in Japan. Int J Epidemiol. 2010; 39(2): 588-597.
26. Kawahara T, et al. Interventions to change parental parenting behaviour to reduce unintentional childhood injury: a randomised controlled trial. Inj Prev. 2023; 29(2): 126-133.
27. 大栗博司. 探究する精神: 職業としての基礎科学. 幻冬舎. 2021.
28. 猪飼道夫, 他.（編）. 体育科学辞典. 第一法規出版. 1970.
29. Andermo S, et al. School-related physical activity interventions and mental health among children: a systematic review and meta-analysis. Sports Med Open. 2020; 6(1): 25.
30. Doi S, et al. Association of sleep habits with behavior problems and resilience of 6- to 7-year-old children: results from the A-CHILD study. Sleep Med. 2018; 45: 62-68.
31. Matsuyama Y, et al. Timing and intensity of physical activity and late sleeping habits among children in Japan. Front Pediatr. 2022; 10: 915758.

第 9 章　虐待のライフコースにわたる影響

1. 厚生労働省. 令和2年度　児童相談所での児童虐待相談対応件数. https://www.mhlw.go.jp/content/000863297.pdf. Published 2021.（Accessed：2021年4月11日）
2. Fujiwara T, Kawakami N. Association of childhood adversities with the first onset of mental disorders in Japan: results from the World Mental Health Japan, 2002-2004. J

6. Miyamura K, et al. The Association of Passive Smoking and Dyslipidemia Among Adolescence in Japan: Results From A-CHILD Study. J Clin Endocrinol Metab. 2021; 106(7): e2738-e2748.
7. Morita A, et al. Association between grandparent coresidence and weight change among first-grade Japanese children. Pediatr Obes. 2019; 14(8): e12524.
8. Morita A, et al. Association between grandparent co-residence, socioeconomic status and dental caries among early school-aged children in Japan: A population-based prospective study. Sci Rep. 2019; 9(1): 11345.
9. Shimamura M, et al. Association Between Procrastination in Childhood and the Number of Remaining Teeth in Japanese Older Adults. J Epidemiol. 2022; 32(10): 464-468.
10. Matsuyama Y, et al. Longitudinal Analysis of Child Resilience Link to Dental Caries. Pediatr Dent. 2020; 42(4): 308-315.
11. Nawa N, Fujiwara T. Association between social capital and second dose of measles vaccination in Japan: Results from the A-CHILD study. Vaccine. 2019; 37(6): 877-881.
12. Barker DJ, Osmond C. Infant mortality, childhood nutrition, and ischaemic heart disease in England and Wales. Lancet. 1986; 1(8489): 1077-1081.
13. Barker DJP. Mothers, babies and health in later life. Edinburgh: Churchill Livingstone. 1998.
14. Gillman MW. Lifecourse Approach to Obesity. In: Kuh D B-SY. (ed.). A Life Course Approach to Chronic Disease Epidemiology. 2nd ed. London: Oxford University Press. 2004: 196-197.
15. Law CM, et al. Early growth and abdominal fatness in adult life. J Epidemiol Community Health. 1992; 46(3): 184-186.
16. Valdez R, et al. Birthweight and adult health outcomes in a biethnic population in the USA. Diabetologia. 1994; 37(6): 624-631.
17. Kuh D, et al. Birth weight, childhood growth and abdominal obesity in adult life. Int J Obes Relat Metab Disord. 2002; 26(1): 40-47.
18. Barker DJ, et al. Type 2 (non-insulin-dependent) diabetes mellitus, hypertension and hyperlipidaemia (syndrome X): relation to reduced fetal growth. Diabetologia. 1993; 36(1): 62-67.
19. McCance DR, et al. Birth weight and non-insulin dependent diabetes: thrifty genotype,

6. リチャード・S・ラザルス, スーザン・フォルクマン.（本明寛, 他監訳）. ストレスの心理学: 認知的評価と対処の研究. 実務教育出版. 1991.
7. Norris FH, Sloan LB. The epidemiology of trauma and PTSD. In: Friedman MJ, et al.(eds.). Handbook of PTSD: science and practice. New York, NY: Guilford Press. 2007: 78-98.
8. OECD. Social and Emotional Skills. https://www.oecd.org/education/school/UPDATED%20Social%20and%20Emotional%20Skills%20-%20Well-being,%20connectedness%20and%20success.pdf%20(website).pdf. Published 2023.（Accessed：2023年7月10日）
9. Kim-Cohen J, et al. Genetic and environmental processes in young children's resilience and vulnerability to socioeconomic deprivation. Child Dev. 2004; 75(3): 651-668.
10. Belcher BR, et al. The Roles of Physical Activity, Exercise, and Fitness in Promoting Resilience During Adolescence: Effects on Mental Well-Being and Brain Development. Biol Psychiatry Cogn Neurosci Neuroimaging. 2021; 6(2): 225-237.
11. Tani Y, et al. Association of home cooking with caregiver-child interaction and child mental health: results from the Adachi Child Health Impact of Living Difficulty (A-CHILD) study. Public Health Nutr. 2021; 24(13): 4257-4267.

第８章　健康・体力

1. Sun S, et al. Association of Psychiatric Comorbidity With the Risk of Premature Death Among Children and Adults With Attention-Deficit/Hyperactivity Disorder. JAMA Psychiatry. 2019; 76(11): 1141-1149.
2. Tani Y, et al. Does Eating Vegetables at Start of Meal Prevent Childhood Overweight in Japan? A-CHILD Study. Front Pediatr. 2018; 6: 134.
3. Tani Y, et al. Home Cooking and Child Obesity in Japan: Results from the A-CHILD Study. Nutrients. 2019; 11(12): 2859.
4. Tani Y, et al. Home Cooking Is Related to Potential Reduction in Cardiovascular Disease Risk among Adolescents: Results from the A-CHILD Study. Nutrients. 2020; 12(12): 3845.
5. Miyamura K, et al. Impact of exposure to secondhand smoke on the risk of obesity in early adolescence. Pediatr Res. 2023; 93(1): 260-266.

351(6277): 1028-1029.
10. Van Valen LM. A new evolutionary law. Evolutionary Theory. 1973; 1: 1-30.
11. Derfus PJ, et al. The red queen effect: Competitive actions and firm performance. Acad Manage J. 2008; 51(1): 61-80.

第6章　共感力

1. ポール・ブルーム.（高橋洋訳）. 反共感論: 社会はいかに判断を誤るか. 白揚社. 2018.
2. エマニュエル・サエズ, ガブリエル・ズックマン.（山田美明訳）. つくられた格差: 不公平税制が生んだ所得の不平等. 光文社. 2020.
3. Kahlon MK, et al. Effect of Layperson-Delivered, Empathy-Focused Program of Telephone Calls on Loneliness, Depression, and Anxiety Among Adults During the COVID-19 Pandemic: A Randomized Clinical Trial. JAMA Psychiatry. 2021; 78(6): 616-622.
4. Hojat M, et al. Empathy in medical students as related to academic performance, clinical competence and gender. Med Educ. 2002; 36(6): 522-527.
5. ブレイディみかこ. 他者の靴を履く: アナーキック・エンパシーのすすめ. 文藝春秋. 2021.
6. ジュディス・リッチ・ハリス.（石田理恵訳）. 子育ての大誤解: 重要なのは親じゃない.早川書房. 2017.

第7章　レジリエンス

1. スティーブン・M・サウスウィック, デニス・S・チャーニー.（西大輔, 他監訳）. レジリエンス: 人生の危機を乗り越えるための科学と10の処方箋. 岩崎学術出版社. 2015.
2. American Psychological Association. APA Dictionary of Psychology. American Psychological Association. https://dictionary.apa.org/resilience. Published 2023.（Accessed：2023年7月10日）
3. 帚木蓬生. ネガティブ・ケイパビリティ: 答えの出ない事態に耐える力. 朝日新聞出版. 2017.
4. Bruneau M, et al. A framework to quantitatively assess and enhance the seismic resilience of communities. Earthq Spectra. 2003; 19(4): 733–752.
5. Kanner AD, et al. Comparison of two modes of stress measurement: daily hassles and uplifts versus major life events. J Behav Med. 1981; 4(1): 1-39.

search Protocol and Profiles of Participants. J Epidemiol. 2021; 31(1): 77-89.
8. Matsuyama Y, et al. Self-control and dental caries among elementary school children in Japan. Community Dent Oral Epidemiol. 2018; 46(5): 465-471.
9. 池田新介. 自滅する選択: 先延ばしで後悔しないための新しい経済学. 東洋経済新報社 .2012.
10. Shimamura M, et al. Association Between Procrastination in Childhood and the Number of Remaining Teeth in Japanese Older Adults. J Epidemiol. 2022; 32(10): 464-468.
11. センディル・ムッライナタン, エルダー・シャフィール.（大田直子訳）. いつも「時間がない」あなたに: 欠乏の行動経済学. 早川書房. 2015.
12. Matsuyama Y, et al. Delay discounting in children exposed to disaster. PLoS One. 2020; 15(12): e0243994.

第5章　モチベーション

1. American Psychological Association. APA Dictionary of Psychology: motivation. https://dictionary.apa.org/motivation. Published 2023.（Accessed：2023年 7月4日）
2. Ryan RM, Deci EL. Self-determination theory: Basic psychological needs in motivation, development, and wellness. New York City: Guilford Publications. 2017.
3. 櫻井茂男. 夢や目標を持って生きよう！　自己決定理論. In: 鹿毛雅治（編）. モティベーションをまなぶ12の理論. 金剛出版. 2012.
4. Wrzesniewski A, et al. Multiple types of motives don't multiply the motivation of West Point cadets. Proc Natl Acad Sci U S A. 2014; 111(30): 10990-10995.
5. Kashiwabara T, et al. Association between Hope for the Future and Academic Performance in Adolescents: Results from the K-CHILD Study. Int J Environ Res Public Health. 2022; 19(19): 11890.
6. Treadway MT, et al. Dopaminergic mechanisms of individual differences in human effort-based decision-making. J Neurosci. 2012; 32(18): 6170-6176.
7. Eschmann KCJ, et al. Curiosity and Mesolimbic Functional Connectivity Drive Information Seeking in Real Life. Soc Cogn Affect Neurosci. 2023; 18(1): nsac050.
8. Kasser T, et al. The relations of maternal and social environments to late adolescents' materialistic and prosocial values. Dev Psychol. 1995; 31(6): 907–914.
9. Gluth S, Fontanesi L. NEUROSCIENCE. Wiring the altruistic brain. Science. 2016;

17237-17240.
38. Ito J, et al. Association of Oxytocin and Parental Prefrontal Activation during Reunion with Infant: A Functional Near-Infrared Spectroscopy Study. Front Pediatr. 2017; 5: 271.
39. Nawa N, et al. Oxytocin Response Following Playful Mother-Child Interaction in Survivors of the Great East Japan Earthquake. Front Psychiatry. 2020; 11: 477.
40. De Dreu CK, et al. The neuropeptide oxytocin regulates parochial altruism in intergroup conflict among humans. Science. 2010; 328(5984): 1408-1411.
41. Fujiwara T, et al. The association between oxytocin and social capital. PLoS One. 2012; 7(12): e52018.
42. Miura A, et al. Inverse Correlation of Parental Oxytocin Levels with Autonomy Support in Toddlers. J Child Fam Stud. 2014; 24: 2620–2625.
43. Morita A, et al. Oxytocin Reactivity during a Wilderness Program without Parents in Adolescents. Int J Environ Res Public Health. 2022; 19(23): 15437.
44. Taylor SE, et al. Biobehavioral responses to stress in females: tend-and-befriend, not fight-or-flight. Psychol Rev. 2000;107(3):411-429.

第4章　セルフコントロール

1. McHugh CM, et al. Impulsivity in the self-harm and suicidal behavior of young people: A systematic review and meta-analysis. J Psychiatr Res. 2019; 116: 51-60.
2. Luengo MA, et al. A short-term longitudinal study of impulsivity and antisocial behavior. J Pers Soc Psychol. 1994; 66(3): 542-548.
3. McClure SM, et al. Separate neural systems value immediate and delayed monetary rewards. Science. 2004; 306(5695): 503-507.
4. ウォルター・ミシェル.（柴田裕之訳）. マシュマロ・テスト: 成功する子・しない子.早川書房. 2015.
5. Watts TW, et al. Revisiting the Marshmallow Test: A Conceptual Replication Investigating Links Between Early Delay of Gratification and Later Outcomes. Psychol Sci. 2018; 29(7): 1159-1177.
6. Moffitt TE, et al. A gradient of childhood self-control predicts health, wealth, and public safety. Proc Natl Acad Sci U S A. 2011; 108(7): 2693-2698.
7. Ochi M, et al. Adachi Child Health Impact of Living Difficulty (A-CHILD) Study: Re-

ment via children's incremental mindsets. Dev Psychol. 2018; 54(3): 397-409.
24. Orth U, et al. Life-span development of self-esteem and its effects on important life outcomes. J Pers Soc Psychol. 2012; 102(6): 1271-1288.
25. Baumrind D. Child care practices anteceding three patterns of preschool behavior. Genet Psychol Monogr. 1967; 75: 43-88.
26. Maccoby E, Martin J. Socialization in the context of the family: Parent-child interaction. In: Mussen PH, ed. Handbook of Child Psychology. New York: Wiley. 1983: 1-101.
27. Doi S, et al. Relationship Between Leaving Children at Home Alone and Their Mental Health: Results From the A-CHILD Study in Japan. Front Psychiatry. 2018; 9: 192.
28. Kizuki M, et al. Parental Time of Returning Home From Work and Child Mental Health Among First-Year Primary School Students in Japan: Result From A-CHILD Study. Front Pediatr. 2018; 6: 179.
29. Tani Y, et al. Does Eating Vegetables at Start of Meal Prevent Childhood Overweight in Japan? A-CHILD Study. Front Pediatr. 2018; 6: 134.
30. Fukuya Y, et al. Toothbrushing and School Refusal in Elementary School: A Longitudinal Study. Int J Environ Res Public Health. 2020;17(20):7505.
31. Gori M, et al. Masking Emotions: Face Masks Impair How We Read Emotions. Front Psychol. 2021; 12: 669432.
32. Feldman R. The Neurobiology of Human Attachments. Trends Cogn Sci. 2017; 21(2): 80-99.
33. Numan M, Young LJ. Neural mechanisms of mother-infant bonding and pair bonding: Similarities, differences, and broader implications. Horm Behav. 2016; 77: 98-112.
34. Pederson CA, Prange AJ Jr. Induction of maternal behavior in virgin rats after intracerebroventricular administration of oxytocin. Proc Natl Acad Sci U S A. 1979;76(12):6661-6665.
35. Heim C, et al. Lower CSF oxytocin concentrations in women with a history of childhood abuse. Mol Psychiatry. 2009; 14(10): 954-958.
36. Feldman R. Oxytocin and social affiliation in humans. Horm Behav. 2012; 61(3): 380-391.
37. Wismer Fries AB, et al. Early experience in humans is associated with changes in neuropeptides critical for regulating social behavior. Proc Natl Acad Sci U S A. 2005; 102(47):

8. Bowlby J. Attachment and Loss. Basic Books. 1969.
9. Harlow HF, Zimmermann RR. Affectional responses in the infant monkey; orphaned baby monkeys develop a strong and persistent attachment to inanimate surrogate mothers. Science. 1959; 130(3373): 421-432.
10. デブラ・ブラム. (藤澤隆史、藤澤玲子訳).愛を科学で測った男.白揚社.2014.
11. 庄司順一, 他（編著）. アタッチメント: 子ども虐待・トラウマ・対象喪失・社会的養護をめぐって. 明石書店. 2008.
12. ネイサン・A・フォックス. 乳幼児期の施設養育がもたらす子どもの発達への影響について "チャウシェスクの子どもたち"ブカレスト早期介入プロジェクトからの教訓. https://nf-kodomokatei.jp/wp-content/uploads/2020/12/76341639d149a95c399b13c1804f44c1.pdf. Published 2014.（Accessed：2023年 7月4日）
13. Nelson CA 3rd, et al. Cognitive recovery in socially deprived young children: the Bucharest Early Intervention Project. Science. 2007; 318(5858): 1937-1940.
14. Almas AN, et al. Effects of early intervention and the moderating effects of brain activity on institutionalized children's social skills at age 8. Proc Natl Acad Sci U S A. 2012; 109 Suppl 2: 17228-17231.
15. Vanderwert RE, et al. Timing of intervention affects brain electrical activity in children exposed to severe psychosocial neglect. PLoS One. 2010; 5(7): e11415.
16. Śliwerski A, et al. The Effect of Maternal Depression on Infant Attachment: A Systematic Review. Int J Environ Res Public Health. 2020;17(8):2675.
17. Holden GW. Parenting A Dynamic Perspective. Thousand Oaks: SAGE Publications, Inc. 2010.
18. 明和政子. ヒトの発達の謎を解く. 筑摩書房. 2019.
19. MacLean C. The Wolf-children. New York: Viking. 1977.
20. Fujiwara T, et al. Association of Existence of Third Places and Role Model on Suicide Risk Among Adolescent in Japan: Results From A-CHILD Study. Front Psychiatry. 2020; 11: 529818.
21. 亀田達也. モラルの起源. 岩波書店. 2017.
22. パメラ・ドラッカーマン.（鹿田昌美訳). フランスの子どもは夜泣きをしない: パリ発「子育て」の秘密. 集英社. 2014.
23. Gunderson EA, et al. Parent praise to toddlers predicts fourth grade academic achieve-

er? Int J Epidemiol. 2011; 40(3): 563-582.
32. Rohrer JM, et al. Examining the effects of birth order on personality. Proc Natl Acad Sci U S A. 2015; 112(46): 14224-14229.
33. Cameron L, et al. Little emperors: behavioral impacts of China's One-Child Policy. Science. 2013; 339(6122): 953-957.
34. Kristensen P, Bjerkedal T. Explaining the relation between birth order and intelligence. Science. 2007; 316(5832): 1717.
35. Givord P. How a student's month of birth is linked to performance at school: New evidence from PISA. OECD Education Working Papers, No. 221. OECD Publishing. 2020.
36. Crawford C, et al. When you are born matters: The impact of date of birth on educational outcomes in England. IFS Working Papers, W10/06. 2010.
37. 川口大司, 森啓明. 誕生日と学業成績・最終学歴. 日本労働経済雑誌. 2007; 569: 29-42.
38. Layton TJ, et al. Attention Deficit-Hyperactivity Disorder and Month of School Enrollment. N Engl J Med. 2018; 379(22): 2122-2130.

第3章　アタッチメント

1. Marin MM, et al. Two-day-old newborn infants recognise their mother by her axillary odour. Acta Paediatr. 2015; 104(3): 237-240.
2. Lorenz K. Der Kumpan in der Umwelt des Vogels —Der Artgenosse als auslösendes Moment sozialer Verhaltensweisen. Journal für Ornithologie. 1935; 83: 137-213, 289-413.
3. Simpson JA, Belsky J. Attachment Theory within a Modern Evolutionary Framework. In: Cassidy J, Shaver PR, eds. Handbook of Attachment. 2nd ed. The Guilford Press. 2008.
4. スティーブン・R・コヴィー.（ジェームス・スキナー, 川西茂訳）. 7つの習慣. キングベアー出版. 1996.
5. ダニエル・J・シーゲル, ティナ・ペイン・ブライソン.（桐谷知未訳）. 子どもの脳を伸ばす「しつけ」. 大和書房. 2016.
6. Bowlby J. Forty-Four Juvenile Thieves: Their Character and Home-Life. Int J Psychoanal. 1944; 25: 19-52.
7. Bowlby J. Maternal care and mental health. World Health Organization. 1952.

15. ルトガー・ブレグマン.（野中香方子訳）. 希望の歴史. 文藝春秋. 2021.
16. Caspi A, et al. Role of genotype in the cycle of violence in maltreated children. Science. 2002; 297(5582): 851-854.
17. Belsky J, Pluess M. Beyond risk, resilience, and dysregulation: phenotypic plasticity and human development. Dev Psychopathol. 2013; 25(4 Pt 2): 1243-1261.
18. ラマルク.（翻小丹, 山田 吉彦訳）. 動物哲学. 岩波文庫. 1954.
19. Liu D, et al. Maternal care, hippocampal glucocorticoid receptors, and hypothalamic-pituitary-adrenal responses to stress. Science. 1997; 277(5332): 1659-1662.
20. Francis D, et al. Nongenomic transmission across generations of maternal behavior and stress responses in the rat. Science. 1999; 286(5442): 1155-1158.
21. McGowan PO,et al. Epigenetic regulation of the glucocorticoid receptor in human brain associates with childhood abuse. Nature Neuroscience. 2009;12(3):342-348.
22. Bouchard TJ, Jr. Genes, environment, and personality. Science. 1994; 264(5166): 1700-1701.
23. Rietveld CA, et al. GWAS of 126,559 individuals identifies genetic variants associated with educational attainment. Science. 2013; 340(6139): 1467-1471.
24. Okbay A, et al. Genome-wide association study identifies 74 loci associated with educational attainment. Nature. 2016; 533(7604): 539-542.
25. Okbay A, et al. Polygenic prediction of educational attainment within and between families from genome-wide association analyses in 3 million individuals. Nat Genet. 2022; 54(4): 437-449.
26. Fujiwara T, Kawachi I. Is education causally related to better health? A twin fixed-effect study in the USA. Int J Epidemiol. 2009; 38(5): 1310-1322.
27. Sulloway FJ. Born to revel: birth order, family dynamics, and creative lives. Abacus. 1996.
28. フランク・サロウェイ. 家族関係の進化心理学――出生順と立場争い. 王暁田, 他（編）. 進化心理学を学びたいあなたへ: パイオニアからのメッセージ. 東京大学出版会. 2018.
29. Wichman AL, et al. A multilevel approach to the relationship between birth order and intelligence. Pers Soc Psychol Bull. 2006; 32(1): 117-127.
30. Ernst C, Angst J. Birth order: Its influence on personality. Springer-Verlag. 1983.
31. Plomin R, Daniels D. Why are children in the same family so different from one anoth-

第２章　遺伝子か環境か

1. Redon R, et al. Global variation in copy number in the human genome. Nature. 2006; 444(7118): 444-454.
2. Hosoi E. Biological and clinical aspects of ABO blood group system. J Med Invest. 2008; 55(3-4): 174-182.
3. Klahr AM, Burt SA. Elucidating the etiology of individual differences in parenting: A meta-analysis of behavioral genetic research. Psychol Bull. 2014; 140(2): 544-586.
4. Fujiwara T, et al. Genetic and peripheral markers of the oxytocin system and parental care jointly support the cross-generational transmission of bonding across three generations. Psychoneuroendocrinology. 2019; 102: 172-181.
5. エイドリアン・レイン（高橋洋訳）. 暴力の解剖学：神経犯罪学への招待. 紀伊國屋書店. 2015.
6. Mednick SA, et al. Genetic influences in criminal convictions: evidence from an adoption cohort. Science. 1984; 224(4651): 891-894.
7. Brunner HG, et al. Abnormal behavior associated with a point mutation in the structural gene for monoamine oxidase A. Science. 1993; 262(5133): 578-580.
8. Ebstein RP, et al. Dopamine D4 receptor (D4DR) exon III polymorphism associated with the human personality trait of Novelty Seeking. Nat Genet. 1996; 12(1): 78-80.
9. Karlsson Linner R, et al. Genome-wide association analyses of risk tolerance and risky behaviors in over 1 million individuals identify hundreds of loci and shared genetic influences. Nat Genet. 2019; 51(2): 245-257.
10. Whitfield JB, et al. Choice of residential location: chance, family influences, or genes? Twin Res Hum Genet. 2005; 8(1): 22-26.
11. Garrett-Bakelman FE, et al. The NASA Twins Study: A multidimensional analysis of a year-long human spaceflight. Science. 2019; 364(6436): eaau8650.
12. 亀田達也 (編).「社会の決まり」はどのように決まるのか. 勁草書房. 2015.
13. Sanbonmatsu L, et al. Moving to Opportunity for Fair Housing Demonstration Program: Final Impacts Evaluation. U. S. Department of Housing and Urban Development Office of Policy Development & Research. 2011.
14. Muzafer Sherif OJ, et al. Intergroup Conflict and Cooperation: The Robbers Cave Experiment. The University Book Exchange. 1961.

参考文献

第1章　子育ての目的とは

1. リチャード・ドーキンス（日高敏隆, 他訳）. 利己的な遺伝子. 紀伊國屋書店. 1991.
2. 厚生労働省. 子ども虐待による死亡事例等の検証結果等について（第17次報告）. https://www.mhlw.go.jp/content/11900000/000822364.pdf. Published 2021.（Accessed：2022年4月12日）
3. Daly M, Wilson M. Child abuse and other risks of not living with both parents. Ethology and Sociobiology. 1985; 6: 197-210.
4. Trivers RL. Parent-offspring conflict. Am Zool. 1974; 14: 249-264.
5. Hamilton WD. The genetical evolution of social behaviour. I. J Theor Biol. 1964; 7(1): 1-16.
6. Hamilton WD. The genetical evolution of social behaviour. II. J Theor Biol. 1964; 7(1): 17-52.
7. Lahdenpera M, et al. Fitness benefits of prolonged post-reproductive lifespan in women. Nature. 2004; 428(6979): 178-181.
8. Maslow AH. A Theory of Human Motivation. Psychol Rev. 1943; 50: 370-396.
9. フィリップ・アリエス（杉山光信, 他訳）.〈子供〉の誕生：アンシャン・レジーム期の子供と家族生活. みすず書房. 1980.
10. 渡辺京二. 逝きし世の面影. 平凡社. 2005.
11. Fujiwara T, et al. "What did you do in the War, Daddy?" —Paternal military conscription during WWII, economic hardship and family violence in childhood and health in late life in Japan. J interpers violence. 2023; 38(13-14): 8114-8135.
12. ユニセフ. 子どもの権利条約. https://www.unicef.or.jp/about_unicef/about_rig.html. Published 2023.（Accessed：2023年 2月23日）
13. ヘルマン・ヘッセ（高橋健二訳）. メルヒェン. 新潮社. 1973.
14. マーティン・セリグマン（宇野カオリ訳）. ポジティブ心理学の挑戦："幸福"から"持続的幸福"へ. ディスカバー社. 2014.
15. 藤原武男. ライフコースアプローチによる胎児期・幼少期からの成人疾病の予防. 保健医療科学. 2007; 56(2): 90-98.

［著者紹介］

藤原武男（ふじわら　たけお）
東京医科歯科大学大学院医歯学総合研究科 教授
2000年に東京医科歯科大学医学部を卒業し、2004年に同大学大学院にて医学博士号、2006年にハーバード大学公衆衛生大学院にて公衆衛生学修士号（MPH）取得。その後、国立成育医療研究センター研究所社会医学研究部部長などを経て2016年4月より現職。2017年日本医師会研究奨励賞受賞。専門は母子保健、虐待予防、ライフコース疫学、社会疫学など。

子育《こそだ》てのエビデンス
——非認知能力《ひにんちのうりょく》をはぐくむために何《なに》ができるか

NDC376 ／ vi, 281p ／ 19cm

初版第1刷——2024年4月10日

著者————藤原武男《ふじわらたけお》

発行者————鈴木一行

発行所————株式会社 大修館書店
〒113-8541　東京都文京区湯島2-1-1
電話　03-3868-2651（営業部）　03-3868-2297（編集部）
振替　00190-7-40504
［出版情報］https://www.taishukan.co.jp

装丁者————山之口正和（OKIKATA）
組版所————明昌堂
印刷所————横山印刷
製本所————難波製本

ISBN978-4-469-26984-0　Printed in Japan